城市轨道交通职业素养与客运礼仪

主　编　李亚茹

副主编　樊　磊　于　淼

北京理工大学出版社

BEIJING INSTITUTE OF TECHNOLOGY PRESS

图书在版编目（CIP）数据

城市轨道交通职业素养与客运礼仪／李亚茹主编．—北京：北京理工大学出版社，2017.1（2022.2重印）

ISBN 978 – 7 – 5682 – 3507 – 5

Ⅰ.①城…　Ⅱ.①李…　Ⅲ.①城市铁路 – 员工 – 职业道德 – 高等学校 – 教材②城市铁路 – 客运服务 – 乘务人员 – 礼仪 – 高等学校 – 教材　Ⅳ.①U239.5②F530.9

中国版本图书馆 CIP 数据核字（2016）第 320200 号

出版发行／北京理工大学出版社有限责任公司

社　　　址／北京市海淀区中关村南大街 5 号

邮　　　编／100081

电　　　话／（010）68914775（总编室）

　　　　　　（010）82562903（教材售后服务热线）

　　　　　　（010）68944723（其他图书服务热线）

网　　　址／http：//www.bitpress.com.cn

经　　　销／全国各地新华书店

印　　　刷／三河市天利华印刷装订有限公司

开　　　本／787 毫米 × 1092 毫米　1/16

印　　　张／17

字　　　数／396 千字

版　　　次／2017 年 1 月第 1 版　2022 年 2 月第 5 次印刷

定　　　价／45.00 元

责任编辑／王俊洁

文案编辑／王俊洁

责任校对／周瑞红

责任印制／王美丽

编 委 会

主　编　李亚茹

副主编　樊　磊　于　淼

参　编　潘桂玲　李　洁

　　　　王冬梅　周琳琳

前　言

　　城市轨道交通的发展速度可以说是日新月异，截至 2015 年年末，我国城市轨道交通累计通车里程达到 3 286 公里，25 座城市 112 条线路通车运行。根据发改委已经批复的城市轨道交通项目以及各地的城市轨道交通建设规划，预计到 2020 年，我国城市轨道交通通车里程有望达到 8 500 公里。

　　伴随着我国城市轨道交通业的飞速发展，需要大量高素质、技能型人才。许多高等院校、高职院校相继开设了轨道交通专业课程。然而，高层次、全方位、实用化的轨道交通行业人才的培养离不开好的教材，为了满足企业和高校的需要，我们组织编写了本教材。

　　本教材遵循"强化素养、规范行为、理论够用、强化技能"的基本原则，从高等教育的现状和发展要求出发，结合编者一线教育工作的实际经验和一线领导工作的实践总结，密切联系大学生职业素养的实际情况和轨道行业员工素养的实际需求编写。

　　内容主要包括：大学生职业素养概述、自我管理能力的提升、情绪管理能力、提升解决问题能力、提高个人的沟通能力、科学管理时间、语言表达能力、团队合作能力、提升开拓创新的能力及职业形象与城市轨道交通客运礼仪十个部分。教材本着学用结合原则，理论联系实际，体现高职教育的针对性、实用性。

　　教材由长春职业技术学院李亚茹担任主编，长春市轨道交通集团有限公司于森、长春职业技术学院樊磊担任副主编。李亚茹负责全书的统稿工作并编写了项目一至项目五的内容；李洁编写了项目六的内容；王冬梅编写了项目七的内容；周琳琳编写了项目八的内容；樊磊编写了项目九、项目十的内容并负责全书的校对工作。参加本书编写的还有长春市轨道交通集团有限公司潘桂玲。

　　教材在编写过程中参阅了许多相关文献，学习吸收了多位专家的理论和成果，在此致以诚挚的谢意！

　　由于编者水平有限，书中难免有疏漏，恳请各位专家和广大读者批评指正，以便修改和补充。

编　者

目　　录

项目一　大学生职业素养概述

任务一　大学生职业素养及其构成

近年来，大学毕业生的就业已经成为比较重要的社会问题。一方面，大学毕业生就业压力日益增强，他们苦于找寻不到中意的落脚点；另一方面，很多企业等用人单位却频繁流连于各类招聘市场，苦于找不到中意的所需人才。诸多事实表明，这种现象的存在与学生的职业素养难以满足企业的要求有关。"满足社会需要"是高等教育的目的之一。既然社会需要具有较高职业素养的毕业生，那么，高校教育应该把培养大学生的职业素养作为其重要目标之一。

一、职业素养的内涵

（一）何谓职业素养

在职场中，有些人工作总是有激情、很快乐；相反地，有的人经历丰富、专业能力强，求职却屡受打击；有的人总是得不到提升，也得不到高薪；有的人做事，老板总不满意；有的人工作很多年，却总是找不到前进的方向；有的人对工作总是没有成就感，总是厌倦工作；有的人总是缺少职业竞争力；有的人总是陷入人际关系的危机中；有的人频繁跳槽，可总是找不到感觉。上述种种现象，在职场中经常出现，到底是什么原因呢？

其实，原因很多，如果用一个词来概括，那就是职业素养不同，《一生成就看职商》的作者吴甘霖回首自己从职场惨败者到走上成功之路的过程，再总结比尔·盖茨、李嘉诚、牛根生等著名人物的成功经验，并进一步分析所看到的众多职场人士的成功与失败，得到了一个宝贵的经验：一个人，能力和专业知识固然重要，但是，在职场要想获得成功，最关键的并不在于他的能力与专业知识，而在于他所具有的职业素养。即一个人在职场中能否成功，取决于其"职商"高低。工作中需要知识，但更需要智慧，而最终起到关键作用的就是素养。缺少这些关键的素养，一个人将一生庸庸碌碌，与成功无缘。拥有这些素养，就会少走很多弯路，以最快的速度获得成功。那么，什么是职业素养呢？

职业素养是指职业内在的规范和要求，是在从业过程中表现出来的综合品质，包含职业道德、职业技能、职业行为、职业作风和职业意识等方面。简而言之，职业素养是指职业人在所从事的职业中尽自己最大的能力把工作做好的素质和能力，它不是以做了这件事会对个人带来什么利益或造成什么影响为衡量的标准，而是以这件事与工作目标的关系为衡量的标准。更多时候，良好的职业素养应该是衡量一个职业人成熟度的重要指标。

一般来说，一个人能否顺利就业并取得成就，在很大程度上取决于其职业素养的高低。职业素养越高的人，获得成功的机会就越多。从大学生的角度来看，职业素养是实现就业并胜任工作岗位的基本前提，是职场制胜、事业成功的第一法宝；从用人单位的角度来看，职业素养是选聘人才首要考虑的因素。

影响和制约大学生职业素养的因素很多，主要包括受教育程度、实践经验、社会环境、工作经历以及自身的一些基本情况（如身体状况等）。大学生职业素养是个很大的概念，专业是第一位的，但是除了专业，敬业和道德也是必备的。体现在职场上，就是大学生的职业素养；体现在生活中，就是个人素养或者道德修养。

（二）职业素养的特征

职业素养具有 5 个特征。

1. 职业性

不同的职业，职业素养的要求是不同的。对建筑工人的职业素养要求，不同于对护士的职业素养要求；对商业服务人员的职业素养要求，不同于对教师的职业素养要求。李素丽的职业素养始终是和她作为一名优秀的售票员联系在一起的，正如她自己所说："如果我能把 10 米车厢、3 尺票台当成为人民服务的岗位，实实在在地为社会作贡献，我就能在服务中融入真情，为社会增添一份美好。即便有时自己有点烦心事，只要一上车，一见到乘客，就不烦了。"

2. 稳定性

一个人的职业素养是在长期执业过程中日积月累形成的。它一旦形成，便产生相对的稳定性。比如，一位教师，经过三年五载的教学生涯，就逐渐形成了怎样备课、怎样讲课、怎样热爱自己的学生、怎样为人师表等一系列教师职业素养，于是，便保持相对的稳定性。当然，随着他继续学习以及工作和环境的影响，这种素养还可继续提高。

3. 内在性

从业人员在长期的职业活动中，经过自己的学习、认识和亲身体验，认识到怎样做是对的，怎样做是不对的。这样，有意识地内化、积淀和升华的这一心理品质，就是职业素养的内在性。人们常说："把这件事交给小张师傅去做，有把握，放心。"人们之所以放心他，就是因为他的内在素养好。

4. 整体性

从业人员职业素养的好坏是和他整体的素养有关的。我们说某某同志职业素养好，这里的职业素养，不仅指他的思想政治素养、职业道德素养，而且包括他的科学文化素养、专业技能素养，甚至还包括身体、心理素养。一个从业人员，虽然思想道德素养好，但科学文化素养、专业技能素养差，就不能说这个人整体素养好；反之，一个从业人员科学文化素养、专业技能素养都不错，但思想道德素养比较差，同样，我们也不能说这个人整体素养好。所以，职业素养有一个很重要的特点就是整体性。

5. 发展性

一个人的素养是通过教育、自身社会实践和社会影响逐步形成的，它具有相对性和稳定性。但是，随着社会发展对人们提出的要求越来越高，人们为了更好地适应、满足和促进社会发展的需要，也要不断地提高自己的素养，所以，素养具有发展性。

二、大学生职业素养的构成

（一）职业素养理论

1. "素质冰山"理论

"素质冰山"理论认为，个体的素质就像水中漂浮的一座冰山，水上部分的知识、技能仅仅代表表层的特征，不能区分绩效优劣；水下部分的动机、特质、态度、责任心才是决定人的行为的关键因素，能够鉴别绩效优秀者和一般者。

可以把大学生的职业素养看成是一座冰山（如图 1-1 所示）：冰山浮在水面以上的只有 1/8，它代表大学生的形象、资质、知识、职业行为和职业技能等方面，是人们看得见的、显性的职业素养，这些可以通过各种学历证书、职业证书来证明，或者通过专业考试来验证。而冰山隐藏在水面以下占整体 7/8 的部分，则代表大学生的职业意识、职业道德、职业作风和职业态度等方面，是人们看不见的、隐性的职业素养。显性职业素养和隐性职业素养共同构成了大学生所应具备的全部职业素养。由此可见，大部分的职业素养是人们看不见的，但正是这 7/8 的隐性职业素养，决定、支撑着外在的显性职业素养，显性职业素养是隐性职业素养的外在表现。因此，大学生职业素养的培养应该着眼于整座冰山，并以培养显性职业素养为基础，培养隐性职业素养为重点。

大部分企业和个人非常重视显性职业素养培训，诸如职业技能培训等，好像这些培训的效果能够立竿见影地凸显出来。他们往往忽视了隐性职业素养的培训，忽视职业意识、职业道德和职业态度方面的培训，因此也就很难从根本上提升个人和企业的核心竞争力。

全方位职业素养培养就是要"破冰"，要将大学生头脑中潜藏的意识和态度挖掘出来，将"冰山"水面上和水面下的部分完全协同起来，更大程度地发挥 7/8 水下部分的核心作用。只有重视大学生隐性职业素养的培训，才能够更大程度地提高大学生显性素养培养的效果。

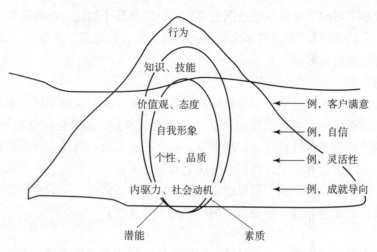

图1-1　"素质冰山"理论

2. 大树理论

"大树理论"认为职业素养中的职业道德、职业意识、职业行为习惯是一棵树的根系，而职业技能是枝、干、叶，一棵树要想枝繁叶茂，首先要有发达的根系。职业技能通过学习、培训，在实践中比较容易获得。虽然职业技能对个人、对企业而言很重要，但企业更看重的是员工的职业素养，只有职业素养好的员工才有发展潜力，才能为企业的发展提供源源不断的动力。

案例讨论1-1

吴士宏曾是IBM（中国）公司的总经理。可在许多年前，吴士宏还只是一个护士，她渴望着转换自己的职业。1985年，中国的改革开放如火如荼地进行着，电子行业飞速发展，人才紧缺。她决定到IBM应聘。当时，IBM的招聘地点在长城饭店，这是一个五星级的饭店。在长城饭店门口，她足足徘徊了5分钟，呆呆地看着那些各种肤色的人从容地迈上台阶，简简单单地进入另一个世界。她的内心深处无法丈量自己与这道门之间的距离。

经过一番思考，她鼓足了勇气，迈着稳健的步伐，穿过威严的旋转门，顺应内心的召唤，走进了世界最大的信息产业公司——IBM公司北京办事处。她的确是一个人才，顺利地通过两轮笔试和一轮口试，最后到了主考官面前，眼看就要大功告成了。

俗话说："阎王好见，小鬼难缠。"现在已经见到了阎王，她，什么也不怕了。主考官没有提出什么难的问题，只是随口问她会不会打字。

她本来不会打字，但是本能告诉她，到了这个地步，不能有不会的。

于是，她点点头，只说了一个字："会！""一分钟可以打多少个字？""您的要求是多少？""每分钟120字。"

她不经意地环视了一下四周，考场里没有发现一台打字机，她马上就回答："没问题！"主考官说："好，下次录取时再加试打字！"

实际上，吴士宏从来没有摸过打字机。面试结束，她就飞快地跑去找一个朋友借了170元钱，买了一台打字机，然后没日没夜地练习了一个星期，居然达到了专业打字员的水平。

她被录取了，成了这家世界著名企业的一名员工。吴士宏每天除了工作时间就是学习，寻找自己的最佳出路。最终，在与她一起进 IBM 的雇员中，她第一个做了业务代表；她成为一批本土的经理；她成为第一批赴美国进行战略研究的人；她第一个成为 IBM 华南地区总经理——也就是人们常说的"南天王"。最后，吴士宏登上了 IBM（中国）公司总经理的宝座。

（1）对于吴士宏的成功，你怎样看？

（2）你认为哪些品质有助于个人的成功？

（二）大学生职业素养的构成

根据我国职业教育的培养目标，职业素养可包括以下 10 个方面的重要内容：职业道德、职业形象、职业态度、职业技能、表达沟通、团队合作、人际交往、解决问题、学习和创新、组织管理。

1. 职业道德

职业道德是职业人在一定的社会职业活动中遵循的具有自身职业特征的道德准则和规范，并在个人从业的思想和行为中表现出来的比较稳定的特征和倾向。职业道德的基本规范是爱岗敬业、诚实守信、处事公道、服务民众、奉献社会，职业道德的基本素养有遵纪守法、严谨自律、诚实厚道、勤业精业、团结协作、任劳任怨、开拓创新，职业道德的养成唯有在职业道德的训练和实践中才能得以实现。所以，同学们应积极参加社会实践，到实践中去领悟、体会和感受职业道德，才能养成良好的职业道德习惯。

2. 职业形象

职业形象泛指职业人外在、内在的综合表现，外在的职业形象指职业人的相貌穿着、打扮、谈吐等他人能够看到、听到的东西；内在的职业形象指职业人所表现出来的学识、风度、气质、魅力等他人看不到，却能通过活动感受到的东西。职业形象与个人的职业发展紧密相连，在人的求职、社交活动中起关键作用，良好的职业形象对职业成功具有比较重要的意义。

3. 职业态度

职业态度是个人对职业生涯的设想及其对有关问题的基本看法。它包括职业生涯设计、对正在从事或即将从事的职业的看法等。对于大学生而言，学校给予的知识和技能是有限的，而以知识经济为特征的当代社会对学生综合素质的要求却是无限的。以有限的知识能力满足无限的社会要求，可能的契机和途径是对学生职业态度养成的最好教育，好高骛远是行不通的。

4. 职业技能

职业技能是人们运用理论知识和实践经验完成具体工作任务的活动方式。大学生掌握职业技能，不仅需要老师传授知识，更主要的是需要通过一定的实践操作和训练，掌握一定的职业技能，这是走向职场的基本条件。

5. 表达沟通

表达沟通能力就是通过听、说、读、写等思维载体、利用演讲、会见、对话、讨论、信件等方式将个人的思想、观点、意见或建议用语言或文字准确、恰当地表达出来，促使对方接受自己的能力。表达能力包括语言表达能力和文字表达能力，这是大学生必须具备的基本能力。能够用准确、流畅的语言讲述事实、表达观点；能够撰写计划、总结、调查报告、公函等文书，这是用人单位对大学生表达能力的基本要求。

沟通就是信息的传递和理解，沟通技能包括听、说、读、写多种技能。沟通的形式多种多样，最主要的方式是语言沟通，包括口头的和书面的。除了语言以外，非语言方式也是沟通的重要组成部分。非语言沟通也常常被称为身体语言，包括衣着、表情、神态姿势、动作等。能够准确、高效地将信息传递给信息的接收方，并能正确理解对方的信息，这是大学生就业必须具备的能力要求。良好的沟通能力是大学生在职场通向成功的重要条件。

6. 团队合作

团队合作能力是一种为达到既定目标，在团队中所显现出来的自愿合作和共同努力的能力，是个人在工作中与同事和谐共事的能力，是在实际工作中充分理解团队目标、组织结构、个人职责，并在此基础上与他人相互协调配合，互相帮助的能力。它包括个人善于与团队中其他人沟通协调、能扮演适当角色、勇于承担责任、乐于助人、保持团队的融洽等。

目前，越来越多的企业意识到团队合作精神的重要性，特别是经营规模宏大的知名企业，往往更加重视员工的团队意识和合作精神。团队中的每个成员，都必须学会服从，担负起自己的责任，这是构建团队精神的基石。团队合作精神是大学生必须具备的就职条件之一。

7. 人际交往

人际交往是指人们为了相互传递信息、交换意见、表达情感和需要等目的，运用语言、行为等方式而进行的人际联系和人际接触的过程，即通常所说的人际关系。人际交往能力指的是向他人传递思想感情与信息的能力。对于正在学习、成长中的大学生来说，良好的人际交往能力不仅是大学生活的需要，更是将来适应社会的需要。对于一个组织来说，良好的人际交往能力有助于营造良好的组织氛围，而良好的组织氛围可以促进组织成员之间的沟通与交流，可以促进组织内部与组织外部成员之间的人际关系，扩大组织与社会的联系面，使组织掌握更多的社会资源，进而有助于组织目标的顺利实现。因此，在其他条件相同的情况下，用人单位往往更愿意接收和使用人际交往能力强的人。

8. 解决问题

解决问题就是通过发现问题，对问题进行分析，最后运用一定的方法和技能化解矛盾、实现工作的目标。解决问题包括辨识问题和采取措施解决问题。该技能可用于寻求方法解决工作、学习和生活中的问题，运用不同的方法寻求解决方案，确定方法的有效性。

在解决问题的能力中，分析判断能力十分重要。分析判断就是为实现一定的目标或解决一定的问题而制定行动方案并优化选择的过程。一个独立处理问题的过程其实就是一个决策的过程，因此，分析判断能力也就是独立处理问题的能力。对于一个特定的问题，分析判断一般包括以下环节：

1）分析问题

分析问题的性质和特点。

2）确定目标

确定最后希望达到的效果。

3）拟订方案

同一目标的实现往往不只有一种方案，通过对不同途径和步骤的排列与组合，拟订数套行动方案备选。

4）评估方案

对备选行动方案的可行性、后果进行综合分析与比较，权衡每一个方案的利弊得失。

5）选择方案

从备选的行动方案中选定最后的行动方案。

了解了分析判断问题的流程后，大学生就可以有针对性地规范和完善分析判断问题的各个环节，从而提高自己分析判断问题的能力。

9. 学习和创新

学习能力是人们在学习、工作及日常生活中必须具备的能力之一。现代社会对人的学习能力的要求越来越高，应届大学毕业生基本上都要经过系统培训才能具备直接进行业务操作的能力。因此，是否具备良好的学习能力和强烈的求知欲望，是用人单位十分重视的，往往也是应聘时用人单位要重点考察的内容之一。

创新能力是人们革旧布新、创造新事物的能力，包括发现问题、分析问题和解决问题以及在解决问题过程中进一步发现新问题，从而不断推动事物发展变化的能力。创新能力最基本的构成要素是创新激情、创新思维和科技素质。创新激情决定着创新的产生，创新思维决定着创新的成果和水平，科技素质则是创新的基础。

10. 组织管理

组织管理是指成功地运用管理者的知识和能力影响机构的活动，并达到最佳的工作目标。组织管理能力是一种对人心的把握与引导能力，组织管理能力强的人往往在工作上有主动性，对他人有影响力。

案例讨论1-2

小林下班回家，正好在大厅内遇到一位顾客和他顺路。看到客人不熟悉火车站该怎么走，于是小林带客人一起乘车到了火车站。在路途中，客人提出了对宾馆的一些不满，小林了解后赶紧向客人道歉，表示会联系总台协调解决，并推荐了宾馆的其他服务。在小林的热情招待下，客人表示下次还住他所在的宾馆。

（1）在案例中，哪些方面体现了小林的服务意识和职业素养？

（2）从管理层面分析，本案例说明了什么道理？

职业素质测试

对于具有不同的职业种类和不同职业生涯目标的人来说，在测试的内容和项目方面应当有所侧重。例如：

1. 科技工作人员的素质

测试重点是：

①智力水平，尤其是思维能力；

②创造力水平；

③与自己专业有关的特殊能力；

④成就动机；

⑤意志力、毅力、执着精神；等等。

2. 管理工作人员的素质

测试重点是：

①领导能力；

②竞争素质、成就动机；

③责任心、意志；

④智力水平；

⑤人际交往能力；

⑥个人修养、包容力；

⑦健康状况；等等。

3. 生产人员的素质

测试重点是：

①与工作内容密切相关的智力因素，如观察力、注意力；

②与工作内容密切相关的特殊技能，如操作能力、空间想象能力；

③责任感、工作之中的交往沟通能力；

④特定的身体素质与能力，如产品检验人员的视力、重体力劳动者的体质；等等。

4. 服务人员的素质

测试重点是：

①与工作内容密切相关的智力因素，如观察力、注意力；

②与工作内容密切相关的特殊技能，如语言能力、操作能力；

③个人修养、责任感；

④人际交往、沟通能力；

⑤职业道德；等等。

5. 在校学生的素质

依大中专、职校技校不同而不同，依学生所读的专业不同而不同。

测试重点是：

①特殊才能；

②职业兴趣；

③职业适应性；

④价值观状况和成就动机；

⑤心理成熟度；

⑥社会关系、处世能力、人际交往能力；

⑦一般心理健康的内容，如自信心、情绪稳定性、情感问题、意志、应付压力和耐冲击力，等等。

任务二 大学生职业素养的现状

一、社会及用人单位对大学生职业素养的要求

（一）社会对大学生职业素养的期望

前面提到很多企业感叹"招不到合适的人选"，实质上是很多企业招不到具备良好职业素养的毕业生。可见，企业已经把职业素养作为对员工进行评价的重要指标。如成都大翰咨询公司在招聘新人时，要综合考察毕业生的五个方面：专业素质、职业素养、协作能力、心理素质和身体素质。其中，身体素质是最基本的，好身体是工作的物质基础；职业素养、协作能力和心理素质是最重要和必需的；而专业素质则是锦上添花的。职业素养可以通过个体在工作中的行为来表现，而这些行为以个体的知识、技能、价值观、态度、意志等为基础。

企业的期望如下：

（1）经济界认为，在员工的核心素质中，最重要的是个人的个性和态度。

（2）三分之四的企业认为强烈的进取心是最重要的个人性格特征。

（3）一半以上的企业认为学习的潜力、联系思维和解决问题的能力是很重要的。

（4）负重能力、独立工作能力以及决断力也都属于经济界工作所需求的个人性格特点。

（5）专业以外的知识。这里主要是指未来的管理人员应具备运用适当的方法，在工作中确定正确的重点，以及迅速的、以目标为导向的工作能力。

（6）在企业家的眼中，不管求职者是什么专业出身，电子数据处理的知识是无论如何不可缺少的。60%～75%的企业家认为大学生熟练掌握计算机是十分重要的。

（7）管理和组织项目的能力排在第二位，然后是时间管理、工作技术以及外语方面的专业知识。

（8）超出所学专业的知识，如技术人员应该掌握经济的基本知识。

（二）用人单位对大学生职业素养的要求

有关大学生职业素养现状的调查分析显示如下：

1. 企业对大学生职业素养的要求

（1）思想道德素养、价值倾向占77.4%；

（2）勤恳、踏实、敬业奉献精神占70.8%；

（3）获取知识的学习能力占61.9%；

（4）发现问题和解决问题的探索能力占61.7%；

（5）心理素养占60.1%；

（6）创新意识和能力占55.3%；

（7）团队合作能力占52.0%；

（8）积极追求进步的热情占 47.6%；

（9）动手操作能力占 46.0%；

（10）文明礼貌、亲和力占 39.9%；

（11）人际交往能力占 37.3%；

（12）身体素质占 36.7%；

（13）基础理论、专业知识水平占 35.3%；

（14）组织管理能力占 27.1%。

2. 影响大学生就业的自身因素

企业管理者认为影响大学生就业的自身因素是大学生内在蕴藏的无形软素养——个人品行，而对有形的外显因素，如经验经历、学习成绩看得较轻。

3. 职场大学生最需培养和具备的职业素养和职场行为

（1）具有责任心，懂得承担占 76.6%；

（2）为人正直、诚实，心理素质良好，稳定性强，工作自觉性高占 66.8%；

（3）勤快、肯吃苦，具有敬业奉献精神，做事中懂得做人占 66.0%；

（4）进取心强，有激情，工作主动占 56.9%；

（5）忠于职守的忠诚意识占 54.2%；

（6）尊重师长、同事，具有团队合作精神，懂得配合占 54.4%；

（7）懂得感恩、向善，对父母有孝心，对他人有爱心占 52.6%；

（8）会独立思考，有创新意识和能力占 51.0%；

（9）善于学习，获取知识的能力强占 50.1%；

（10）守时、认真占 49.7%；

（11）承受得住挫折、压力，性格开朗、坚韧占 46.4%；

（12）具有沟通交往能力，适应性强占 42.4%；

（13）执着、任劳任怨、有忍耐力占 41.9%；

（14）基础知识扎实，做事有条理，具有组织管理潜力占 32.8%。

4. 职场大学生最急需改善的不良品性和行为习惯

（1）随意毁约、违背诚信占 70.6%；

（2）工作态度散漫，做事没精神，稳定性差占 63.1%；

（3）思想不追求上进，糊弄工作，得过且过占 59.4%；

（4）自私、缺乏良性竞争意识占 57.6%；

（5）以自我为中心，不尊重上司，不尊重同事和客户占 56.0%；

（6）不守时占 54.0%；

（7）办事拖延，易推诿找借口占 53.7%；

（8）注重享受、功利性强，拜金主义、耐不住寂寞，急于快速致富占 52.9%；

（9）眼高手低、好高骛远、懒惰占 51.5%；

（10）好打听、议论他人隐私；随意泄露公司商业秘密占 48.8%；

（11）无法与他人合作，不愿与人交往、不懂交往、不善交往占 48.1%；

（12）言行粗鲁，不懂事、不成熟占 45.1%；

（13）两极思维、情绪易波动、承受能力差、心理脆弱占 43.5%；

（14）爱发牢骚，背后说人坏话占 37.1%；

（15）表现欲过强，随意打断和否定别人，过强的主观好恶占 34.8%；

（16）思想偏见和无知占 33.9%。

5. 大学毕业生最需要改善的方面

（1）踏实、务实、克服浮躁占 65.2%；

（2）耐挫、坚韧、挑战困难的勇气和心理素养占 64.3%；

（3）提升道德品质和人文素养占 59.5%；

（4）适应环境变化的能力应加强占 54.5%；

（5）勤于分析问题、解决问题的意识和能力占 52.9%；

（6）加强基础理论学习，勇于解决实际问题的操作能力占 46.0%；

（7）锻炼人际交往沟通能力占 40.1%；

（8）尊敬师长、谦虚自省能力占 36.9%；

（9）加强基础和专业知识的持续学习能力占 34.2%；

（10）口头表达能力占 31.0%；

（11）文字表达能力占 23.9%。

上面的调查数据表明，用人单位对大学生的职业素养越来越重视，要求越来越高，表现出一种重视综合素质，而非仅考虑某种素质的趋势。

二、大学生职业素养的现状

据统计，目前中国企业的效率是美国的 1/25，是日本的 1/26，问题出在哪里？归根结底还是人的问题，制度制定得再完美，没有职业化的队伍去贯彻执行，无异于一堆废纸。随着企业竞争的加剧，员工的职业化逐渐成为企业在全球化竞争中制胜的关键因素，企业也越来越注重提高员工的职业道德和职业素养。

在激烈的市场竞争中，企业将人才视为持续发展不可或缺的核心资源，许多企业竞相从高校中选拔优秀的应届毕业生作为人才储备。然而，应届毕业生在工作中的表现却常令管理者头痛。大学重视理论教育，培养出来的毕业生普遍自我价值认知很高，认为自己应该从事企业的中、高层管理工作。而实际上，由于毕业生缺乏实际操作技能，只能从基层做起。这种强烈的心理落差使得应届毕业生常常抱怨自己得不到重用。在十几年的学生生涯中，他们所做的一切努力都是为了考上一所好的学校，或是拿一个好的成绩。进入企业后，这种个人导向的行为习惯与企业追求的团队协作要求格格不入，所以他们常常因和周边的同事产生冲突而受到排挤。"90 后"的一代多为独生子女，成长的环境比较优越，形成了这一代人鲜明的特点：要个性、喜欢被关注、习惯被安排、受不了大的挫折。当他们进入企业以后，常表现为：不服管，经常和领导顶着干；目光短浅，没有自己的职业规划，乱跳槽，反正家里条件不错，同学间攀比工资，并向企业要求加薪；遇到困难就叫苦连天，退缩；等等，在企业中的种种"不得志"使得很多刚进企业不久的大学生纷纷离职，有数据显示，50% 以上的应届毕业生一两年内流失率在 30%，一些企业招收的应届大学生流失率更是高达 70%，甚至像联想集团这样的大型企业，也认为他们为大学生高流失率交的学费太高，而离职并没有带给大学生多大的利益，相反，毕业后前一两年的黄金时间都浪费在了跳槽上，也给应届毕业生留下越来越多的负面评价，如何打破这种"双输"的局面，一些知名的大企业给出了答案，他们通过系统的培训将应届大学生培养成"企业人""职业人""专业人"，将应届生的流失率降低至10%，而职业化素养培训对于把应届生培养成"企业人"和"职业人"起到了很大的作用。

三、影响大学生职业素养的原因

目前，高校的职业素养教育普遍整体滞后，专业培养目标不能有效适应市场需求，主要表现在以下几个方面。

（一）认知不足，阻碍了职业素养教育的开展

目前，许多高校对职业素养认知不足，阻碍了职业素养教育的开展。有些高校，平时很少提到职业素养教育，甚至于许多教师也不知道什么是职业素养教育，认为这和自己无直接的联系。学生不知道自己的专业学习目标，只是在临近毕业时才开始为就业而了解职业，茫然地临时抱佛脚，缺乏起码的职业意识、责任意识，更谈不上具备较高的职业素养。这就是许多企业明确表示不招聘应届毕业生的真正原因。即便在不少的高职院校，对职业素养教育从认知到贯彻都不到位，往往仅满足于实际操作的工具型培养，侧重于技术和经验，相比之下，在职业道德和职业心理素质方面缺乏应有的重视。

（二）重理论轻实践，职业技能素质培训不足

目前，许多高等院校在具体的人才培养实施过程中，重理论轻实践的现象没有从根本上得到改变，采用的仍然是纯课本讲授，不能根据学生的认知特点来培养学生的能力，偏重于对概念和理论知识的讲解，内容陈旧，没有把目前生产、生活领域出现的各类实际问题用所学的理论知识加以介绍、解释，使该学科失去了鲜活的生命力。许多教师缺乏相关专业的工作经历，没有切实的实践体验，授课针对性不强，只是纸上谈兵，无法较好地做到理论联系实际，不能很好地运用书本知识去分析社会中的实际问题，也不能用一些模型去评估现行的方针政策，所以学生普遍缺乏分析问题和解决问题的实际能力。

（三）课程设置不合理，职业道德、职业心理素质培养虚位

目前，高等院校普遍没有打破传统的教学模式，仍存在着重智能和技能的传授，轻学习动机的激励；重学习材料的记忆，轻认知方式的培养；重书本知识、实训技能的考核和评价，轻日常行为规范、健全人格的评定；重教学内容选择，轻学习进取心、自信心、责任心的培养；重理性训练，轻和谐发展等。在课程设置上，就业指导课常常由日常事务繁杂的学生管理人员兼职并且课时不足，较少开设职业规划、职业道德和职业心理学等课程，学生普遍缺乏相关的职业道德和职业心理素质知识，不知道"为什么而学""到底应学什么""怎么去学"等之类的问题。没有从思想深处真正认识到职业素养是未来职业的需要、民族振兴的需要、国家发展的需要、客观形势的需要。显然，这些现象都有悖于职业素养教育的宗旨，不利于职业激情与品格的培养。

（四）考评方式不合理，缺乏对职业素养的有效考核

在显性素养方面，不少大学生表现还可以，但在隐性素养方面，由于没有得到过有效的培训考核，所以比较欠缺。目前，在学生成绩的考评方式上，许多高等院校仍然采用的是期末考试"一锤定音"，即用一张试卷判定成绩的考核方法。由于老师出题的任意性和随机性很大，这种考核方式缺乏整体性、全面性和客观性，不能准确地反映学生掌握知识的情况，更不能正确地反映学生职业素养教育的情况。如果做好一张试卷，就可以高枕无忧；如果失败，一学期的努力就会付之东流。而且，这种考核方式还容易助长学生平时懒散、考前突击、死记硬背甚至作弊等不良倾向，不利于学生职业素养的培养和提升。

任务三　努力提高职业素养

 一、大学生提高职业素养的意义

每个人不管是在哪个机关部门、哪个企业、哪个岗位上，不管工作内容有多大的差别，均有其对职业素养的要求。很多人忽视了职业素养的提升，结果在工作中遭遇失败。

大学生职业素养就是工作状态的标准化、规范化、制度化，即在合适的时间、合适的地点用合适的方式说合适的话、做合适的事，使知识、技能、观念、思维、态度、心理等符合职业规范和标准。

大学生职业素养的作用体现在，工作价值等于个人能力和职业素养程度的乘积，即：

$$工作价值 = 个人能力 × 职业素养程度$$

如果一个人有100分的能力，而职业素养的程度只有50%，那么其工作价值显然只发挥了一半。美国学者的调查表明：绝大多数人在工作中仅发挥了10%～30%的能力。如果接受了充分的职业素养教育与培训，就能发挥50%～80%的能力。

大学生提高职业素养具有十分重要的意义。

（一）从个人的角度来看

适者生存，个人缺乏良好的职业素养，就很难取得突出的工作业绩，更谈不上建功立业。

（二）从企业的角度来看

唯有集中具备较高职业素养的人员，才能实现求得生存与发展的目的，他们可以帮助企业节省成本，提高效率，从而提高企业在市场上的竞争力。

（三）从国家的角度看

国民职业素养的高低直接影响着国家经济的发展，是社会稳定的前提。

正因如此，职业素养教育才显得尤为重要。

可以说，大学生具备较高的职业素养是21世纪职场生存法则，是提升个人与组织核心竞争力的关键。大学生职业素养还是成功的代名词，也是职场人士最强的竞争力，是生

存的硬道理。拥有大学生职业素养，能让你在激烈竞争的职场中脱颖而出。

大学时期是一个人进入社会扮演职业角色前的最后一个时期，而职业素养就是对任何职业人做出基本行为的规范要求。那么，如果大学生在进入职业角色前夕，还不了解对自己行为规范的要求，可以想象，大学生是很难扮演好职业人这一角色的。

学习参考1-2

企业需要什么样的员工

在从事职业素养的研究过程中，有学者曾走访了约500家企业，分别对人力资源部经理、董事长或总经理进行了采访：

问：您的企业需要什么样的员工？

答：因为岗位不同，要求也不同，但总体来说，希望员工能做到德才兼备。

问：德才兼备是社会对职业人的总体要求，请问您是否可以为我们描述一下德才兼备的细节呢？

答：德就是品德、修养，才，就是才干、能力。也就是说，我们需要忠诚、负责、敬业的员工，同时需要他有与岗位相匹配的能力。

问：那您觉得德与才哪个更重要呢？

答：德行胜于才干。

问：您怎样对待有德无才的员工？又怎样对待有才无德的员工？

答：对有德无才者，尽力培养；对有才无德者，发现后清除。

问：高校扩招后，大学由精英教育转为大众教育，就业矛盾日益突出，您觉得大学生应该怎么做才能顺利就业？

答：就业率低，主要和社会环境与教育方式有关，当然，最主要的因素还是大学生自身。这个世界很公平，不能就业者，说明自身有严重问题。要说怎样做才能顺利就业，无外乎两点：

（1）努力提高自身修养，培养良好的职业意识与职业习惯。

（2）刻苦学习专业知识，使自己初步具备动手能力。

二、大学生提高职业素养的途径

作为大学生，在大学期间应该学会自我培养职业素养。

（一）要培养职业意识

雷恩·吉尔森说："一个人花在影响自己未来命运的工作选择上的精力，竟比花在购买穿了一年就会扔掉的衣服上的心思要少得多，这是一件多么奇怪的事情，尤其是当他未来的幸福和富足要全部依赖于这份工作时。"很多高中毕业生在跨进大学校门之时就认为已经完成了学习任务，可以在大学里尽情地享受了。这正是他们在就业时感到压力的根源。清华大学的樊富珉教授认为，中国有69%～80%的大学生对未来的职业没有规划，就业时容易感到压力。

中国社会调查所完成的一项在校大学生心理健康状况调查显示，75%的大学生认为压力主要来源于社会就业；50%的大学生对于自己毕业后的发展前途感到迷茫，没有目标；41.7%的大学生表示目前没考虑太多；只有8.3%的人对自己的未来有明确的目标并且充满信心。培养职业意识就是要对自己的未来有规划。因此，大学期间，每个大学生应明确：我是一个什么样的人？我将来想做什么？我能做什么？环境能支持我做什么？要着重解决这些问题，就要认识自己的个性特征，包括自己的气质、性格和能力，以及自己的个性倾向，包括兴趣、动机、需要、价值观等，据此来确定自己的个性是否与理想的职业相符，对自己的优势和不足有一个比较客观的认识，结合环境如市场需要、社会资源等确定自己的发展方向和行业选择范围，明确职业发展目标。

在大学教育中，实践教学是学生了解职业、了解自己与职业的适合度的最直接、最有效的途径。同学们可通过暑期社会实践、校内实训实习活动，在职业环境中，了解自己的职业前景，体会自己是否适合这一职业以及本职业的日常行为规范和职业技能要求，增强对职业的认同与热爱，完善自我，挖掘潜能，通过实训体验，自行调整，形成正确的职业意识。

（二）加强知识学习与技能培养

职业行为和职业技能等显性职业素养比较容易通过教育和培训获得。学校的教学及各专业的培养方案是针对社会需要和专业需要而制定的。旨在使学生获得系统化的基础知识及专业知识，加强学生对专业的认知和知识的运用，并使学生获得学习能力，培养学习习惯。因此，大学生应该积极配合学校的培养计划，认真完成学习任务，尽可能利用学校的教育资源，包括教师、图书馆等获得知识和技能，作为将来从事职业的储备。

职业技能是人们掌握和运用专门技术的能力，也是职业人奉献社会、服务群众的生存之本。大学生已具备较强的学习能力，学习阶段是同学们一生中增长技能、积蓄能量的重要时期。同学们必须获得专业知识，考取各类证书；必须拥有人际交往能力、竞争能力、合作能力。大学生必须放弃被动的学习方式，主动采用自主性、研究性、创造性学习方法。课堂上认真接受老师讲授的各类知识，全面掌握专业理论知识和各种社会技能。在模拟的职业环境中获得与现实的实际操作相同的体验，逐步掌握职业岗位必需的基本技能，培养分析问题、解决问题的能力。

（三）在"两课"① 学习活动中培养职业道德

1. 道德教育是人生的第一道防线，无任何强制性，靠自我管理、自我约束

学生在"两课"学习中必须把良好道德品质的养成放在首位，形成"说老实话、办老实事、做老实人"的好习惯，自觉遵守道德法则。

2. 纪律教育是人生的第二道防线，具有一定的强制性

党纪、政纪、校规、家规都是用来规范人们行为的。学生要在自我管理、自我教育中自觉遵守学生守则，遵守校规校纪，做遵纪守法的进步青年。

3. 法制教育是人生的最后一道防线，具有强制性

在学习中知法、懂法、守法、不违法。同时通过社会实践活动自觉培养爱岗敬业、奉

---

① "两课"指普通高等学校所开的公共马克思主义理论课和思想品德课。

献社会、服务群众等良好职业道德。

（四）在平时的学习活动中培养职业形象

1. 外形打扮、手势动作要优雅大方

无论是在校上课学习，还是外出活动，均宜选择简洁大方的发型，不染彩发，不戴首饰；穿着服装既注重色彩的和谐搭配，又注意款式的文雅端庄；面部表情不可僵硬，手势动作要优雅大方。

2. 主动练习标准的待客、微笑与正确的目光交流方式

在体态方面，自主训练站、坐、走、蹲的正确姿势，以及上下楼梯、进出电梯、上下轿车、引领客人的标准动作。在日常交往和对外活动中，有意训练握手礼、介绍礼、致意礼、名片礼、鼓掌礼等规范的礼仪动作。

3. 树立正确的人生观、价值观

立足岗位，勤勤恳恳；自觉阅读中外名著、名人传记、警世格言，在知识的海洋里邀游，陶冶情操、内外兼修。

（五）在活动中培养学生良好的沟通能力

1. 训练沟通能力

人的能力往往体现在沟通上，因此，大学生必须进行科学训练，自我培养积极良好的沟通能力。

2. 训练语言表达能力

自主创设谈话情景，多用敬语、谦辞等礼貌用语，锻炼口语表达能力。

3. 培养体态表达能力

体态是人的"第二语言"，其中表情、手势、动作、姿势等功能各不相同，能补充、替代语言表达的作用。学生在集体文艺活动中，要自主训练，以恰当的手势、优雅的举止、标准的动作、协调的姿态，有效表达内在的思想和气质。

（六）在社团活动中培养团队协作精神

1. 强化团队精神

把团队精神作为学生品德素质培养的重要目标。在现有的课程体系中，注入与团队精神相关的教学内容；通过集体活动促进成员间的沟通，自主培养团体情感，增强团队凝聚力。

2. 内化团队精神

团队精神的内化过程是一种体验、熏染、陶冶、养成的过程。精心组织以增强团队精神为目标的各种集体活动。在各类文体活动中，自我组织、分工合作、共同协调，在活动中尽情体验、感受竞争与合作的关系、个人与集体的关系。

技能训练　个人素质的自测

【实训目标】

1. 增强对大学生职业素质的认识；

2. 正确了解自我的素质状况。

【实训内容和方法】

　　下面的问题是让你给自己的素质打分。你应该实事求是地逐一思考每个问题。评分标准见表 1 - 1，测试题目如表 1 - 2 所示，5 种与工作相关素质的得分情况如表 1 - 3 所示。

表 1 - 1　评分标准　　　　　　　　　　　　　　　　　　分

分数	项　　目
0	如果你觉得某一项根本不适合你
1	比我所了解的多数人都差
2	还需要努力
3	与跟我地位相同的人一样
4	比有些同事要好一些
5	比所了解的大多数人都好

表 1 - 2　职业素质测试表　　　　　　　　　　　　　　分

序号	项　　目	得分
1	一贯都是在最后期限到来前完成任务	
2	能拟制简洁明了的电子邮件、备忘录与报告	
3	能主动承担工会与团队工作	
4	在做出决定前能充分听取别人的意见	
5	经常阅读公司快报	
6	在工作中表现出明显的热情	
7	具有干出一番事业的动力	
8	了解其他部门的工作	
9	能够承担其他同事不愿意完成的任务	
10	能够快速搜集案例与数据，分析一件事情的优缺点	
11	能够陈述引起别人关注的情况介绍	
12	能够跟踪本行业的市场动态	
13	能够每天预先安排时间，以集中精力先做重要的事情	
14	了解所在公司的发展战略及其对自己日常工作的影响	
15	能清楚地表达自己的观点	
16	在团队其他成员中享有信誉	
17	在做出决断前，能与其他方案进行比较，权衡优劣	
18	了解所在公司的竞争对手正在做什么	
19	在会议以及其他集会场合能够自信地发言	

序号	项　目	得分
20	能在团队会议中处理冲突，征求多数人的意见	
21	能找出问题的根本原因，而不是关注表面现象	
22	能完成别人已经放弃的工作	
23	遇到别人有困难时，能向他们解释技术问题	
24	能够让团队里不显山露水的成员也有表现的机会	
25	在不确定的形势下，能做出果断的决定	

表 1-3　种与工作相关素质的得分　　　　　　　　　　　　　　　　　　　分

主要素养	得分标准	总得分
交流能力	将问题 2、11、15、19 与 23 的得分相加	
推理能力	将问题 4、10、17、21 与 25 的得分相加	
团队精神	将问题 3、9、6、20 与 24 的得分相加	
商业意识	将问题 5、8、12、14 与 18 的得分相加	
进取精神	将问题 1、6、7、13 与 22 的得分相加	

你的最高得分是哪一项？最低得分又是哪一项？看看下面的解释：

主要关注你得分最低的项目。如果你有超过两项的得分低于 15 分，那么你就应该想想如何努力来提高这一方面的素质。如果你真的想提高自身的素质，就得付出努力与心血。

项目二 自我管理能力的提升

任务一　正确认识自我管理

德鲁克在《21世纪的管理挑战》一书中，明确提出了自我管理的概念，并强调了其与传统人力资源管理的本质区别，即由管别人转向管自己。截至2011年，我国普通高等学校的大学生人数已经达到了2 000多万人，每年毕业的大学生有600多万人，大学生已经成为社会生产发展的生力军，这批生力军的素质直接影响着经济和社会的发展水平，但目前，在校大学生中普遍存在着学习动力不足、旷课、混日子等许多不良的趋向，大学生的素质明显下降，造成这些现象的原因有很多，但就大学生这个特殊群体而言，自我管理能力太差是主要原因，因此，大学生提高自我管理能力意义重大。

一、自我管理的概念

（一）正确认识自我管理

自我管理是指人通过自我认知，调整和修养自己的心理，并使自己的外部行为与社会环境相适应，是个体对自己本身，对自己的目标、思想、心理和行为等表现进行的管理，自己把自己组织起来，自己管理自己，自己约束自己，自己激励自己。自我管理是个人对自我生命运动和实践的一种自发或主动调节，也是个人对自身价值的追求，因为建立明确的目标并坚持执行是走向成功的基础。卓有成效的成功者都是善于发现自我优势、善于利用自己的优势做事、坚持自己的价值观、注重奉献并且善于利用时间的人。古人"修身、齐家、治国、平天下"的主张，实质上指出了自我管理在社会管理中的基础地位，即欲对外部、对社会进行管理（齐家、治国、平天下），就必须先自我管理（修身）。大学生不仅承担着修身、齐家的责任，而且承担着治国和平天下的重担。因此，大学生加强自我管理意义重大。

（二）大学生的自我管理

大学生的自我管理，从广义的角度来理解，就是指大学生为了实现高等教育的培养目标及为满足社会发展对个人素质的要求，充分调动自身的主观能动性，卓有成效地利用并整合自我资源（包括价值观、时间、心理、身体、行为和信息等）而开展的自我认识、自我计划、自我组织、自我控制和自我监督的一系列自我学习、自我计划、自我发展的活动。从狭义的角度来看，自我管理、自我学习、自我教育、自我发展呈金字塔排列，自我管理是在塔的底部，它是开展其他活动的基础，其他活动都建立在有效的自我管理的基础之上。大学生自我管理的实质就是要根据内在和外在的条件进行自我的管理和约束，达到社会和个人预期的目标。

但从现状来看，大学生的自我管理不容乐观，具体表现在大学生的生活、学习和职业生涯的规划等方面。现代大学生的生活观过多地被物欲化，在学习中缺乏根本动力和目的，没有认真规划自己的职业生涯，甚至根本不知道自己将要从事或喜欢从事什么样的职业等，更为严重的是，有的学生甚至走到反社会和反人民群众的道路上去，做出违法的事情，如校园暴力事件、偷盗事件、沉迷网络或色情等。

案例讨论2-1

李嘉诚的成功

李嘉诚说："坦白一点说，我在创业初期，几乎百分之百不靠运气，而是靠自我管理的能力，靠工作、靠辛苦、靠能力赚钱。你必须对你的工作事业有兴趣，要全身心地投入工作。不能说一定没有命运，但假如一件事在天时、地利、人和等方面都相背时，那肯定不会成功。若我们贸然去做，失败时便埋怨命运，这是不对的。"事实也确实如此，当年，李嘉诚以一个穷小子的身份发迹，这整个经历就是一个典型的青年奋斗成功的励志故事。

你对李嘉诚说的这段话是如何理解的？

二、理解自我管理的内涵

自我管理的内涵可从以下几个方面来理解：

（一）自我监督

个人对自己进行检查、督促。包括以下几点：

1. 自知

正确评估自己，不卑不亢。

2. 自尊

不自轻自贱，要有民族自尊心和个人自尊心，不出卖灵魂与肉体。

3. 自勉

见贤思齐，不断用高标准来勉励自己，脱离低级趣味，做有益于人民的事。

4. 自警

自我暗示、提醒，克服不良的心理及行为。

（二）自我批评

自己批评自己的短处，辩证地否定。包括以下几点：

1. 自省

即自我反省，使个人的思想品德变得日益完善；

2. 自责

对自己的不足进行检讨，勇于承担责任，接受群众监督。

（三）自我控制

实行自我约束，理智地接人待物，防止感情用事，抵制和克服一切外来的不良影响。包括以下几点：

1. 反躬自问

反思自己的行为，产生人际矛盾，首先从自己身上找原因。

2. 自我控制

即控制自己的情绪、欲望、言行，客观地对待批评，力求更好地把握自己。

（四）自我调节

通过自我疏导，使自己从矛盾、苦恼、冲突、自卑中解脱出来。包括以下几点：

1. 自解

自我疏导，不自寻烦恼，不折磨自己，不惩罚自己。

2. 自慰

宽慰自己，知足常乐，淡泊名利，承认差距。降低欲望，欲望越大，幸福感越低。

3. 自遣

自我消遣，分散或转移注意力，如用美食、郊游、看书、绘画等转移注意力。

4. 自退

设身处地地退一步想问题，退一步海阔天空，降低目标，转换方向，另辟新路。

（五）自我组织

在新环境，重新振作，重新审视和组织自己的心理和行为。包括以下几点：

1. 内化顺从

勇于接受别人的不同意见。

2. 同化吸收

把别人的意见与自己的意见融汇在一起，吸收他人的长处丰富自己。

3. 自我更新

从更高更新的角度来认识问题、分析问题，不断地提高自己的能力。

三、大学生为什么要提高自我管理能力

大学生应该是已经具备比较成熟的思维能力的成年人，能够客观冷静地面对生活和学习中的问题，能够控制自己的行为。每个正常的、普通的大学生无论是在年龄、体质还是在思维各方面，都已经经历了成长阶段，拥有一定的生活经验、丰富的学习经验和少量的社会经验。在这种情况下，对大学生的管理就更应该注重自我管理，而不是依赖校方、老师或家长的管理。

（一）对大学生的管理再不能过于依赖学校、老师或家长

1. 大学生如不能自我管理，对其成长极为不利

对于大学生本身，如不能自我管理，缺乏自信，生活无法自理，学习不能自立，面对各种问题不能够自己思考并得出结论，那么这个大学生尽管在生理上成熟了，但在思维和行为能力方面还十分幼稚，这必然对大学生的成长十分不利。树立自我信念，培养独立的思考能力，在任何情况下控制自己的行为，清楚冷静地了解自己所处的地位、自己的优势和短处，不断取长补短完善自己，知道什么才是最重要的、什么是应该做的、什么是不应该做的，这才能够使一个大学生具备坚实的基础和心理素质、行为能力，才能有利于大学生的成长，为美好未来创造条件。

2. 对大学生的管理如果过于依赖学校，不仅大大增加了学校的负担，也违背了大学校园所承担的责任

大学，是要培养对社会发展、国家建设有用的人才。假如一个人在生活上不能自我管理，任何一点小问题也要依靠他人帮助解决，没有自己的观点和想法，很容易被一些诱因引导而左右摇摆不定，不能够有计划地安排自己的生活及学习，那么就算他塞了满脑子的知识，他能算一个人才吗？大学把这样的"人才"推向社会，对社会有任何帮助吗？恐怕反而会增加社会的负担，就像这些"人才"曾经给学校增加的负担一样。大学理应全面培养大学生的综合素质，其中包括他们的自我管理能力和自立自强的精神。

3. 大学生不注重自我管理，在生活上、学习上乃至各方面都依赖学校或家长，对家长来说，也绝对不是个好现象

虽然中国家长过于宠爱自己的孩子，几乎是世界闻名的，但是当大学生已经长大成人之时，家长应当充分认识到，培养他们的自我管理能力才是对他们的爱，反之，则可能害了他们。西方家庭教育这一点做得比较好，是值得中国家长学习的，让他们自立，自己解决问题，不要凡事都依靠学校或家长，才能使他们更早地成熟起来，更容易适应社会生活。

（二）大学生注重自我管理，有利于提高自立能力

由于网络的发展，近年来经常有些正在读书的学生沉迷于网络，不能自拔，影响自己正常的学习生活，以至于有辍学者、离家出走者，甚至有为了去网吧上网需要钱而触犯法律者。这当中竟然有很多大学生，这不能不令人深思。大学生应当是已经具有自我管理行

为能力的成年人，他们心智比较成熟，理应能够控制自己的行为，但是许多大学生依然无法摆脱网络的诱惑，特别是网络游戏的吸引，不能自我控制，终日逃课上网，夜不归宿，在游戏和聊天中挥霍自己的青春和父母的血汗。可见，大学生注重自我管理何等重要。

每一个成功人士，都是擅长自我管理、能够清醒冷静地认识问题、解决问题的人。其中许多人都是在上中学、上大学时就已经完全自立，不再依靠家庭或学校，他们也需要别人的帮助，但那仅仅是"帮助"而已，关键依然在于自我。

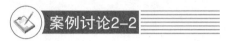

杨松君的自我管理

杨松君在17岁的时候作为小留学生来到澳大利亚，后来升入新南威尔士大学学习酒店管理和市场营销专业。当许多同学在异国他乡还处在迷惘状态时，她已经到处去找工作；当一些大学同学游戏、玩乐、上网、不停地换男朋友时，她已经申请参加国际金融公司的实习工作。而这一切都没有妨碍她取得优异的成绩和课业评价，同时她还竞选当上了中国同学会的会长，为同学会申请到许多经费，并成功组织各项活动，深受同学们的好评。

在那份许多澳洲本土学生都不敢申请的实习工作中，她表现出色，独立完成调查报告并在会展上直接向高层管理者作了长达一小时的报告，赢得了毕业后直接加盟该公司的邀请。

杨松君的自我管理对同学们有哪些启示？

（三）自我管理是知识经济时代的呼唤

在进入21世纪后，随着信息时代和知识经济的到来，在管理学领域也必将出现一场极其深刻的管理革命，而自我管理，或被称为"没有管理的管理"或"无人管理"正是这次变革中的重要趋势之一，管理的含义不再仅仅是管理者去"管人""教人"了，管理的一个重要内容应该是管好自己，其实质是全员参与管理，人人自己管理自己，管理的目标不仅是资源的分配和对被管理者的行为进行控制，更主要的是要调动他们的积极性、主动性，充分发挥他们的自治能力，最终使群体中每一个成员都能自己管理自己，正如德鲁克所说："一切管理效果最终由员工自我决定。"

案例讨论2-3

小李是新入厂的大学生，聪明又能干。分到电工班不到一个月，很快就掌握了本岗位的基本技能。可是刘班长最近发现，小李不像刚来时那么精神了。一打听才知道，小李虽然工作能力强，但很难和别人相处。有人说他脾气古怪，有人说他看不起人、太狂，有人说他干活太奸，不爱帮助人，班里的老师傅对小李越来越排斥，小李也很苦恼。

请分析小李为什么变了？

四、大学生自我管理能力差的原因

大学生自我管理能力差的原因来自很多方面，归纳起来有如下几点：

（一）家庭环境的影响

大学生的家庭环境对大学生的自我管理能力的高低起到决定性作用，由于中国特殊的人口环境，大部分"80后"和"90后"的大学生都是独生子女，父母对这些独生子女给予了过度的保护和关怀。这些"80后""90后"的大学生，其生活、升学、就业等大多由父母包办解决，从小时候开始，他们就养成了依赖别人的习惯，他们不知道管理自己什么，也不知道如何进行自我管理。

（二）学校管理的影响

学校管理制度没有给学生进行自我管理的空间和条件。由于受历史等原因的影响，高等学校目前实行严格的辅导员管理制度，大学辅导员和小学初中的班主任承担一样的任务，扮演相同的角色，对大学生的生活和学习进行严格的管理。本来进入大学的学生都已经是成人了，他们必须学会管理自己，但学校剥夺了他们这样的机会，导致大学生自我管理能力差。

（三）大学生自身的影响

大学生自己没有进行自我管理能力的学习。由于受到应试教育指导思想的影响，大学生从小开始没有接受过职业生涯规划、自我意识等方面的教育，他们没有接受系统的和科学的自我管理的知识教育，不知道要管理自己什么，以及用什么样的方法对自己进行管理。

综上所述，大学生自我管理能力差的原因主要可以归纳为家庭、学校以及缺乏系统学习三个方面。

你是如何理解"做人要知足，做事知不足，做学问不知足"这句话的？

任务二　提高自我管理的基本方法

对于自我管理的问题，杰克森·布朗曾经有过一个有趣的比喻："缺少了自我管理的才华，就好像穿上溜冰鞋的八爪鱼，眼看动作不断，可是却搞不清楚到底是向前、向后，还是原地打转。"如果你确实付出了努力，但总是看不到太多的成果，职业生涯发展也不太顺利，那么你很可能就是缺少自我约束与自我管理的能力。

一、大学生提高自我管理能力的原则

（一）目标原则

每个人都曾有一个愿望或梦想，也会有工作上的目标，但经过深思熟虑制定自己生涯规划的人并不多。生涯规划的实现，需要强有力的自我管理能力。有目标的人和没有目标的人是不一样的。在精神面貌、拼搏精神、承受能力、个人心态、人际关系、生活态度上

均有明显的差别。大学生应及早确定生涯目标并坚定不移地为之奋斗，20 年后才不会后悔。

（二）效率原则

浪费时间就等于浪费生命，这道理谁都懂。但是，我们每天至少有 1/3 的时间做着无效工作，在慢慢地浪费自己的时间和生命。所以，要分析、记录自己的时间，并本着提高效率的原则，合理安排自己的时间，在实践中尽可能地按计划贯彻执行。坚持下来，你会发现，你的时间充裕了，你的工作自如了，你的效率提高了，你的自信增强了。

（三）成果原则

自我管理也要坚持成果优先的原则。做任何工作，都要先考虑这项工作会产生什么样的效果，对目标的实现有什么样的效用。这是安排大学生自我管理工作顺序的一个重要原则。

（四）优势原则

充分利用自己的长处、优势积极开展工作，从而达到事半功倍的效果。这是自我管理的一个非常重要的原则。人无完人，你不可能消灭自己全部的缺点，全剩下优点。

（五）要事原则

做工作分清轻重缓急，重要的事情先做。在 ABC 法则中，我们把 A 类重要的工作放在首先要完成的位置。在自我管理中，A 类重要的工作就是与实现生涯规划密切相关的工作，要优先安排，下大力气努力做好。

（六）决策原则

1. 决策要果断

优柔寡断是自我管理的大忌，想好了就要迅速定下来。

2. 贯彻要坚决

不管遇到多大阻力，都要坚定不移地贯彻到底。

3. 落实要迅速

定下来就要迅速执行，抓住时机，努力工作。

（七）检验原则

实践是检验真理的唯一标准。自我管理的目标正确与否，需要实践来检验。要坚持"以人为镜"，及时搜集、征求同事们的意见和建议，检查自我管理的实际效果。

（八）反思原则

自我管理也要定期进行反思。检查自己的目标执行情况，分析自我管理中存在的问题，制定、调整和修正方案。从实际出发，保证自我管理健康地向前发展。

二、大学生提高自我管理能力的内容

（一）正确地自我定位

正确地自我定位，就是要明确自己的价值观，即要明确什么对自己更重要。价值观只要符合人类的基本道德规范和法律要求，并没有好与坏、对与错之分。

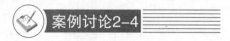

案例讨论2-4

这是我要的生活吗？
——马琳的价值困惑

马琳是会计师事务所的部门经理。最近，一个无奈而郁闷的问题像幽灵一样缠绕着她：我目前的工作和生活确实是自己想要的吗？马琳每天早上6：30被刺耳的闹钟叫醒，不到10分钟梳洗完毕，花5分钟下楼，在楼下匆匆吃点早点，就急急忙忙地赶往车站。她居住的地方离上班的公司有1个多小时的路程，即使她天天祈祷着道路顺畅，但也时不时地因为无奈的塞车而迟到。1座高档写字楼里1个10平方米的房间，是她的办公室：1台电脑、1部响个不停的电话、一堆没完没了的财务报表、10个枯燥无味的阿拉伯数字，就是她工作的全部。有时，主管会将她叫到办公室，劈头盖脸一顿责骂；有时，因为一个客户或一个项目与同事互相猜忌，彼此一连几天都闷闷不乐；下属已经按时下班，而她不得不因为一个报告的修改或一组数据的调整加班加点。当白天热闹的街道渐渐归于静谧时，走在迷离的灯影之中，望着来来往往亲昵缠绵的情侣，马琳突然想到自己30岁的生日就要到了。可是，自己真正的家在哪里？自己要相伴一生的人在哪里？或许在别人和同学的眼里，她是一个能干出色的高级白领，有着一份体面的工作和不菲的收入，可是有谁会知道她心中的孤独与寂寞呢？回到空荡荡的那套租来的一居室里，马琳看着镜子中自己那张已稍显松弛的脸庞，一阵说不出的恐惧、迷茫与惆怅向她袭来。

马琳为什么会出现价值困惑？

如果有一份新的工作在等着你，但其先决条件是你得从现在居住的北京搬到广州去，你该怎么办？这可能会带给你很大的不便，可是这份新工作的待遇比你现在的高，又更有发展，请问你该怎么决定？相信你最后考量的决定因素，一定是看什么对你最重要，到底是追求安定呢，还是成长？是追求生活的方便呢，还是要求一份不错的报酬？以工作为重呢，还是以配偶、孩子为重？

（二）目标管理

目标决定成功。《中庸》中提到："凡事预则立，不预则废。"拿破仑也曾说过："凡事都要有统一和决断，因此成功不站在自信的一方，而站在有计划的一方。"大学生要将自己的职业目标与人生目标有机地结合起来，并在个人发展（健康与能力）、事业经济（理财与事业）、兴趣爱好（休闲与心灵）、和谐关系（家庭与人际关系）四个方面实现协调与平衡，体察生命的真义，活出精彩的自己，发现自己的才能，追求自己的目标。

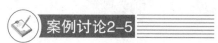

案例讨论2-5

哈佛精英的人生轨迹

1970年，美国哈佛大学对当年毕业的天之骄子们进行了一次关于人生目标的调查：27%的人，没有目标；60%的人，目标模糊；10%的人，有清晰但比较短期的目标；3%

的人，有清晰而长远的目标。1995 年，即 25 年后，哈佛大学再次对这一批 1970 年毕业的学生进行了跟踪调查，结果显示：3% 的人，在 25 年间朝着一个既定的方向不懈努力，现在几乎都成为社会各界的成功人士，其中不乏行业领袖、社会精英；10% 的人，短期目标不断实现，成为各个行业、领域中的专业人士，大都生活在社会的中上层；60% 的人，安稳地生活与工作，但都没有什么特别突出的成绩，几乎都生活在社会的中下层；剩下 27% 的人，生活没有目标，过得很不如意，并且常常抱怨他人、抱怨社会、抱怨这个"不肯给他们机会"的世界。其实，他们之间的差别仅仅在于：25 年前，他们中的一些人已经知道自己的人生目标，而另一些人不清楚或不是很清楚自己的人生目标。

人生目标对一个人的发展有何意义？

查德威克的失败与成功

弗罗伦丝·查德威克是著名的长距离游泳健将，她是世界上第一位横渡英吉利海峡的女性。1952 年 7 月 4 日清晨，34 岁的查德威克从卡塔林纳岛上纵身跳入了茫茫的太平洋，这一次，她的目标是对面 21 英里①的美国加利福尼亚海岸，她要创造另一项世界纪录。

这天早上，大雾弥漫，她几乎看不到护送她的随从船队和人员。冰冷的海水冻得她浑身发麻，她咬紧牙关坚持着，时间一小时一小时地过去，成千上万的观众在电视上看着她，为她呐喊加油。大约 15 个小时过后，她感到疲惫不堪，又冷又累，快要坚持不住了。

她呼喊着让人拉她上船。这时，她的母亲在船上告诉她，现在离加利福尼亚海岸已经很近了，千万不要放弃，可是，她朝前面望去，除了浓雾还是浓雾。她又坚持游了半个多小时，15 小时 55 分钟之后，她筋疲力尽，随从的保护人员终于把她拉上了船。浓雾散去之后，她才知道，自己上船的地方离海岸仅有半英里的距离。这是她长距离游泳生涯中唯一的一次失败。事后她对采访的记者说："说实在的，我不是为自己找借口。如果当时我能看见陆地，也许我能坚持下来。" 2 个月之后，她成功地游过了这一曾经令她失败的海域。目标能激发超越自我的欲望。

个人发展目标

1. 我的身体健康状况如何？

_____

2. 健康的身体应该是什么状态？

_____

3. 我的心理健康状况如何？

_____

---

① 1 英里 = 1.609 千米。

4. 健康的心理应该是什么状态?

_____

5. 为了保持良好的身心健康状态,我应该制定什么样的目标、计划,采取什么样的措施?

_____

6. 为了实现职业生涯目标,我目前在知识、智慧、能力、技巧等方面准备充分了吗?

_____

7. 就我个人而言,实现人生目标的最大障碍是什么?我应该如何克服这些障碍?

_____

8. 我具备职业和事业发展所应该具备的资质吗?

_____

9. 我还有哪些潜力没有发挥出来?哪些能力需要提升?如何发挥和提升?

_____

10. 我应该制定一个什么样的终生学习目标和计划?如何实现这些目标和计划?

_____

（三）时间管理

人生管理实质上就是时间管理,时间的稀缺性体现了生命的有限性。卓有成效的职业人,其成功大多最终表现在时间管理上,表现在能否科学地分析时间、利用时间、管理时间、节约时间,进而在有限的时间里,创造自身职业价值的最大化。彼得·德鲁克说过:"卓有成效的人懂得要使用好他的时间,他必须首先知道自己的时间实际上是怎样花掉的。"因此,做好时间管理的前提是对自己的时间进行科学的分析。

提高工作效率有一个小技巧:每天早上用 15 分钟做一个待办单,把必须做的重要事情列出来,安排时间,并保证做完。这其中,要保留30%的机动时间,用来处理各种突发性的事件。每天过后拿待办单来对照一下,看是不是按照原来的计划把事情做完。尝试一下,看这种方法是否奏效?

出租车司机的时间管理——份钱

在北京,一辆出租车每月要向公司缴纳管理费及各项税费 5 000～6 000 元,这也就是出租车司机们所说的每月的份钱。按 5 000 元来算,假如出租车司机每月工作 30 天,那么他们每天的份钱是 163 元,如果每天的油钱、餐费及其他与工作有关的费用是 200 元,也就是说,一个出租车司机每天运营收入至少要达到 363 元才能不亏本,每天运营收入 400 元,才能赚 40 元。如果出租车司机有一天在家休息,那么当天 163 元的份钱就一分没挣到，第二天的份钱就成了326元，加上油钱等费用，他如果还想赚钱，就得达到526元的收入。怎么实现呢？就要在平时每天工作10小时或12小时的基础上把工作时间翻番，但这是不可能的。也就是说，损失一天时间，司机就亏损了一天的份钱。当然，这位司机可能得到了休闲、娱乐等其他的收获或享受。正如出租车司机一样，人们每月、每天甚至每小时的时间都是非常昂贵的，他们必须挣出最低的"份钱"来，否则，就离被炒鱿鱼不远了。要知道，对于职业人来说，企业聘用你并不仅仅是让你挣够自己的份钱，而是让你为企业创造出远远大于份钱的价值来。只有这样，职业人在职场上才有价值。

那么，作为大学生，你怎样才能挣出最低的"份钱"？

我们都有相同的时间，时间稍纵即逝，失去的时间是永远无法追回的。真正的价值在于我们利用它做什么事。

我们只有176个小时来完成每个月的目标，只有2 112个小时来完成每年的目标，只要时间一流逝，我们就一无所获。

让某个人损失了时间，就等于是偷了他的金钱，你损失了你的时间，就等于是抵押了你的未来。

时间是最有价值的资源，而且是最难以有效利用，最经不起浪费的资源。

浪费时间的根本原因还在于自己。

（四）沟通管理

有研究表明，70%以上的职场工作是在沟通中完成的，70%以上的职场问题是因为沟通不畅造成的，可见沟通对于大学生的重要意义，所以，大学生应该了解沟通的含义，掌握信息发送、接收的技巧，善于倾听并积极反馈，才能在与客户、上司、下属、同事等人际交往中争取主动，提高工作效率。

案例讨论2-7

倾听在沟通中的作用
——乔·吉拉德的一次经历

乔·吉拉德是世界级汽车推销大师，在15年的汽车销售生涯中，他以零售的方式销售了13 001辆汽车，其中6年平均售出汽车1 300辆，他所创造的汽车销售纪录至今无人打破。在讲述自己成功的经历时，他几乎每次都要谈到与一位顾客沟通时的深刻教训。有一次，乔·吉拉德向一位顾客推销汽车，这位顾客对汽车的性能、外观、价格等方面都比较满意，准备付款提车。这时乔·吉拉德的一位同事走过来，兴奋地与他聊起了昨天的篮球比赛，他们越说越带劲儿，当乔·吉拉德伸手去接车款时，那位顾客却什么话都没说扭头就走。乔·吉拉德越想越纳闷，他实在不明白顾客为什么突然不辞而别，为什么眼看着煮熟的鸭子说飞就飞了？深夜11点，还是百思不得其解的乔·吉拉德终于忍耐不住，给那位顾客打了一个电话，询问他为什么突然改变了主意。顾客在电话那头没好气地对他说："下午买车的时候，我与你谈到了我的小儿子，他刚刚考上了密歇根大学，这可是我们全家的骄傲啊！可是你一点兴趣也没有，只顾同你的同事眉飞色舞地谈论你们的篮球，你让你的同事购买你的汽车好了！"乔·吉拉德终于弄明白了，原来"鸭子飞走"的原因，是他没有同顾客谈论顾客最感到自豪的儿子。

乔·吉拉德成功与失败的原因是什么？

（五）情绪管理

把自己的愤怒、恐惧、冲动，都当做一种情绪来处理。不盲目地压抑，也不钻牛角尖，以尽量不和周围环境起冲突的方式来处理。碰到挫折、欲求不满时，具有相当的耐力，不会乱发脾气、发牢骚，也不会随便责怪他人、自怜自艾，时时反省自己，等待时机，寻求解决问题的方法，避免消极情绪。

 案例讨论2-8

一个销售主管的困惑

刘佳是一家中型企业的销售主管。岁尾年初，蓦然回首，她到这家公司已经一年了，可是回想一年来的努力，工作带给她更多的是苦闷与彷徨。扪心自问，刘佳认为不是自己的业绩不够好，也不是和同事相处有问题，但不知道为什么，自己似乎总是难以得到老板的肯定。刚进公司做销售主管时，由于是转行，她不懂太多的销售技巧，也没有销售经验，几个月下来，成果甚微。一次开会时，老板当着同事的面问："你到底在忙些什么？你可要努力了！"那一刻，刘佳的心里像是打翻了五味瓶，有一种说不出的酸楚和悲伤。自信、要强的她并没有因为老板的批评而气馁。她从自己身上找原因，开始调整工作方法，并时常向前辈请教。她的业绩逐渐有了起色，并得到了同事们的好评。可是，刘佳是一个不善于在领导面前"表功"的人，她相信可以用自己的业绩和实力赢得老板的重视和肯定。但事与愿违，老板对她的努力总是视而不见，不仅没有赞赏和鼓励的话，而且公司里所有的评奖也都与她无缘。有同事建议她去和老板好好聊聊，可是性格使然，她见到当官的人就浑身不自在。在如何与老板相处的问题上，刘佳陷入了郁闷之中。

为什么刘佳陷入了郁闷之中？

（六）职业生涯管理

职业生涯管理是人生目标管理的核心内容，直接关系到职业人的成败。大学生必须在明确自己的职业倾向、评估职业环境的基础上，科学、理性地规划自己的职业未来，并以持续的行动将蓝图变为现实。

（七）人际关系管理

对于个人来说，专业是利刃，人际关系是秘密武器。如果只有专业，没有人际关系，个人竞争力就是一分耕耘，一分收获，若加上人际关系，个人竞争力将是一分耕耘，数倍收获。

 课堂练习

和谐关系

1. 我是一个善于处理人际关系的人吗？

2. 在别人眼里，我是一个讨人喜欢的人吗？

3. 我有个人魅力和影响力吗？

4. 为了实现我的事业目标，我应该怎样改善和提升人际关系技巧？

5. 我应该制订一个什么样的人际关系改善计划？

6. 我准备建立一个什么样的人际关系支持系统？

7. 对社会公益事业、弱势群体和那些需要帮助的人，我是否有提供力所能及的支持与帮助的打算？

（八）学习创新

联合国教科文组织终身教育局长保罗·郎格说过："未来的文盲，不再是不识字的人，而是没有学会怎样学习的人。"在知识经济时代，大学生的职业竞争力最终将体现在学习能力与创新能力上，在工作中学习、在学习中创新将是每一个大学生的基本生存方式。

如何学？学什么？怎么学？对这些问题的不同回答与选择将决定不同的职业成就和人生前程。高度自我管理的人会敏锐地警觉自己的无知、力量的不足和成长的极限，永不停止地学习。

（九）健康管理

大学生的身心健康是企业健康的基础。正因为你是企业战略的执行者，你的生命健康就不能不牵涉企业组织的生命健康。油尽灯枯之体如何能保证企业基业长青，并使自己的事业辉煌、梦想成真？所以，在充满巨大压力的职场中，大学生必须重视自己的身心健康和家庭健康管理，用饱满的精神、昂扬的斗志和充沛的精力去迎接职业挑战，创造职业辉煌。

三、大学生提高自我管理能力的方法

（一）为自己树立愿景和目标

要树立一个正确的人生目标，首先要对自我的认知来一番自我超越。斯蒂文怀斯说："目标朝里看就变成了责任，目标朝外看就变成了抱负，目标朝上看就变成了信仰。"

当我们考虑树立目标的问题时，一定要问自己一系列的问题："我是谁？""我的长处在哪里？""我的价值观是什么？""我能贡献什么？""我应该贡献什么，才能达到想达到的目的。""我为自己树立的目标会把我带向哪里？"

（二）赋予工作意义

正如俾斯麦所说："工作是生活的第一要义，不工作，生命就会变得空虚，就会变得毫无意义，也不会有乐趣。没有人游手好闲却能感受到真正的快乐，对于刚刚跨入生活门槛的年轻人来说，我的建议只是三个词：工作、工作、工作!"工作让休息变得快乐，只有在辛勤的工作之后，休息才显得那么甜美、惬意，工作带给我们成就感和快乐，工作帮助我们在社会中成长，工作让我们知道挣钱的艰难；通过在工作中处理各种关系和问题，可以帮助我们塑造自己的品格，完善自己的个性；工作的进取心和生活的热情还使我们自我完善、自我提高、自我约束和自我拯救。

课堂思考

1. 选出正确的答案，并在□内画"√"。

你知道工作的意义和价值吗?

□赚取金钱以应付日常开支。

□获得满足感及成就感。

□为了在工作时间中与同事玩耍。

□发挥自己的潜能及所学。

□只是为了消磨多余的时间。

□服务社会，为社会作出一份贡献。得到别人对自己努力的认同。

□为了多一点自由的时间。

2. 想一想，写出工作意义中你认为最重要的两项。

(1) _____

(2) _____

（三）自我激励

自我激励是指个体具有不需要以外界奖励和惩罚作为激励手段，就能为设定的目标自我努力工作的一种心理特征。德国专家斯普林格在其所著的《激励的神话》一书中写道："强烈的自我激励是成功的先决条件。"人的一切行为都是受激励产生的，通过不断的自我激励，就会使你有一股内在的动力，朝着所期望的目标前进，最终达到成功的顶峰。自我激励是一个人迈向成功的引擎。

（四）走出以自我为中心的小圈子

自我管理的第四个问题是超越以自我为中心的思维模式，提高自身合作共事的能力。每个人都是有个性的个体，个体之间从个性、愿景、价值观和心智模式都会有差异，这种差异处理得好，会促进企业、团队的创造力；处理得不好，就会导致人际冲突，不但会影响工作效率，同时也会影响团队的心理环境。无论是企业人还是自由工作者，都应走出以自我为中心的小圈子，与他人合作共事。

（五）以高标准挑战自我

自我管理的第五个问题是挑战自我。19世纪意大利著名作曲家朱森珀·威尔第在80岁时完成了其伟大的著作《福斯塔夫》，当人们问他，你这么大年纪还要从事歌剧创作这样艰巨的工作，你对自己是否要求太高了，他说："我的一生就是作为音乐家而为完美奋斗，而完美总是躲着我，我当然有义务去追求完美。"无数成功人士都有一个共同的特点：敬业，他们不愿一般地应付工作，在事业上，哪怕只有上帝才能看见，他们都要用"我要做得更好"来要求自己。

（六）自我学习

自我管理的第六个问题是自我学习。善于挑战自我的人，一般都有良好的自学习惯，人生中纯学生时代的学习时间是较短的，主要是结合实践学习。职业人在工作过程中要善于向自己的上司学习，向周围的同事学习，向自己的部下学习。要永远保持求知的欲望，养成爱读书的习惯。

（七）以理导欲

自我管理的第七个问题是自我约束和自我控制。这个问题实则是人格的自我修养问题。叔本华说："人是什么是影响人生幸福的头等重要因素。""人是什么"，实际就是一个人具有什么样人格，或者说你要成为一个具有什么样人格的人。影响人的幸福最持久不变的因素不是财富，而是人的品格，而人的品格的特质在很大程度上体现在对欲望的自我疏导、自我约束和自我控制的有效程度上。"欲不能无，纵则成灾。"我们一定要坚守好自己的人格防线，不能跟着"欲望"走。不能做欲望的奴隶。我们一定要抱着"勿以善小而不为，勿以恶小而为之"的准则，从点滴做起，用行动锻造自己良好的品格。种下行为，收获习惯；种下习惯，收获品格；种下品格，收获命运。你的品格决定你是什么人，也决定你的人生是否幸福。

我能作出什么样的贡献？

常常有人在问："组织能给我什么好处？"但没有人告诉组织，他能为组织作出什么样的贡献。在人类历史上，总是主人进行吩咐（如佣人的任务），大多数人只能服从命令，按照别人吩咐的内容做事，毫无选择性，预期的结果没有任何悬念。然而，做自己分内的事，它不是真正的自由，只是得到别人的允许，它不会产生绩效。如果以"我应作出什么样的贡献"为出发点，我们就有绝对的自由，这种自由是建立在责任的基础上的。

任务三 加强自我的职业规划

一、职业规划的概念

《礼记·中庸》中有云："凡事预则立，不预则废。"做任何事情都要有一个明确的计划与准备，否则，难以收获良好的结果，大学生活也同样如此。目前，很多大学生站在毕业选择的十字路口中央，感到茫然无措，不知该何去何从。其中最主要的原因，就是在大学期间缺乏对未来生活和职业目标的远景规划与相应准备，或者根本不知道该如何规划。

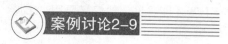 案例讨论2-9

毕业生的追悔

在百度网站上，一个临近毕业的大学生写道："回头看自己所谓的大学生活，我想哭，不是因为离别，而是因为什么都没学到。我不知道，简历该怎么写，工作怎么选择。最大的收获也许是对什么都没有的忍耐和适应……""曾经有一段美好的大学生活放在我的面前，我没有珍惜。等到虚度后才追悔莫及，人世间最痛苦的事莫过于此！如果上天能够再给我一次上大学的机会，我会对大学生活说三个字：'规划它'！如果一定要在这个规划前加上一个时间，我会毫不犹豫地说：'从大一开始'。"

这段话对我们有哪些启示？

（一）职业规划的内涵

职业规划，又叫职业生涯设计，是指个人与组织相结合，在对个人职业生涯的主客观条件进行测定、分析、总结的基础上，对自己的兴趣、爱好、能力、特点进行综合分析与权衡，结合时代特点，根据自己的职业倾向，确定最佳的职业奋斗目标，并为实现这一目标做出行之有效的安排。简单地说，职业生涯规划就是：你打算选择什么样的行业、什么样的职业、什么样的组织、想达到什么样的成就、想过一种什么样的生活、如何通过你的学习与工作达到你的目标。

职业规划的目的绝不仅是帮助个人按照自己的资历条件找到一份合适的工作，实现个人目标，更重要的是帮助个人真正了解自己，为自己定下事业大计，筹划未来，拟定一生的发展方向，根据主客观条件设计出合理且可行的职业生涯发展方向。

（二）内、外职业生涯

1. 外职业生涯是指从事职业时的工作单位、工作地点、工作内容、工作职务与职称、工作环境和工资待遇等因素的组合及其变化过程

外职业生涯的构成因素通常是由别人认可和给予的，也容易被别人否认和收回。外职业生涯因素可能往往与自己的付出不符，尤其是在职业生涯初期。有的人一生疲于追求外职业生涯的成功，但内心极为痛苦，因为他们往往不了解，外职业生涯发展是以内职业生涯发展为前提条件的。

2. 内职业生涯是指从事一项职业时所需具备的知识、观念、心理素质、经验、能力、身体健康、内心感受等因素的组合及其变化过程

内职业生涯各项因素的取得，可以通过别人的帮助而实现，但主要还是靠自己努力追求而得以实现。

与外职业生涯的构成因素不同，内职业生涯的各构成因素内容一旦取得，别人便不能收回或剥夺。内职业生涯是真正的人力资本所在，提高内职业生涯而取得的工作成绩，会转化为外职业生涯。

内职业生涯的发展是外职业生涯发展的前提，内职业生涯发展带动外职业生涯的发展。如果用一棵树来比喻内、外职业生涯的关系，那么，树干、树冠、树叶、果实等就像外职业生涯，内职业生涯就像一棵树的根系。植物需要先有支持和营养系统——树根，才能形成树干、树冠；而树干、树冠的成长又促使树根向更广泛和纵深处发展，以汲取更多的水分和营养。这样，树冠、树根交替发展，相互成全。正如内、外职业生涯的关系，相互促进、相互发展，也相互折射。

案例讨论2-10

自然界有一种竹子叫毛竹。在它一生的最初5年里，你几乎观察不到它的生长，即使生存环境十分适宜，也是如此。但是，只要5年一过，它就会像被施了魔法一样，开始以每天2英尺①的速度迅速生长，并在6个星期内的时间里长到190英尺的高度。当然，这个世界上是没有魔法的。毛竹快速生长所依赖的是它那长达几英里的根系。其实，起先看上去默默无闻的它，一直都在壮大自己的根系，它用5年的时间积蓄了能量，武装了自己，最终创造了神话。

（1）毛竹的故事说明了什么道理？

（2）毛竹的故事对我们有哪些启发？

（3）在大学生活乃至以后的职业生涯中，我们应该怎样来发展自己？

二、大学生职业规划的意义

（一）有利于明确人生奋斗目标

美国的戴维·坎贝尔说过："目标之所以有用，仅仅是因为它能帮助我们从现在走向未来。"卢梭也说过："选择职业是人生大事，因为职业决定了一个人的未来。"只有有了明确的目标，才会激励人们努力奋斗，并积极去创造条件，实现目标。这样就可以避免毫无目标地四处飘浮，随波逐流，浪费青春。事实也证明，不少人由于对自己的职业生涯毫无计划，目标不明，从而造成事业失败，并不是他们没有足够的知识和才能，而主要原因在于他们没有设计适合他们成长与发展的职业生涯。

（二）有利于明确就业方向

在激烈的职业竞争中存在着巨大的个体差异，只有那些喜欢某些职业同时又具有较明显的竞争优势的人，才能在喜欢、擅长、有优势的职业中取得成功，得到快乐和满足，这是职业生涯规划的最基本原则——人职匹配原则。现在，大部分的大学生并没有自己的职业目标和规划，就业方向不明确。一项调查（莫海燕的《大学生就业职业指导现状调查报告》）显示，当问到大学生"你清楚考虑过自己以后的职业发展吗？"时，51.4%的人对此"只有模糊的想法和愿望"；17.6%的人"感到茫然；不知道自己能做什么"；只有27.6%的人"有3~5年的职业规划"。

（三）有利于增强就业竞争力

简单地说，大学生职业规划就是确定职业发展的大方向。它所能解决的问题是：我是

---

① 1英尺=0.3048米。

什么样的人？我适合选择什么样的目标和道路？我有哪些优势？还需要弥补什么？以我的能力，我能达成什么样的目标？这其中，就职业规划而言，目标的选择和确定是最重要的；就大学生而言，就业的成功还与自身素质、能力、水平密切相关。因此，大学生作为一个处在职业生涯准备阶段的人，根据目标进行相关知识的学习、能力的训练、水平的提高是非常重要的。

（四）有利于缩短就业时间

中国有句俗话，叫作"万事开头难"，作为职业生涯规划的第一步，职业方向定位具有其无法忽视的重要意义，因为它是人们在今后的职业道路上前进的基本保证。大学生在求职过程中，"一步错，步步错"的例子时有发生，职业生涯的断代比比皆是，这都是因为大学生缺乏明确的职业方向。从长远的职业发展与职业安全的角度来看，事先花些时间与精力找到真正适合自己的职业方向，避免"入错行"的风险，是绝对值得的。如果我们将大学生从求职开始到找到满意的工作为止的这一段时间，定义为就业时间的话，职业规划显然将大大地缩短这一时间。

三、大学生职业规划的基本步骤

（一）确定志向

俗话说："志不立，天下无可成之事"。纵观古今中外，各行各业的佼佼者都有一个共同的特点，就是具有远大的志向。立志是人生的起跑点，反映着一个人的理想、胸怀、情趣和价值观，影响着一个人的奋斗目标及成就。所以，立志是进行生涯设计的关键。

（二）自我评估

自我评估就是对自己做全面分析，通过自我分析，认识自己、了解自己。因为只有认识了自己，才能对自己的职业作出正确的选择，才能选定适合自己的职业生涯路线，才能对自己的职业生涯目标作出最佳抉择。因此，自我评估是职业生涯设计的重要步骤之一。通常自我评估包括自己的兴趣、特长、性格、学识、技能、智商、情商以及管理、协调、活动能力等。

（三）生涯机会的评估

生涯机会的评估，主要分析内、外环境因素对自己生涯发展的影响，每一个人都处在一定的环境之中，离开了这个环境，便无法生存与成长。所以，在制定个人的职业规划时，要分析环境的特点、环境的发展情况、自己与环境的关系、自己在这个环境中的地位、环境对自己提出的要求及环境对自己有利与不利的条件等。只有对这些环境因素充分了解，才能做到在复杂的环境中趋利避害，使职业规划具有实际意义。环境因素主要包括组织环境、政治环境、社会环境、经济环境。

（四）职业的选择

通过自我评估、生涯机会的评估，认识自己、分析环境，在此基础上对自己的职业做出选择。也就是在进行职业选择时，要充分考虑到自身的特点，即自己的性格、兴趣和特长，要充分考虑到环境因素对自己的影响。分析自我、了解自我、分析环境、了解职业世界，使自己的性格、兴趣、特长与职业相吻合。这一点对将来步入社会初选职业的大学生非常重要。

（五）确定职业生涯路线

在选择职业后，还须考虑向哪一条路线发展。就是走行政管理路线，向行政方面发展，还是走专业技术路线，向业务方面发展等。发展路线不同，对自身要求也不同，这一点不能忽视。因为，即使同一职业，也有不同的岗位，有的人适合搞行政，可在管理方面大显身手，成为一名卓越的管理人才；有的人适合搞研究，可在某一领域有所突破，成为一名著名的专家学者；有的人适合搞经营，可在商海大战中屡建功勋，成为一名经营人才。如果一个人不具有管理才能，却选择了行政管理路线，这个人就很难成就事业。

（六）职业生涯目标

职业生涯目标的设定，其抉择是以自己的最佳才能、最优性格、最大兴趣、最有利的环境等条件为依据的。通常目标分短期目标、中期目标、长期目标和人生目标。短期目标有日目标、周目标、月目标、年目标。中期目标一般为 3～5 年，长期目标一般为 5～10 年。

（七）行动计划与措施

在确定了生涯目标后，行动便成了关键环节。没有行动，就不能达成目标，也就谈不上事业的成功。这里所指的行动，是指落实目标的具体措施，主要包括工作、训练、教育轮岗等方面的措施。例如，为完成目标，在工作方面，计划采取什么措施来提高你的工作效率；在业务素质方面，计划如何提高你的业务能力；在潜能开发方面，计划采取什么措施开发你的潜能等，都要有具体的计划与明确的措施。而且这些计划要特别具体，以便于定时检查。

（八）评估与回馈

俗话说："计划赶不上变化。"影响生涯设计的因素很多，有的变化是可以预测的，而有的变化则难以预测。在这种状况下，要使生涯规划行之有效，就需要不断地对生涯规划进行评估与修订。修订的内容包括：职业的重新选择、生涯路线的选择、人生目标的修正、实施措施与计划的变更等。

我属于哪里？

这个问题不容易回答。在人浮于事的社会里，要找到属于自己的地方，确实不容易，但自己应有自己的理想、感兴趣的地方，应该学会说"不"。在职业生涯里，要知道自己的优势、做事的方法及自己的价值观，并抓住机遇，坚持到底，成功就是水到渠成的事。通过了解自己的位置，即使是普通人，只要努力，也有能力胜任工作。即使在其他方面表现一般的人，也能创造出优异的成绩。

技能训练　变被动为主动的自我管理

【实训目标】

1. 增强对自我管理概念的认识；
2. 培养自我管理能力。

【实训内容和方法】

1. 请阅读案例，思考问题。

（1）本案例给你哪些启示？

（2）自我管理能力对大学生今后进入社会有何影响？

2. 先请同学们阅读、分析案例，然后以小组为单位进行课堂讨论，最后每位同学写出书面分析报告。

变被动为主动的自我管理

在某公司的经营会议上，负责业务销售的你正胆战心惊地向高层主管报告销售成果。根据统计数据来看，目前仅完成应有目标的五成。于是，你开始提出未达目标的几个重要原因：整体市场萎缩，客户取消订单，新产品推出延迟，产品来不及制造……最后，你开始分责到各工作相关部门：业务部门随时追踪客户订单情况，研发部门严格管控各研发项目的进度，生产部门增加设备以应需求……你心想：这次会议总算安全地过关了。

相信以上的情景对许多人来说并不陌生，一样的问题、一样的解决方法、一样的结果……成为一个无止境的恶性循环。这种我们不想要的千篇一律的结果与解决方案，总是耗费大家的时间和精力，其症结何在？整体市场萎缩→大环境因素（企业无法掌控）；客户取消订单→客户端问题（业务无法负责）；新产品推出延迟→研发部门的问题（业务无法负责）；产品来不及制造→生产部门的问题（业务无法负责）……

依此来看，负责销售的业务部门束手无策，自己也无须采取任何行动，而只能借由其他部门的改善与努力，才能改善自己负责的销售业绩。奇怪！销售部门的价值在哪里？

在自我管理之下，同样面对上述情境，销售经理在会议前先自问：业务部门可以做什么来改变情况？比如，业务部门可主动参与客户的市场预测，找出真正的原因，以图改善；可以检讨采购合约的签订并尽可能地排除困难；可以共同寻找订单所能衍生的其余服务或外围准备工作规划（减少客户临时取消订单，而减少生产部门生产上的困难）；可以借此更准确地预测未来市场走向，订立明确的产品规格与销售策略，及时回馈信息给研发部门（避免研发部门开发没有市场的产品，避免太过频繁地设计变更而延长开发的时程与耗损），等等。这些都在上面所说的千篇一律的结果与解决方案之外，销售经理完全可以通过自我管理来做。

欠缺担当的组织或个人，将无法达成目标；无法在市场上与同业人一较高下；更无法让个人和团队更上一层楼。别再把"谁应该……"挂在嘴边，而要问"我能为公司做什么（贡献）"以及"我要如何改变现状"。当你是销售经理时，问"业务部门能为公司做什么"；当你负责研发时，问"研发部门能为公司贡献什么"。如此一来，在企业内形成一股自我管理的文化，许多问题就会迎刃而解。

项目三 情绪管理能力

 学习目标

知识点：

1. 了解情感、情绪发生发展的规律。

2. 明确自我认知能力、情绪控制能力、了解他人情绪能力、自我激励能力、人际交往能力等对成功的重要影响。

3. 清楚负面情绪的内容及其影响。

4. 掌握控制情绪的方法。

技能点：

1. 能有效克服紧张、避免急躁情绪。

2. 形成尊重他人的习惯。

3. 善于找人倾诉，懂得放下。

4. 培养情绪管理的能力。

5. 会与消极情绪作斗争，把快乐定义为生活目标。

任务一　科学认识情绪

一、情绪概述

（一）情绪的定义

人类在认识外界事物时，会产生喜与悲、乐与苦、爱与恨等主观体验。我们把人对客观事物的态度体验及相应的行为反应，称为情绪。

情绪的构成包括三种层面：认知层面上的主观体验、生理层面上的生理唤醒、表达层面上的外部行为。当情绪产生时，这三种层面共同活动，构成一个完整的情绪体验过程。生活中每一种情绪都有其功能：情绪在人际沟通中，起着非常重要的调节作用；情绪可以传递信息，也可以相互影响和传播。

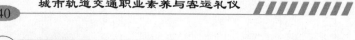

 课堂思考

1. 在日常生活、工作中，在什么情况下，你的情绪会不好？

2. 不好的情绪导致了什么后果？

（二）情绪的种类

古人把人的情绪分为喜、怒、哀、乐、爱、恶、惧七种基本形式。现代心理学把这些情绪分为快乐、愤怒、恐惧、悲哀四种基本形式。

1. 快乐

快乐是追求目标并达到目的时所产生的满足体验。它是具有正性享乐色调的情绪，具有较高的享乐维度和确信维度，使人产生超越感、自由感和接纳感。

2. 愤怒

愤怒是由于受到干扰而使人不能达到目标时所产生的体验。当人们意识到某些不合理的或充满恶意的干扰因素存在时，愤怒会骤然产生。

3. 恐惧

恐惧是企图摆脱、逃避某种危险情景时所产生的体验。引起恐惧的重要原因是缺乏处理危险情景的能力与手段。

4. 悲哀

悲哀是在失去心爱的对象或愿望破灭、理想不能实现时所产生的体验。悲哀情绪体验的程度取决于对象、愿望、理想的重要性与价值。

在以上四种基本情绪基础之上，可以派生出众多的复杂情绪，如厌恶、羞耻、悔恨、嫉妒、喜欢、同情等。

补充资料

什么偷走了中国人的快乐

1. 缺乏信仰；

2. 总是比较；

3. 对美好事物不感动；

4. 不懂施舍；

5. 不知足；

6. 焦虑；

7. 压力大，标准高；

8. 不敢坚持做自己；

9. 得失心强；

10. 单调与规律；

11. 活得太闲或太忙；

12. 过分追求向外快乐，而不是内心的快乐；

13. 情感受困；

14. 心灵封闭。

（三）情绪的三种状态

依据情绪发生的强度、速度、紧张度、持续性等指标，可将情绪分为心境、激情和应激。

1. 心境

心境是一种具有感染性的、比较平稳而持久的情绪状态。当人处于某种心境时，会以同样的情绪体验看待周围的事物。如人伤感时，会见花落泪，对月伤怀。心境体现了"忧者见之则忧，喜者见之则喜"的弥散性特点，平稳的心境可持续几个小时、几周或几个月，甚至一年以上。

2. 激情

激情是一种爆发快、强烈而短暂的情绪体验。如在突如其来的外在刺激作用下，人会产生勃然大怒、暴跳如雷、欣喜若狂等情绪反应。在这样的激情状态下，人的外部行为表现比较明显，生理的唤醒程度也较高，因而很容易失去理智，甚至做出不顾一切的鲁莽行为。因此，在激情状态下，要注意调控自己的情绪，以避免冲动性行为。

3. 应激

应激是指在意外的紧急情况下所产生的适应性反应。当人面临危险或突发事件时，人的身心会处于高度紧张状态，引发一系列生理反应，如肌肉紧张、心跳加快、呼吸变快、血压升高、血糖增高等。例如，当遭遇歹徒抢劫时，人可能会产生上述的生理反应，从而积聚力量以进行反抗，但应激的状态不能维持过久，因为这样很消耗人的体力和心理能量。若长时间处于应激状态，可能导致适应性疾病的发生。

二、当代大学生的情绪特点

进入青春期的大学生，大多是独生子女，处于特殊的身心发展期，表现出特定群体的情绪特点。

（一）多样性

随着自我意识的不断发展，各种新需要的强度不断增加，使大学生具有多样性的自我情感，如自尊、自卑、自负等。

（二）冲动性

表现在对某一种情绪的体验特别强烈、富有激情。随着大学生自我意识的发展，他们对各种事物都比较敏感，再加上精力旺盛，因此情绪一旦爆发，就比较难控制。虽然与中学生相比，大学生对自我情绪具有一定的理智性和控制能力，但在激情状态下，还是会表现出容易感情用事的特点。

（三）矛盾性

大学生情绪的外在表现和内心体验并不总是一致的，在某些场合和特定问题上，有些大学生会隐藏、掩饰和抑制自己的真实情感，表现得含蓄、内隐。但与成年人相比，大学生的情绪仍带有明显的波动性，有时情绪激动，有时平静如水，有时积极高昂，有时消极颓废。同学关系的好坏或学习成绩的优劣，都能引起情绪的波动。

（四）易于心境化

尽管大学生的情绪状态有所缓和，但延长了这种情绪状态，其余波还会持续相当长的时间。

我的价值观是什么？

要管好自己，必须知道自己的价值观。每个人在不同的环境下都有着自己的价值定位，尤其把道德标准作为一种不折不扣的价值体系，但在一种组织中，它是有效的道德行为；在另一种组织中，也许就是有无效的。

组织必须拥有其价值观，个人更要拥有价值观。但要在组织中发挥作用，个人的价值观须和组织的价值观保持一致，即使不能完全一样，至少要能和谐共处，否则，不仅会遭受挫折，而且也不能创造佳绩。

每当人的情绪低落时，价值观总是起着决定性的作用，尤其在工作上遇到困扰时，到底要放弃还是要继续，这时个人的价值观便起着决定性的作用。

任务二　管理好自己的情绪

对个体的情绪进行控制和调节的过程，是研究人们对自身情绪和他人情绪的认识、协调、引导、互动和控制，是对情绪智力的挖掘和培植，是培养驾驭情绪的能力，建立和维护良好的情绪状态的一系列过程。

一、大学生需加强情绪管理

（一）有效的情绪管理是学业成功的关键

学习取决于认知、情感和动机的相互作用，特别是良好的情绪，它是学生学习过程中认知活动顺利开展的有力保证。情绪影响学生的学习动机，当一个学生处于一种积极的情绪状态时，就会变得乐于学习、善于学习，对学习产生浓厚的兴趣。可以说，良好的学业情绪是提高大学生学习兴趣的中间变量，而缺乏学业兴趣，恰恰是目前影响大学生进一步发展的"瓶颈"。在倡导终生学习的今天，培养大学生良好的学业情绪，进而使其主动对学习产生兴趣，更显得重要。

（二）有效的情绪管理有利于建立良好的人际关系

情绪是人特有的一种心理活动，在人际关系中起着传递信号和表情达意作用。情绪的信号作用有助于个体对自我情绪的认知、表达和调控，对他人情绪的觉察和把握。情绪表达则是人际沟通的重要方面，根据梅拉比的研究，在人际交往中，情绪独特的表现形式——表情，与言语相比更具信息冲击力。在交往时，个体通过表情不断向与自己交往的人提供着刺激，反映着自己的意愿。同时，也可通过对他人表情的观察和体验来了解周围人的态度和意愿。一般来说，具有丰富的情绪并能很好地管理情绪的人，能拥有稳定、可靠的人际关系。

（三）有效的情绪管理有利于学生的身心健康

良好的情绪使大学生全身各系统、各器官的功能更加协调、健全，有利于其身体健康，并有助于其更好地与他人相处，对学习、工作、生活更富有激情和创造力，更有力量去克服挫折与困难。而不良情绪不仅会造成大学生生理机制的紊乱，而且会抑制大学生大脑皮层的高级心智活动，使他们的意识范围变得狭窄，使正常判断力减弱。

二、情绪的自我认识

情绪的自我认识是指当我们产生某种情绪时，能准确地觉察和识别出自己的情绪，同时又能意识到产生这种情绪的原因。情绪的自我认识能力是情绪表达能力、情绪自我调控能力、移情能力以及社会交往能力的基础，也是决定一个人情绪智力高低的关键因素。

（一）提高情绪自我认识能力的五种态度

1. 愿意观察自己的情绪

不要抗拒做这样的事，以为那是在浪费时间，要相信，了解自己的情绪，是重要的能力之一。

2. 愿意诚实面对自己的情绪

每个人都可以有情绪，接受这样的事实，才能了解内心真正的感觉，更适当地去处理正在发生的事。

3. 问自己四个问题

我现在是什么情绪状态？假如是不良的情绪，原因是什么？这种情绪有什么消极后果？应该如何控制？

4. 给自己和别人应有的情绪空间

容许自己和旁人都有停下来观察自己情绪的时间，才不至于在冲动下做出不适当的决定。

5. 替自己找一个安静定心的法门

每个人都有使自己静心的渠道，都需要找到一个最适合自己的安心方式。

（二）认识自我情绪的四种方法

1. 情绪记录法

你不妨抽出 1~2 天或一个星期，有意识地留意并记录自己的情绪变化过程。可以用情绪类型、时间、地点、环境、人物、过程、原因、影响等项目为自己列一个情绪记录表，连续记录自己的情绪状况。回过头来看看记录，你会有新的感受。

2. 情绪反思法

可以利用你的情绪记录表反思自己的情绪，也可以在一段情绪过程之后反思自己的情绪反应是否得当，为什么会有这样的情绪？产生这种情绪的原因是什么？有什么消极影响？今后应该如何避免类似情绪的发生？如何控制类似不良情绪的蔓延？

3. 情绪恳谈法

通过与你的家人、上司、下属、朋友等恳谈，让他们对你管理情绪的情况提出看法和意见，借助他人的眼光认识自己的情绪状况。

4. 情绪测试法

借助专业情绪测试软件工具，或咨询专业人士，获取有关自我情绪认知与管理的方法及建议。

 课堂练习

情绪小测试

测试说明：

这一测验包括15道选择题，每题有A、B、C三个备选项目。请你在理解题意后，尽可能地选择最符合或接近你实际情况的那个项目，填在问题后的括号内。请注意，这是要求你填写自己的真实想法和做法，而不是问你哪个答案最正确，备选项目也没有好坏之分。不要猜测哪个答案是"正确"的或是哪个答案是"错误"的，以免测验结果失真。

1. 当烦躁不安时，你知道是什么事情引起的吗？（　　）

A. 很少知道 　　　　　B. 基本知道 　　　　　C. 有时知道

2. 当有人突然出现在你的身后时，你的反应是？（　　）

A. 感受到强烈的惊吓 　　B. 很少感受到惊吓 　　C. 有时感受到惊吓

3. 当你完成一项工作或学习任务时，你感觉到轻松吗？（　　）

A. 没有什么特别的感觉 　B. 经常有这种体验 　　C. 有时有这种体验

4. 当你与他人发生口角或关系紧张时，你是否体验到自己的不快呢？（　　）

A. 能够 　　　　　　　B. 不能够 　　　　　　C. 说不清楚

5. 当你专心致志地从事某项活动时，你知道这是你的兴趣所在吗？（　　）

A. 知道 　　　　　　　B. 不知道 　　　　　　C. 很少知道

6. 在生活中你遇到过令你非常讨厌的人吗？（　　）

A. 遇到过 　　　　　　B. 没遇到过 　　　　　C. 说不清楚

7. 当你与家人或亲朋好友在一起的时候，你感到幸福和快乐吗？（　　）

A. 感觉不到 　　　　　B. 说不清楚 　　　　　C. 是的

8. 如果别人有意为难你，你感觉如何？（　　）

A. 没什么感觉 　　　　B. 觉得不舒服 　　　　C. 感到气愤

9. 假如你排队买东西等了很长时间，有人插队到你前面，你感觉如何？（　　）

A. 没什么感觉 　　　　B. 觉得不舒服 　　　　C. 感到气愤

10. 假如有人用刀子威胁你把所有的钱都交出来，你会感到害怕吗？（　　）

A. 不害怕 　　　　　　B. 害怕 　　　　　　　C. 也许害怕

11. 当别人赞扬你的时候，你会感到愉快吗？（　　）

A. 说不清楚 　　　　　B. 愉快 　　　　　　　C. 不愉快

12. 你遇到过特别令你佩服和尊敬的人吗？（　　）

A. 遇到过　　　　　　　B. 说不清楚　　　　　　C. 没有遇到过

13. 假如你错怪了他人，你感到后悔吗？（　　　）

A. 不知道　　　　　　　B. 后悔　　　　　　　　C. 不后悔

14. 假如你认识的一个人低级庸俗，但却好为人师，你是否会瞧不起他？（　　　）

A. 不知道　　　　　　　B. 是的　　　　　　　　C. 不会

15. 假如你不得不与你深爱的朋友分手时，你会感到痛苦吗？（　　　）

A. 说不清楚　　　　　　B. 肯定会　　　　　　　C. 不会

评分标准：

请你根据自己的选择，根据下面的计分表，如表3-1所示，算出自己的得分。

表3-1　计分表　　　　　　　　　　　　　　　　　　　　　分

题号	1	2	3	4	5	6	7	8	9	10	11	12	13	14	15
A	1	3	1	3	3	3	3	3	3	1	2	3	2	2	2
B	3	1	3	1	1	2	2	1	1	3	3	2	3	3	3
C	2	2	2	2	2	1	1	2	2	2	1	1	1	1	1

结果分析：

根据自己分数的高低，判断自己属于哪种类型：

1. 敏感型（36~45分）

这一水平的特征是能够准确、细致地识别自己的情绪，并能认识到情绪发生的原因。但可能会出现下面几种情况：

（1）悲观绝望型。

虽然能清晰地识别到自我情绪状态，但采取"不抵抗主义"，被动地接受各种消极情绪，严重的，将发展为抑郁症。

（2）乐天知命型。

整天总是乐呵呵地对各种情绪采取轻描淡写的态度。

（3）沉溺型。

被卷入自己情绪的狂潮中，无力自拔。

2. 适中型（26~35分）

这一水平的特征是能够识别自己情绪的冲动，能够区分各种基本情绪，但不能区分一些性质相似的情绪。例如，不能区分愤怒、悲哀、嫉妒等不同的情绪。只是体验为"难受"。导致情绪区分模糊的原因有以下几种：

（1）体验情绪强度不够。

（2）不能准确地识别引发情绪产生的原因。

（3）掌握描述情绪词汇的数量太少。

测验结果表明，大约有60%的人处于这一水平。

3. 麻木型（15~20分）

这一水平的特征是很少有情绪冲动，对喜、怒、哀、乐等基本的情绪缺乏明确的区分。这种类型的人通常表现为冷漠无情，不能与他人进行正常的情感交流，是一种病态症状。如果你在这一测验中少于 25 分，建议去找心理医生咨询一下。

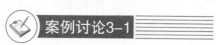

三、情绪的自我调控

事实上，情绪有两种：消极的情绪和积极的情绪。我们的生活离不开情绪，它是我们对外面世界正常的心理反应，但是我们不能成为情绪的奴隶，不能让那些消极的情绪左右我们的生活。最近，美国密歇根大学心理学家南迪·内森的一项研究发现：一般人的一生平均有 3/10 的时间处于情绪不佳的状态，因此，人们常常需要与那些消极的情绪做斗争。

消极情绪对我们的健康十分有害，科学家已经发现，经常发怒和充满敌意的人很可能患有心脏病，哈佛大学曾调查了 1 600 名心脏病患者，发现其中经常焦虑、抑郁和脾气暴躁者比普通人高 3 倍。因此，可以毫不夸张地说，学会控制你的情绪不仅是你职业和事业的需要，也是关乎你身体健康的一件大事。

案例讨论3-1

一位行政主管的经历

张军是一位行政主管。有一次，行政总监在全厂大会上宣布："工装、工牌的整齐是企业形象的外在标志，从明天起，上班时间不穿工装、不戴工牌的员工，一律处以罚款并通报批评。"他还指定张军负责这项规定的监督检查。

第二天检查时，张军发现有六七个没有戴工牌的主管，其中就有张军的顶头上司行政总监。没有办法，张军写了一份罚款通知请总监过目，他当时正在忙着与老板说话，草草地看了一眼说："哦，还有我啊！罚就罚吧。"接着，张军将罚款通知送交财务科，又将罚款通报贴在了大门口的公告栏内。谁知，不一会儿，行政总监把张军叫了过去，怒气冲冲地指着张军说："小伙子，你想和我过不去啊，不想上班了？"张军知道自己惹了祸，忙解释说："您亲自宣布的规定，您不带头执行，这规定不是白定了吗？"行政总监也自知理亏，便说："罚款就算了，为什么还把我的名字公布出去？"张军理直气壮地说："这是您说要公布的啊！"总监这时暴跳如雷，拍着桌子说："我不戴工牌，你提醒我一下，让我戴上不就行了，干吗让我这么没面子？"张军不知从哪儿来的胆子，反驳道："提醒你？一个人裤子掉了，如果他是我儿子，我可以提醒他甚至帮他提裤子都行！对于你，我认为我没有那个义务。"说完，张军甩门离去。第二天，张军就被炒掉了，这真是"小不忍则乱大谋"啊。

（1）本案例中，张军的做法对不对？

（2）你认为张军被炒鱿鱼冤不冤？

（一）情绪控制的五个阶段

1. 情境选择阶段

在这个阶段，可以通过选择有利情境来控制情绪。比如说，在拜访大客户的头一天晚上，你可以选择去跟朋友们愉快地聊天，而不是挑灯夜战去背一些专业技术名词。

2. 情境修补阶段

当你所选择的情景并不是十分理想时，可以在这个阶段再做些修补。比如，在第一个阶段你选择了与朋友聊天，可他们聊着聊着就聊到了你第二天的大客户拜访话题上，那么你可以要求他们换一个更轻松的话题。

3. 注意力分配阶段

可以将你的注意力转移到其他的事情上来控制情绪。比如，你个性较内向，当朋友们聊起你的客户拜访话题时，你不好意思让他们换个话题，那么你可以把注意力转到其他事情上，如朋友的新发型、新衣服等，这就好像关公"刮骨疗伤"——你刮你的骨头，我下我的围棋。

4. 认知改变阶段

它是指当情境基本稳定，改变已经不可能时，你仍然可以通过给情境赋予不同的意义而控制情绪。比如，无论你怎么运用前三个方法，对拜访大客户本身的担心和忧虑也不可避免，这时你可以把拜访客户看作一次锻炼自己的绝好机会，即使是失败，它所给你的经验也是非常宝贵的，它可让你下一次的拜访更加顺利。事实上，这是控制情绪的最重要方法，因为在现实生活中我们可以操控情绪的可能性太小，所以"苦中作乐""穷快活""阿Q精神""酸葡萄"等尽管不太好听，但确实是非常实用的调节情绪的方法。

5. 行为调控阶段

它与前四个阶段有一个很大的区别，前四个阶段都是在行为的冲动产生之前进行调节，也就是我们常说的疏导；而此阶段是在行为的冲动已经产生后对这种冲动的调节，用日常的话来说，就是压抑。比如，也许你的拜访砸了锅，而你在别人面前仍"强颜欢笑"，这时你有点像祥林嫂一样，扯到谁就想跟谁诉苦——这就是最后一个阶段可用的调节方法。但是，给你一个忠告：最好向你的家人和你的知心朋友倾诉，千万不要逢人就讲。

案例讨论3-2

林肯控制情绪的技巧

有一次，美国前陆军部部长斯坦顿怒气冲冲地来到林肯的办公室，说一位少将指责他护短，并且对他进行了人格侮辱。林肯平静地说："是吗？这个家伙的确很可恶。你应该写封信回敬他，把他臭骂一顿才对。"

斯坦顿也真的很听话，他当即就写了一封措辞激烈，而且充满火药味的信。林肯看了这封信后，连声叫好："太好了，斯坦顿！就是这样，骂得他狗血淋头才叫过瘾，这样才能狠狠地教训他。"斯坦顿随即把信叠好装进了信封，这时，林肯却叫住了他："你准备干什么？""当然是寄给他呀！"斯坦顿急不可耐地说。"不能胡来，斯坦顿！"林肯大声说，"这封信你不能发，快把它扔到炉子里去。当别人激怒我或侮辱我的时候，我都是这么做的。你写了这封信，不是已经解气了吗？如果还有气，那么就把这封信烧掉，再写一封！"

本案例对你有哪些启发？

（二）常见的困扰大学生的坏情绪

1. 焦虑

焦虑是个体主观上预料将会由某种不良后果产生的不安感，是紧张、害怕、担忧混合在一起的情绪体验。焦虑作为一种情绪感受，可以通过身体特征体现出来，如肌肉紧张、出汗、嘴唇干裂和眩晕等，焦虑是大学生常见的情绪状态，当他们在学习、工作、生活各方面遭遇挫折或担心需要付出巨大努力的事情来临时，便会产生这种感觉。

焦虑对大学生的影响是复杂的，既可以成为大学生成才的内驱力，对其成长起促进作用，也可以起阻碍作用。实验证明，中等焦虑能使大学生维持适度的紧张状态，使注意力高度集中，促进学习。但过度焦虑则会给大学生带来不良的影响，被过度的焦虑困扰的大学生，常常会感到内心极度紧张不安、惶恐害怕、心神不定、思维混乱、注意力不能集中，甚至记忆力下降，同时还容易产生头痛、失眠、食欲不振、胃肠不适等不良生理反应。

大学生常见的焦虑有自我形象焦虑、学习焦虑与情感焦虑。

（1）自我形象焦虑是担心自己不够漂亮、没有吸引力、体形过胖或矮小等，也有的学生因为粉刺、雀斑等影响自我形象而引起焦虑，这类焦虑主要与自我认知有关，需要通过调整自我认知重新接纳自我，建立新的自我形象。

（2）与学习有关的焦虑如学习焦虑、考试焦虑，在学生情绪反应中最为强烈。

（3）情感焦虑多数是由于恋爱受挫而引发的自我否定，认为自己不具备爱人与被爱的能力，因而过度担心引起焦虑。

2. 抑郁

抑郁症状不单指各种感觉，还指情绪、认知与行为特征。抑郁最明显的症状是压抑的心情，表现为仿佛掉入了一个无底洞或黑洞之中，正被淹没或窒息。其他感觉包括容易发火，感到愤怒或有负罪感。

抑郁常常伴随着焦虑，抑郁的人对所有活动失去信心和兴趣，渴望一个人独居。抑郁也伴随着个体思维方式的转变，这些认知改变可以是一般性的，如注意力不集中、记忆力衰退或者很难做出决定。在思考中可能有更多的心境转变，消极地看待世界、自我和未来。因此，抑郁的人很难回忆起美好的记忆，不适当地责备自己，认为他人更消极地看待自己，对未来感到悲观。与此同时，还伴随身体症状，如常常乏力，起床变得困难，更严重时，睡眠方式都将改变，睡得太多或者早晨醒得太早，并且不能再次入睡。也可能出现饮食紊乱，吃得过多或过少，随之而来的就是体重激增或剧减。抑郁是一种持续时间较长的消沉、低落的情绪体验，它常常与苦闷、不满、烦恼、困惑等情绪交织在一起。

一般来说，这种情绪多发生在性格内向、孤僻、敏感多疑、依赖性强、不爱交际、生活遭遇挫折、长期努力得不到报偿的大学生身上。那些不喜欢所学专业，或因人际关系处理不当、遇到失恋等问题的大学生也会产生抑郁情绪。

3. 愤怒

愤怒是由于客观事物与人的主观愿望相违背，或因愿望无法实现时，人们内心产生的一种激烈的情绪反应。

心理学研究表明，当愤怒发生时，可能导致人体心跳加快、心律失常、血压升高等躯体疾病，同时还会使人的自制力减弱甚至丧失、思维受阻、行为冲动，甚至干出一些事后后悔不已的蠢事，造成不可挽回的损失。

处于精力充沛、血气方刚的青年时期的大学生，在情绪、情感发展上往往容易产生好激动、易动怒的特点。如有的大学生因一句刺耳的话或一件不顺心的小事而暴跳如雷；有的因人际协调受阻而怒不可遏、恶语伤人；有的因别人的观点或意见与自己相左而恼羞成怒；有的因一时的成功、得意而忘乎所以；有的因暂时的挫折或失败而悲观失望、痛不欲生……这些遇事缺乏冷静的分析与思考能力，图一时之快、逞一时之勇的好激动、易动怒的不良情绪特点，在一些大学生身上时有体现。这种情绪对大学生的影响是极其有害的，因而有人说："愤怒是以愚蠢开始，以后悔结束。"

4. 嫉妒

1）嫉妒的含义

嫉妒是指他人在某些方面胜过自己而引起的不快甚至是痛苦的情绪体验。西班牙作家塞万提斯说："嫉妒是万恶的根源，美德的蟊贼。"

2）嫉妒的表现

嫉妒是自尊心的一种异常表现，在大学生中普遍存在。具体表现为：当看到他人学识能力、品行荣誉甚至穿着打扮超过自己时，内心产生不平、痛苦、愤怒等感觉；当别人身陷不幸或处于困境时，则幸灾乐祸，甚至落井下石，在人后恶语中伤、诽谤。嫉妒是一种情绪障碍，它扭曲人的心灵，妨碍人与人之间正常、真诚地交往。

一个人长期处于嫉妒的不良情绪状态中，容易产生压抑感，引起忧愁、消沉、怀疑、痛苦、自卑等消极情绪，会严重损害身心健康。大学生嫉妒心强，不仅会大大降低学习的效率，而且可能使其结交不到知心朋友。嫉妒心强的人往往事事好胜，想方设法阻止别人的发展，总想压倒别人。这可能使同学们想躲开你，不愿与你交往。从而给自己造成一个不良的人际关系氛围，从而让自己感到孤独、寂寞。

3）克服嫉妒心理的方法

（1）要开阔视野，开阔心胸。

懂得"天外有天，人外有人""强中自有强中手"的道理。真正做到豁达开朗并非易事，如果正处在愤怒、兴奋或消极的情况下，能较平静、客观地面对现实，是能达到克服嫉妒的目的的。

（2）要学会转移注意力。

需要积极进取，使生活充实起来，以期取得成功，并不亚于竞争对手。培根说过："每一个埋头沉入自己事业的人，是没有工夫去嫉妒别人的。"因此，积极参与各种有益身心的活动，使大学生活真正充实起来，嫉妒的毒素就不会滋生蔓延。

（3）学习并欣赏别人的长处，化嫉妒为动力。

一个人在嫉妒别人时，总是关注别人的优点，忽视自己的优点。有意识地想一想自己比对方强的地方，这样就会使自己失衡的心理天秤重新恢复到平衡的状态。

（4）建立正确的自我意识，提高自我意识水平，正确地评价自己和别人。

嫉妒是一种突出自我的表现，在这种心理支配下，待人处世常常以自我为中心，无论什么事，首先考虑到的是自身的得失，从而引起一系列的不良后果。若出现嫉妒苗头时，要进行自我约束，摆正自身位置，努力驱除嫉妒心，会感到"心底无私天地宽"。

（三）调控情绪的方法

1. 转移法

1）做事转移法

当我们觉察到自己的情绪不佳时，可以选择自己喜欢的事情来做，或者做一些能让自己专心投入的事情来分散注意力，将不愉快的心情暂时忘记。感觉是随行为而动的。当事情做完时，我们甚至可以发现，原来造成我们心情不好的原因已经消失了。如看喜欢的书、和朋友玩、做义工、听音乐、看电影、睡觉等。

2）运动转移法

当感到心情低落、沮丧、精神不振时，要选择去做运动，加速身体的新陈代谢，促进身体快乐放松激素的分泌。

研究发现：一组抑郁症患者服药 4 个月；另一组每周运动 3 次，每次 45 分钟。连续 4 个月后，两组患者的病情结果都有明显改善。但是，6 个月后，运动的一组效果更好。

3）环境转移法

当我们觉察到自己的情绪不好时，我们也可以单纯地转移周围的环境来转变我们的情绪。例如，去海边散步、到郊外骑车、登山、到与我们生活工作环境差异特别大的地方旅游。

4）暂时搁置法

特别是在处理人际关系强烈的矛盾冲突时，暂时离开，冷静下来再处理。

2. 情绪的自我分析法

影响我们情绪的不是事件本身，而是我们对事情的看法。不同的想法会引起不同的情绪，产生什么样的情绪，完全由自己控制。

通过描述或陈述的方法分析自己的情绪，并控制自己的情绪。

1）含糊描述

如我对班级讨论感到厌烦，那就先离开这个讨论环境。

2）具体陈述

每当我打算向其他同学说出自己的观点时，特别是说出一些否定性的观点时，我就感到举棋不定和为难。每当这时候，我的心跳得特别快，手心也出汗了，觉得好像每个人都不满地盯着我。

凡事总有第一次，告诉自己，勇敢地先把自己的观点表达完，再看看大家的反应，也许有人认同呢。

 课堂练习

下面我们来练习具体说明自己的一些负面情绪。先说出自己曾经经历过的负面情绪，然后具体描述，使自己的经验、行为和情感变得清晰，从而找出情绪背后的行为或经验。

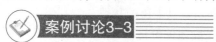 案例讨论3-3

几个小故事

1. 荒岛上的鞋子推销员。

两个推销鞋子的人到一个荒岛上，发现荒岛上的人都不穿鞋。一个人感到非常失望，因为他认为这个岛上的人都不愿穿鞋，要成功推销是没有希望的；另一个人感到非常兴奋，因为他认为这个岛上的人还没有鞋子穿，成功推销的希望极大。

2. 玫瑰花。

A 的看法："这世界真是太美好了，在这丑陋、有刺的梗上，竟能长出这么美丽的花朵。"

B 的看法："这世界太悲惨了，一朵漂亮、美丽的花朵，竟然长在有刺的梗上。"

3. 半杯水。

两个人都十分口渴，当见到有半杯水时，他们产生了不同的情绪反应。

A："还好，还有半杯水"——满足。

B："怎么只剩半杯水了"——不满！

以上案例对你有哪些启发？

3. 合理情绪疗法

合理情绪疗法的 ABCDE 理论。

一般人总习惯于把自己的不良情绪归结于环境条件，但 ABCD 理论认为，情绪不是由某一诱发性事件 A（Activating Event）直接引起来的，而是由经历这一事件的个体对这一事件的解释和评价 B（Belief）引起的，而解释和评价则源于人们的信念，就是个体对事件的情绪和行为反应的结果 C（Consequence）。ABCDE 理论的独特之处在强调 B 的重要作用，认为 A 只是造成 C 的间接原因，B 才是情绪和行为反应的直接原因。

一旦不合理的信念导致不良的情绪反应，个体就应当努力认清自己不合理的信念，并善于用新的信念取代原有的信念，这就是所谓的 D（Disputing），即用一个合理的信念驳斥、对抗不合理信念的过程，借以改变原有的信念。驳斥成功，便能产生有效的治疗效果 E（Effect），使来访者在认知、情绪和行动上均有所改善。

ABCDE 理论包括一套通过认识不合理信念到改变不合理信念，进而调整情绪和行为的步骤和阶段，它始终强调现在，重视人的理性力量，相信人最终通过自我调节而顺应环境，把人的主动性提高到一个重要位置。

合理情绪治疗法实质上是一种豁达的人生态度。它承认富裕、家庭幸福、事业美满、爱与被爱是每个人追求的目标，能拥有一切，固然是美好的，但我们不能把生命的全部基础都投在获得这些美好的事物上。

想一想

换个想法

事件：你的好友说周末会找你去逛街，但整个周末他都没有和你联络。

想法1：这个人一点都不讲信用。　　　　　　　　　　　情绪1：讨厌

想法2：他根本不把我当朋友。　　　　　　　　　　　　情绪2：气愤

想法3：他可能突然有急事来不及通知我。　　　　　　　情绪3：谅解

想法4：他不会是在来找我时出了什么意外吧？　　　　　情绪4：担心

补充资料

驳斥五宝

1. 这想法会伤害我。

2. 这想法会破坏我与别人的关系。

3. 这想法使我不能达到目标。

4. 这不是事实，只是我的主观想法。

5. 假使情况没改善，我就真的……了吗？

举例：

假设你要参加演讲比赛，你感到十分焦虑、紧张和害怕。

原想法："我要讲得很好，不能犯错，犯了错是很糟糕的事。万一讲不好，会被耻笑，多没面子呀；讲不好，还会有人说我是个没用的人。"

驳斥："这想法会影响我，使我不能正常地表现。""即使犯了错，被耻笑，我真的受不了吗？""讲错了，就很没面子吗？""一次演讲讲不好，就说明我是个没用的人吗？""这想法并不是事实，只是我自己主观的意见，不切实际地夸大了后果。""这想法会使我无法达到预期目标。"

驳斥后形成新的合理的想法："虽然我不喜欢犯错，但是如果犯了错，只会感到生气，还不至于到糟透了的地步。""虽然我讲不好，我仍然是个有用的人。一次行为表现不等于一个人的全部；一件事做不成，不代表我就是笨蛋。""不犯错最好，但不表示我一定不可以犯错。"

4. 放松训练法

1）呼吸放松法

（1）找一个舒服的身体姿势，坐在椅子上是再容易不过的事了，闭上双眼。

（2）让自己感觉到在呼吸，注意自己是用嘴还是用鼻呼吸，以及自己呼吸的频率。

（3）注意观察身体的各部分，要细心注意身体的肌肉群，看自己是否感觉紧张，这样保持一分钟。

（4）回到呼吸上来，用鼻做深呼吸，然后用嘴吐气，连续做几次这样平静而深邃的呼吸。当你吐气时，观察肌肉在干什么，肌肉是如何开始工作的，持续这样呼吸几分钟。

（5）每次吸气，最大限度地扩张腹部；每次吐气，最大限度地收缩腹部。

（6）现在让数四下吸气一次，然后再吐气；此后慢慢数八下吸气一次。缓慢、深沉而平静地呼吸，这样练习几分钟。

2）肌肉放松法

肌肉放松法的原理是先让你感受紧张，再让你体验松弛。没有紧张感，你就很难真正体会到松弛感，所以，先紧张后放松，能使你更充分地享受放松的效果。

从细节上看，肌肉放松法有许多方式，各不相同。但就核心组成来看，则大同小异。这里介绍一种最常用的肌肉放松法。

（1）头部放松：用力皱紧眉头，保持5秒钟，然后放松；用力闭紧双眼，保持5秒钟，然后放松；皱起鼻子和脸颊部肌肉，保持 5 秒钟，然后放松；用舌头抵住下颚的门齿，嘴巴尽量张开，头向后仰，保持 5 秒钟后放松。

（2）颈部肌肉放松：将头用力下弯，努力使下巴抵住胸部，保持 5 秒钟，然后放松。

（3）肩部肌肉放松：将双臂平放体侧，尽量提升双肩向上，保持 5 秒钟，然后放松。

（4）臂部肌肉放松：将双手掌心向上平放在座椅扶手上，握紧拳头，使双手及前臂肌肉保持紧张 5 秒钟，然后放松；侧平举张开双臂，做扩胸状，体会臂部的紧张感 5 秒钟，然后放松。

（5）胸部肌肉放松：将双肩向前收，使胸部四周的肌肉紧张，保持 5 秒钟，然后放松。

（6）背部肌肉放松：将双肩用力往后扩，体会背部肌肉的紧张感 5 秒钟，然后放松；向后用力弯曲背部，努力使胸部弓起，挤压背部肌肉 5 秒钟，然后放松。

（7）腹部肌肉放松：尽量收紧腹部，好像别人向你腹部打来一拳，你在收腹躲避，保持收腹 5 秒钟，然后放松。

（8）臀部肌肉放松：夹紧臀部肌肉，收紧肛门，使之保持紧张 5 秒钟，然后放松。

（9）腿部肌肉放松：绷紧双腿，伸直上抬，腿离地面 20 厘米，保持 5 秒钟，然后放松。

（10）脚趾肌肉放松：将脚趾慢慢向下弯曲，仿佛用力抓地，保持 5 秒钟，然后放松；将脚趾慢慢向上翘，保持紧张 5 秒钟，然后放松。

以上从头到脚 10 部分的肌肉放松连续完成，所谓放松，是指努力体会肌肉结束紧张后的舒适、松弛的感觉，如热、酸、软等感觉。每次可用 15～20 秒的时间来体会放松感。

3）想象放松法

想象放松法，就是重复说一些自己编排的指令（如"我双臂发热"），同时你便感觉到由该指令所描述的效果会在身体上出现。想象放松法非常简便，自己不断重复如下六个步骤的指令，便会体会到效果。

（1）设想一个舒适的身体姿势，不要有意支撑身体。

（2）松开紧身的衣服、首饰。

（3）置身于安静的环境中。

（4）当你发出指令时，要为积极地体察自己的感觉做好准备。

（5）发出指令时，做平衡的深呼吸动作。

（6）做完一段动作时，做些恢复身体灵敏度的动作，并以积极的建议结束练习。例如，"当我睁开眼睛时，我将会感觉消除疲劳后的清醒，将会感到神经松弛舒适"。

4）班森博士的静坐技巧

（1）每天早晚两次静坐，每次 20 分钟，最好在饭前。

（2）找一个安静、不被打扰的地方。

（3）集中注意力在一个字或一句话上。

（4）安适坐直。

（5）轻闭双眼，放松肌肉，平静下来。

（6）正常呼吸，在吐气时，默默地重复选定的字句。

（7）不要因外界而分心。

（8）持续 10～20 分钟。

5. 全然接受法

1）全然感受

观呼吸、观肚子起伏、身体扫描。

2）全然接受

只要我们接受自己的情绪，不需要抗争、压抑、抗拒，情绪自然就会转变。

例如，有些人在内心深处无法接受自己的某种特性，或者在内心深处缺乏自信，认为自己能力低。因此遇到事情就容易产生焦虑或害羞情绪。在焦虑出现后，又害怕别人知道，拼命压抑自己的焦虑，于是感到不自在或惊慌失措，为了掩饰惊慌又易怒和不友善。这一切都源自不接受自己的个性、能力和情绪，造成恶性循环。美国健康研究所研究发现：拒绝或压抑情绪是致癌的重要原因，长期压抑情绪和患癌症的关系尤为密切，而愤怒和心脏病关系非常密切。

3）全然享受

（1）从正面的感受来体会内心快乐的源泉。

每当我们面对某人、事、物时，心里如果产生某种好看、好听、好闻、好吃、好的感觉时，就把眼睛闭上，静静地去感受自己的感觉。非常投入地、忘我地、忘记事物本身地去感受自己的感觉。把自己深深地融入那种感觉。如果那种感觉不见了，就立即再回想一下，再来感觉一下。如果你抓住了要领，美妙的感觉会越来越强烈，你会发现，任何美妙、快乐、幸福的感受都是来自我们的内心深处。例如，当你一个人走在海边时、当你淋浴时、当你参加一个令人兴奋的聚会之后、当你和久别的亲人重逢时，去感受和享受自己的积极情绪。

（2）以"不二"感知方式进入超意识。

如果说"喜好"和"憎恶"是"二"，那么，无所谓"喜欢"和"憎恨"就是"不二"，就是全然。不加入个人的主观好恶判断，达到全然接受。我们会短暂地忘记自我，进入没有自我、没有思维、没有时间的感觉中，这时我们有强烈的正面感受、强烈的快乐、极度的喜悦，这种喜悦叫作"狂喜"。

（3）用各种感觉器官来练习"不二"的感知方式。如嗅觉、听觉、味觉、触觉、视觉。

6. 音乐疗法

不同的音乐可以使人的生理产生不同的反应，如心率和脉搏的速度、血压、皮肤电位反应、肌肉电位和运动反应、内分泌和体内生化物质（肾上腺素、去甲肾上腺素、内啡肽、免疫球蛋白）以及脑电波等。

音乐的节奏可以明显地影响人的行为节奏和生理节奏，例如，呼吸速度、运动速度、心率。音乐是一种独特的交流形式，虽然一首歌的歌词可以传达一些具体的信息，但是对于音乐而言，最重要的交流意义是非语言的。不同的音乐可以引起各种不同的情绪反应。

因此，可以通过听音乐来调节我们的情绪。下面不同人的音乐会带来不同的感受。

（1）维瓦尔第的音乐：为充满紧张压力的喧嚣尘世带来宁静和美好，帮助消化。

（2）巴赫的音乐：催眠和抚平哀伤，帮助入眠。

（3）海顿的音乐：镇静、疗伤和止痛。

（4）莫扎特的音乐：治疗抑郁症、慢性疲劳、镇静、头疼、学习障碍。

（5）贝多芬的音乐：使人振奋。

（6）肖邦的音乐：教你表达爱情，抒发浪漫情怀。

（7）舒曼的音乐：让你的左脑休息。

（8）克拉拉的音乐：抚平暴戾。

（9）勃拉姆斯的音乐：快乐、充实、不孤单。

（10）拉赫玛尼诺夫的音乐：走出人生的瓶颈，再造灵感。

（11）柏辽兹的音乐：教你幻想。

（12）柴可夫斯基的音乐：优美的芭蕾胎教。

（13）普罗科菲耶夫的音乐：用音乐讲故事，开发婴儿智能。

（14）舒伯特的音乐：再造病童春天。

（15）斯梅塔纳的音乐：开启自闭儿童的心智。

（16）帕格尼尼的音乐：超级技艺防老化。

（17）拉威尔的音乐：使病人残而不废。

（18）门德尔松的音乐：温馨，使人得到安宁。

（19）韦伯的音乐：调节血压，治疗心脏病。

（20）施特劳斯的音乐：圆舞曲瘦身。

（21）德彪西的音乐：改变脑波，放松身心。

（22）穆索尔斯基的音乐：戒烟戒酒。

（23）格什温的音乐：放松止痛。

另外，忧郁烦恼时，可以听《蓝色多瑙河》《卡门》《渔舟唱晚》等意境广阔、充满活力、轻松愉快的音乐；失眠时，可以听莫扎特的优雅宁静的《摇篮曲》、门德尔松的《仲夏夜之梦》等乐曲；情绪浮躁时，可以听《小夜曲》等合适的音乐来调节自己的情绪状况。

四、情绪的自我表达

（一）在工作中，该不该表达自己的情绪

有些人认为，在工作中，万万不可表达自己的情绪，工作是为了达成目标，不是来做情绪交流的，因此，优秀的工作者当然不该表现出内心的情绪。把情绪抛在一旁，才能理智地完成任务。更何况若是表达了某些负面情绪（如生气及沮丧等），会影响自己与他人的关系，或者让自己显得脆弱不堪，反而造成更大的麻烦。

这些考虑的确很有道理，然而情绪专家有另一些更为深刻的思考，他们认为，在工作中也可适当表达情绪。

1. 解决心情，才能解决事情

首先，工作的确是为了达成目标，然而正因如此，解决问题就成了顺利达成目标的关键。一位成功的企业家就曾经说过："说穿了，管理没什么大学问，就是不断地解决问题。而要解决问题，你得先解决心情。"因此，真正优秀的职场人绝非不带情绪的木头人，而是能善用情绪去达成目标的聪明人。

2. 情绪表达有助舒解压力，并可增进彼此之间的了解

压抑情绪不但有害健康，而且人们往往也因耗费过多心力在掩饰真实的感受上，反而影响了工作表现。在讲求团队精神的年代，表达情绪可增加自我表露的能力，促进相互了解，培养相知相惜的团队凝聚力，也就相对地会提高工作效率。

曾听过一位主管说："有个员工一直表现不佳，直到他说出他的感觉，我才知道自己把他放错了位置。调职之后，他的表现立刻亮眼了。"所以，情绪说出来会对双方都有利。

3. 情绪表达与情绪宣泄不同

许多人排斥情绪表达，是因为他们误认为所谓表达情绪，就是把心中的情绪、感觉一股脑儿地宣泄出来。其实，情绪表达是个细致、理智的过程，与粗糙的情绪宣泄是大相径庭的。所以，只要处理得当，在许多情况下，情绪表达不但不是自找麻烦的举动，反而会是解决问题的极佳路径。

（二）表达情绪要注意的问题

1. 了解自己的情绪

（1）了解自己当下的情绪状态，将心中那份模糊澎湃的能量化为具体的感觉，究竟我的"难受"是生气、失望、伤心，还是压力大？

（2）可以做进一步的分析，不妨问自己："我为什么有如此的感觉？"或"发生了什么事造成我现在的感觉？"

2. 决定是否该向对方表明

在决定如何表达前，需要谨慎地思量跟对方表白情绪是否合适。这个步骤需要考虑以下几个因素：

1）对方的特质

他的个性是否能接受？他目前的压力状况如何？是否合适在这个时间去沟通？对方的角色是否适合接受我的情绪表达？例如，如果对方是客户，你跑去做愤怒的真情告白，恐怕就贻笑大方了。

2）自己想达成的目标

想想看，在开口表达情绪后，你希望达成什么目的？是让对方尊重你，能更负责尽职，还是只因不吐不快，想教训对方呢？

3）达成目标的可能性

知道自己想要的是什么之后，请衡量一下状况，想想真情告白是否是最有效达成目标的方法？有没有其他更有效率的做法？例如，通过第三者，或等待更合适的时机再说，等等。而如果发觉自己只是想宣泄情绪，那就别向对方开口，建议找好友诉苦吧！

3. 决定表达情绪的方式

如果你在考虑之后，决定要告诉对方你的感觉，接着就应该思索最佳的表达方式。先考虑效率的因素，再考虑沟通途径该用什么（电子邮件、电话、面对面）、什么时间点最好，等等。

4. 进行完整的情绪表达

这时该进行真正的表达了。情绪表达包含以下几个要素：

1）使用精确的情绪形容词

如果你说"我感觉很糟"就不够明确，若改为"我觉得生气""我感到失望"就精确多了。

2）说明原因

别忘了要明确说明导致这份情绪的缘由，以加强对方了解因果关联性，并且避免被认为是在无的放矢。例如，如果说："你这样对我，我会很生气。"其因果关系不够清楚，但若改为"因为我发现你跟别人说了有关我的不实消息，因此我觉得很生气。"这样，沟通起来就清楚了。

3）局限情绪的时间点

高情商的人了解情绪状态是会改变的，并且会借由局限某个情绪影响的时间点，来成熟地看待情绪困扰。所以，如果说："我很恼火你乱说话。"就忽略了点明时间点，而如果改为"当我发现你告诉别人有关我的错误信息时，我当时觉得很生气。"就聪明地局限了时间点。

4）为自己的情绪负起责任

高情商的人不会说"你让我生气"之类的话，因为这么做是在推卸责任，把对方当成是自己情绪问题的症结，这么做既不正确，又容易激起对方的反感或压力，往往会引发冲突。高情商的人把自己当成情绪的主体，他会说："我觉得很生气。"

5）不做评论式的人身攻击

"你恶意中伤我。"只是做中性的行为描述；但如果说："你告诉同事一些关于我的错误消息。"如此一来，既能清楚地表达自己，又能避免激怒对方，才会圆满达成此次情绪表达的最终目的。

学会了优雅的情绪告白，你会发现每个人其实都很好沟通，解决情绪困扰，将再也不是工作上的难题了。

五、自我激励能力

（一）自我激励的作用

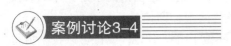
案例讨论3-4

通用汽车公司的董事长罗杰·史密斯

1949年，一位24岁的年轻人充满自信地走进了美国通用汽车公司，应聘会计工作。这位年轻人来通用应聘，只是因为父亲告诉他，通用汽车公司是一家经营良好的公司，同时，父亲建议他可以去看看，于是，这位年轻人就来了。

在面试的时候，这位年轻人的自信给面试他的助理会计面试官留下了深刻的印象，当时，通用公司只有一个会计的名额，面试官告诉这个年轻人，竞争这个职位的人非常多，而且，对于一个新手来说，可能很难立即胜任这个工作。但是，这个年轻人根本没有认为这是一个困难，相反，他认为自己完全可以胜任这个工作，更重要的是，他认为自己是一个善于自我激励、自我规划的人。

正是由于年轻人具有自我激励和自我规划的能力，他被录用了。录用这位年轻人的面试官这样对秘书说："我刚刚雇用了一个想成为通用汽车公司董事长的人！"这位年轻人就是罗杰·史密斯，从1981年以来，他一直担任通用汽车公司的董事长。

罗杰在通用汽车公司的一位同事阿特·韦斯特这样评价他："在与罗杰合作的一个月当中，他不止一次地告诉我，他将来要成为通用的总裁。"

罗杰的自信对你有什么启示？

德国人力资源开发专家斯普林格在其所著的《激励的神话》一书中写道："强烈的自我激励是成功的先决条件。"著名宗教领袖马丁·路德金说过："我在世界上所做的每一件事都是抱着希望而做成的。"事实上，正是这种高度的自我激励精神使罗杰朝着自己的目标不断前进，而且，他确实实现了自己的目标。

美国哈佛大学的威廉·詹姆斯发现，一个没有受过激励的人，仅能发挥其能力的20%～30%；而当他受到激励时，其能力可发挥至80%～90%，即一个人在通过充分的激励后，所发挥的作用相当于激励前的3～4倍。

1991年，一个名叫坎贝尔的女子徒步穿越非洲，不但战胜了森林和沙漠，更通过了400千米的旷地。当有人问她为什么能完成这令人难以想象的壮举时，她回答："因为我说过我能。"问她对谁说过这句话，她的回答是："对自己说过。"

圣女贞德说："所有战斗的胜负首先在自我的心里见分晓。"确实如此，每一个人的内心都存在着需求激励的欲望，只有激励才能激起他的激情和热情。因此，如果一个人在其他方面都具备条件，又善于自我激励，他的成功率就会高很多。

（二）自我激励的四个有效方法

1. 抓住空当，磨炼你的热情

即使一天只有15分钟也好，每天花一点时间在自己最喜欢的兴趣上，如利用上班前和自己的另一半吃一顿早餐，晚饭后整理阳台的花花草草，或上网玩15分钟的围棋。如此会让你更容易找回对工作的热情。

2. 写下让你感到骄傲的努力

准备一张小卡片，每天至少写下三件让你感到骄傲的事情。这里指的不是你今天又接到一笔多大的生意，而是你付出百分之百的努力准备的简报，即使最后提案并没有通过，也应该写下来鼓励自己。如果你真的想不出来自己到底做了哪些努力，或许可以找个值得信任的同事帮助你。

3. 准备一个"奖状"公布栏

在家里找一个你每天最常经过的一面墙，挂上一个小小公布栏，把所有能够展现自我价值的"奖状"都贴在上面。比如，辛苦设计的提案报告封面；被老板称赞的一封E-mail；或是生日时同事送的干花。每天经过看一眼，就能吸收它们带给你的正能量，当然也要记得每个月更新。

4. 专注于如何解决问题

停止任何负面的、责备自己的想法，专注于如何解决问题。或许在电话或计算机旁贴一个禁止标志，可以提醒自己不要陷入负面的思考中。

任务三　提升个人的职业情商

　　情商（EQ），又称情绪智力，是近年来心理学家提出的与智力和智商相对应的概念。它主要是指人在情绪、情感、意志、承受挫折等方面的品质。以往认为，一个人能否在一生中取得成就，智力水平是第一位的，即智商越高，取得成就的可能性就越大。但现在心理学家普遍认为，情商水平的高低对一个人能否取得成功也有着重大的影响，有时其作用甚至超过智力水平。那么，到底什么是情商呢？

一、情商

　　（一）情商的概念

　　智商（Intelligence Quotient，IQ）是用以表示智力水平的工具，也是测量智力水平常用的方法，智商的高低反映着智力水平的高低。情商（Emotional Quotient，EQ）主要反映一个人感受、理解、运用、表达、控制和调节自己情感的能力，以及处理自己与他人之间情感关系的能力。情商的高低反映着情感品质的差异。情商对于人的成功起着比智商更加重要的作用。

　　真正让"EQ"一词走出心理学的学术圈，使其成为人人朗朗上口的日常生活用语的心理学家是哈佛大学的高曼教授（Daniel Goleman）。他在1995年出版的《EQ》一书登上了世界各国的畅销书排行榜，在全世界掀起了一股EQ热潮。

　　高曼发现，一个人的EQ对他在职场的表现有着非常重要的影响。例如，一项针对全美国前500强大企业员工所做的调查发现，不论产业类别如何，一个人的IQ和EQ对他在工作上成功的贡献比例为IQ∶EQ＝1∶2，也就是说，对于工作成就而言，EQ的影响是IQ的两倍，而且，职位越高，EQ对工作表现的影响就越大。此外，对于某些工作类别，如推销以及客户服务等工作而言，EQ的影响就更为明显。

　　（二）情商的内容

　　高曼针对职场人士的工作表现，提出了他的工作EQ架构。经过不断地测试和修正，目前高曼的工作EQ内容共有4大项，包括18小项。

　　1. 自我情绪觉察能力

　　1）意识到自己情绪的变化

　　解读自己的情绪，体会到情绪的影响。

　　2）精确的自我评估

　　了解自己的优点以及不足之处。

　　3）自信

　　掌控自身的价值及能力。

　　2. 自我情绪管理能力

　　1）情绪自制力

能够克制冲动及矛盾的情绪。

2）坦承

展现出诚实及正直，值得信赖。

3）适应力

弹性强，可以适应变动的环境或克服障碍。

4）成就动机

具备提升能力的强烈动机，追求卓越的表现。

5）冲劲

随时准备采取行动，抓住机会。

3. 人际关系觉察能力

1）同理心

感受到其他人的情绪，了解别人的观点，积极关心他人。

2）团体意识

解读团体的趋势，有团体合作意识。

3）服务

体会到客户及其他服务对象的需求，并有能力加以满足。

4. 人际关系管理能力

1）领导能力

以独到的愿景来引导及激励他人。

2）影响力

能说服他人接受自己的想法。

3）发展其他人的能力

通过回馈及教导来提升别人的能力。

4）引发改变

能激发新的做法。

5）冲突管理

减少相左意见，达成共识。

6）建立联系

培养及维持人际关系。

7）团队能力

与他人合作，懂得团队运作模式。

这18项能力有谁能完全达到？答案是不可能有人完全做到。事实上，一个人只要能在这18项EQ能力中，有五六项EQ能力特别突出，而且是平均分布在四大项能力中的话，那他在职场上的表现就会非常亮眼了。这18项指标为我们指明了作为一个职场人的努力方向和目标。

（三）情商的核心内容

情商有18项能力，都比较重要。而如下5项是情商的核心内容。

1. 自我认知能力（自我觉察）

认知情绪的本质是EQ的基石，这种随时认知感觉的能力，对了解自己非常重要。不了解自身真实感受的人必然沦为感觉的奴隶，反之，掌握自我感觉的人才能主宰自己的生活，面对婚姻或工作等人生大事才知道如何抉择。

2. 自我控制能力（情绪控制力）

情绪管理必须建立在自我认知的基础上。如何自我安慰，摆脱焦虑、灰暗或不安，这方面能力匮乏的人常需要与低落的情绪交战，掌握自控能力的人则能很快走出生命的低潮，重新出发。

3. 自我激励能力（自我发展）

自我激励或发挥创造力，将情绪专注于某一目标是绝对必要的，成就任何事情都要有情感的自制力，克制冲动与延迟满足。保持高度热忱是一切成就的动力。一般而言，能自我激励的人，做任何事的效率都比较高。

4. 认知他人的能力（同理心）

同理心也是基本的人际交往技巧，同样建立在自我认知的基础上。具有同理心的人较能从细微的信息觉察他人的需求，这种人特别适合从事医护、教学、销售与管理的工作。

5. 人际关系管理的能力（领导与影响力）

人际关系就是管理他人情绪的艺术。一个人的人缘、领导能力、人际和谐程度都与这项能力有关，充分掌握这项能力者常是社会上的佼佼者。

（四）EQ 对人生和事业的作用

在生活中，我们常常遇到这样一种现象：一些 IQ 很高的人并不见得一定会成功，而一些 EQ 很高的人则必定会成功。为什么呢？因为 IQ 高的人一般都是专家，而 EQ 高的人却具备一种综合与平衡的能力。如果用我们的古训来解释一下，那就是一个成功的人应是一个人情练达的人。

在现代社会中，EQ 的重要性绝不亚于 IQ，值得研究的是，如何在理性与情感之间求得平衡，否则，徒有智慧而情商贫乏，在这个复杂多变的时代极易迷失方向。

轰动全国的女研究生被拐卖案，向我们证实了我国 EQ 教育的空白和匮乏。而震惊全国的马加爵事件，更是在国人心中掀起痛心和惋惜的波澜。马加爵留给自己短暂人生的最后总结是："没有理想是我人生最大的失败。"

诸多证据显示：EQ 较高的人在人生各个领域拥有较多优势，无论是谈恋爱、人际交往还是理解办公室中不成文的游戏规则，其成功的机会都比较大。此外，情感能力较佳的人通常对生活较满意，较能维持积极的人生态度。反之，情感生活失控的人必须花加倍的心力与内心交战，从而削弱了他的实际理解力与清晰的思考力。

在美国，流行一句话："智商（IQ）决定录用，情商（EQ）决定提升。"事实上，IQ 和 EQ 都很重要。只不过，在今天这个竞争日趋激烈、知识爆炸、人际关系复杂的社会中更显出其重要性。对于从事与人打交道的职业经理人来说，EQ 是一项十分重要而又必不可少的职业素质。

情商测试

1. 我的情商状况如何？

2. 我是一个受欢迎的人吗？在情商方面，我的主要问题和缺陷是什么？

3. 整体来说，我是一个积极乐观的人还是一个消极悲观的人？假如是后者，原因是什么？

4. 我能够意识到自己的消极情绪吗？如愤怒、烦躁、恐惧、忧虑、郁闷、痛苦、不安等会在我的身心里存在多长时间？

5. 我怎样才能够在最短的时间内控制消极和不良情绪？

6. 我善于自我激励吗？在情绪不佳时，我应该怎样自我激励？

7. 我在意别人的反应与感受吗？我是否十分注意满足他人被尊重、被理解、被同情、被赞美、被帮助、被激励的情感需求？如果做得不好，我应该如何完善？

8. 我的人际关系如何？我应该如何进一步拓展我的人际关系网？

9. 作为团队领导者，我应该如何运用情商增强我的影响力？

10. 在管理好自己情商的同时，我应该如何管理好团队的情商，以营造积极向上、充满热情的氛围？

对于职业人来说，情商就是影响力，情商就是生产力，情商就是职业力。情商的最高境界就是与自己和谐，与他人和谐。为了营造和谐的事业与和谐的人生，我决定，现在开始行动！

二、提高情商的七种方法

（一）学会划定恰当的心理界限

你也许自认为与他人界限不明是一件好事，这样一来，大家能随心所欲地相处，而且相互之间也不用激烈地讨价还价。这听起来似乎有点道理，但它的不利之处在于，别人经常伤害你的感情，而你却不自知。

其实，仔细观察周围不难发现，界限能力差的人易于患上病态恐惧症，他们不会与侵犯者对抗，而更愿意向第三者倾诉。如果我们是那个侵犯了别人心理界限的人，发现事实的真相后，我们会感觉自己是个冷血的大笨蛋。同时我们也会感到受了伤害，因为我们既为自己的过错而自责，又对第三者卷进来对我们评头论足而感到愤慨。

界限清晰对大家都有好处。你必须明白什么是别人可以和不可以对你做的。当别人侵犯了你的心理界限时，告诉他，以求得改正。如果总是划不清心理界限，那么你就需要提高自己的认知水平。

（二）找一个适合自己的方法平静自己的情绪

在感觉快要失去理智时，找一个合适的方法使自己平静下来，从而使血液留在大脑里，做出理智的行动。美国人曾开玩笑地说："当遇到事情时，理智的孩子让血液进入大脑，能聪明地思考问题；野蛮的孩子让血液进入四肢，大脑空虚，疯狂冲动。"

是的，当血液充满大脑的时候，你头脑清醒，举止得当。反之，当血液都流向你的四肢和舌头的时候，你就会做蠢事，冲动暴躁，口不择言。

事实上，科学实验证明，在压力之下，人会变得过度紧张，血液会离开大脑皮层，人就会举止失常。控制情绪爆发有很多策略，其中一个方法就是注意你的心律，它是衡量情绪的精确尺子。当你的心跳快至每分钟100次以上时，整顿一下情绪至关重要。在这种速率下，身体分泌出比平时多的肾上腺素，使人失去理智，变得好斗。

当血液开始涌向四肢时，你可以选用以下的方法来平静心情：

1. 深呼吸，直至冷静下来

慢慢地、深深地吸气，让气充满整个肺部。把一只手放在腹部，确保你的呼吸方法正确。

2. 自言自语

比如对自己说："我正在冷静"或"一切都会过去的"。

3. 采用水疗法

洗个热水盆浴，可能会让你的怒气和焦虑随浴液的泡沫一起消失。

4. 尝试用美国心理学家唐纳·艾登的方法

想着不愉快的事，同时把你的指尖放在眉毛上方的额头上，大拇指按着太阳穴，深吸气。据艾登说，这样做只要几分钟，血液就会重回大脑皮层，你就能更冷静地思考了。

（三）尽量避免抱怨

想抱怨时，停一下先自问："我是想继续忍受这看起来无法改变的情形呢，还是想改变它呢？"对于没完没了的抱怨，我们称为唠叨。抱怨会消耗体力，而又不会有任何有意义的结果，对解决问题毫无用处，又很少会使我们感到好受一点。

几乎所有的人都发现，如果对有同情心的第三方倾诉委屈，而他会跟着一起生气的话，我们会感觉好受一些。有人对你说："可怜的宝贝。"这对你来说是莫大的安慰，你的压力似乎减轻了，于是你又能重新面对原有的局面了，尽管事情没有任何改变。

但是如果不抱怨，你会感受到巨大的心理压力。压力有时并不是个坏东西，它也许会让你感觉不舒服，但同时也是促使你改变的动力。一旦压力减轻，人就容易维持现状。然而，如果压力没有在抱怨中流失，它就会堆积起来，到达一个极限，迫使你采取行动改变现状。

因此，当你准备向一个同情你的朋友抱怨时，先自问一下："我是想减轻压力保持现状呢，还是想让压力持续下去促使我改变这一切呢？"如果是前者，那就通过抱怨把压力赶走吧。每个人都有发牢骚的时候，它会让我们暂时好受一些。但如果情况确实需要改变的话，下定决心切实行动起来吧！

（四）扫除一切浪费精力的事物

什么是不利于我们提高情商的力量呢？答案就是一切浪费精力的事物。

人们已习惯于意识不到精力的消耗。精力是微妙的，但也可以体会到明显的变化，如听到好消息时，肾上腺素会激增，而听到坏消息时，会感到精疲力竭。人们通常不会留意精力细微的消耗，如与一个消极的人相处或在桌上到处找一张纸等。

你的生活中有哪些缓慢消耗精力的事情？

我家的墙角堆着一小块地毯，每次看到它，我都会想可能有人会被它绊倒。这本不是什么大不了的问题，但它分散我的精力。这就是我们如何界定分散精力的事物，每次接触之后都会感到精力被分散了。

有时和朋友相处也是如此，相互吸取和给予精力。但有些人是精力的吸血鬼，他们只会吸取你的精力。这时有两个选择：一是正视这个问题，建立心理界限，继续与他们谨慎交往；另一个是减少与这种人交往。

的确，我们需要去除浪费精力的东西，以集中精力提高我们的情商。可用以下方法扫除一切浪费精力的事物：

（1）用清单列出经常消耗你精力的事情。

（2）系统地分析一下列出的事情，并分成两部分：

①有所作为的。

②不可改变的。

（3）逐一解决①中的问题。如对某些人来说，把汽车钥匙挂在一个固定的钩子上，这样就不用到处找了。

（4）再看一下②中的问题，有没有把其中一些移到①中加以解决的可能。

（5）放弃清单中的问题。

（五）找一个生活中鲜活的榜样

我们都曾经历过学榜样的年代，那些榜样对于我们来说既高尚而又疏远。于是我们学榜样的热忱在和榜样的距离中渐渐消失了，因为我们知道，自己也许一生都成不了大英雄。

你身边有这样的出色人物吗？把他作为你的榜样吧！你可以想：他所能做的，我也可以，但我们的风格迥异，我不可能以他的方式完成他所做的事。但我能模仿他做的一些事，以我的方式来完成。从他身上总能看到从来没察觉到的潜能。

在周围的人中找出你学习的榜样，他们虽比你聪明，所受教育更好、层次更高，比你更有毅力。但你会在追赶他们的过程中自然而然地提高自己的情商。

（六）从难以相处的人身上学到东西

我们周围有很多牢骚满腹、横行霸道、装腔作势的人，我们多么希望这些人从生活中消失，因为他们会让人生气和绝望，甚至发狂。为什么不能把这些人圈起来，买张飞机票，送到一个小岛上，在那里他们再也不会打扰到别人。可是，最好别这样，这些难以相处的人是我们提高情商的帮手。你可以从多嘴多舌的人身上学会沉默，从脾气暴躁的人身上学会忍耐，从恶人身上学到善良，而且你不用对这些"老师"感激涕零。

况且，你定义的"难以相处的人"，最终被证明可能只是与你不同的人，而对所谓的难以相处的人来说，你也是难以相处的人。

应付难以相处的人，最有效的方式就是灵活。也就是说，发现他们做事的方式，在与之交往的过程中，尽量灵活地采用与之相同的方式。如果这人喜欢先闲谈再谈正事的话，你的反应应当是放松下来，聊聊家常。另外，如果这人直截了当，你也应当闲话少说，直奔主题。这样，在与难以相处的人打交道时会更有效率，而且你会发现这些人并不那么难以相处。

应付难以相处的人可以把他们当成礼物。

朱迪嫁给了一个霸道的人，婚姻生活对她来说充满坎坷，因为她没有很明确的界限。在分手多年以后，她学会了感谢他，因为他教给她建立和维持界限的重要性。现在再遇到这样的男人时，她根本不在乎。朱迪说："与他一起生活过以后，这些家伙你就根本不会放在眼里。"如果她当时嫁给了一个随和的人，她可能到现在还没有明确的界限，也很难对付那些难缠的家伙。

不过，如果可以选择的话，或许我们永远不会选择难以相处的人。

（七）时不时尝试另一种完全不同的方式

你是一个性格开朗、外向的人还是性格内向、只喜欢独处或和几个密友在一起的人。你喜欢提前计划好每一天，知道要干些什么事，还是毫无计划呢？人人都有自己的偏爱，如果可以选择的话，每个人都会选择自己偏爱的方式。然而，突破常规，尝试与平时截然相反的行动，会更有助于我们的成长。

如果你总是热衷于在聚会中做中心人物，这次不妨改改，试着让那些平日毫不起眼的人出出风头。如果你总是被动地等待别人和你搭讪，不妨主动上前向对方问个好。

三、职业情商的修炼

（一）情商包含五个方面的情绪能力

情商就是一个人掌控自己和他人情绪的能力。从情商的一般内涵来看，情商包含五个方面的情绪能力：

（1）了解自己情绪的能力；

（2）控制自己情绪的能力；

（3）自我激励的能力；

（4）了解他人情绪的能力；

（5）维系良好人际关系的能力。

职业情商就是以上五个方面在职场和工作中的具体表现，职业情商更加侧重对自己和他人的工作情绪的了解和把握，以及如何处理好职场中的人际关系。

（二）提升自己的职业情商

提升职业情商，必须在以下四个方面不断修炼自己。

1. 心态修炼

了解自己在工作中的情绪是为了控制自己的情绪，保持良好的工作心态。职业情商对职业情绪的要求就是保持积极的工作心态。什么样的工作心态算是积极心态呢？积极的工作心态表现在以下几个方面：

1）工作状态要积极

每天精神饱满地来上班，与同事见面主动打招呼并且展现出愉快的心情。如果在上班过程中，你都是一副无精打采的面孔，说起话来有气无力，没有任何感情色彩，永远得不到上级的赏识，也不会给你的同事留下好感。

2）工作表现要积极

积极就意味着主动，称职的员工应该在工作表现上做到以下"五个主动"：

（1）主动发现问题；

（2）主动思考问题；

（3）主动解决问题；

（4）主动承担责任；

（5）主动承担分外之事。

可以毫不夸张地说，做到"五个主动"是职场员工获得高职高薪的五大法宝。

3）工作态度要积极

积极的工作态度就意味着在面对工作中遇到的问题时，积极想办法解决问题，而不是千方百计地找借口。成功激励大师陈安之说："成功和借口永远不会住在同一个屋檐下。"遇到问题习惯找借口的人永远不会成功。

4）工作信念要积极

对工作要有强烈的自信心，相信自己的能力和价值，肯定自己。只有抱着积极信念工作的人，才会充分挖掘自己的潜能，为自己赢得更多的发展机遇。

2. 思维方式修炼

1）要学会掌控工作中消极的情绪

掌控情绪意味着掌握情绪和控制情绪两个层次的含义，而不是单纯的自我控制。因为控制情绪说起来容易，往往做起来很难，甚至遇到使自己情绪反应激烈的问题时，根本就忘了控制自己。要驾驭自己的情绪，还必须从改变思维方式入手改变对事物的情绪，以积极的思维方式看待问题，使消极的情绪自动转化为积极的情绪，从而实现自我控制情绪。

2）在工作方式上要培养积极的思维方式

积极的思维方式就是以开放的心态去处理工作中的人际关系和事情，包括多向思维、反向思维、横向思维、超前思维等。了解他人的情绪需要反向思维，也就是逆向思维，逆向思维的情商表现就是用同理心思考或换位思考，要站在对方的角度看问题，理解对方的内心感受。

处理与上司、同事、下属的关系都需要同理心思维，比如，自己辛辛苦苦去努力完成一件工作，本想得到上司的肯定和表扬，不料因为出现一点忽视的微小差错却遭到上司的否定和一顿批评，心里就感到不平衡，会发牢骚。但是站在上司的角度思考，作为上司，要的就是下属工作的成果，自己的辛苦没有得到肯定，也就没有什么好抱怨的。

处理同事关系同样需要同理心，在别人看来，一个人无论做多么不可理解的事情，都有他自己的内心原因和动机，要善于站在对方的角度了解他人的想法，才会实现"双赢"，建立良好的人际关系。

3. 行为修炼

良好的工作心态和思维方式都要体现在工作行为上。同时，对于自己的工作行为，必须把握以下两条基本的行动准则。

1）工作行为要以目标为导向

一是要了解公司的目标；二是要制定明确、清晰的个人目标，并且使公司目标和个人目标相结合，才可以形成职业发展的合力，相互推进，通过配合完成公司目标而实现个人目标，通过达成个人目标而推进公司事业的发展，这是在职场实现个人职业发展的捷径。在有些情况下，个人的长期目标并不一定总是和你眼下服务的公司目标相一致的，但是既然你在这个公司工作，你就要把一切经历变为有助于你个人职业发展的财富，你的个人阶段目标必须服从你的工作目标。

2）工作行为要以结果为导向

以结果为导向，就是要站在实现结果的角度去思考问题，站在完成成果的角度去衡量自己的工作。以结果为导向，既是一种思维方法，又是一种行为习惯。以结果为导向，就是要追求积极的结果，积极想办法去实现。面对一项工作，如果你还没有去做，就首先认为自己办不成，你的思维就妨碍了自己能力的发挥，那么就有可能真的办不成。

4. 习惯修炼

通过心态、思维方式、行为的修炼培养出良好的职业习惯，是提升职业情商和实现职业突破发展的唯一途径。要想成功，就必须有成功者的习惯。改变不良习惯的关键，是突破自己的舒适区。一个人形成的习惯就是他的舒适区，要改变不好的习惯，就要突破自己的舒适区，要有意识地为自己找别扭，要敢于为自己主动施加压力，努力突破自己以往的心理舒适区，培养积极的职业化习惯。培养积极的职业习惯，必须突破以下心理舒适区：

1）突破情绪舒适区

当你失去了一次本该属于自己的加薪的机会时，就愤愤不平、坐立不安，就想找上司评评理或者"讨个说法"；当下属办了错事的时候，你就忍不住斥责一顿；当上司批评你时，你就很难保持一副笑脸，喜怒哀乐是人的情绪对外部刺激的本能反应，但是如果对消极的情绪不加以控制，往往发泄情绪的结局对自己并没有好处。

职场中应该绝对避免的几种消极情绪是：抱怨和发牢骚、不满和愤怒、怨恨或仇恨、嫉妒、恐惧失败、居功自傲等，这些都是影响个人职业发展的致命伤害。

调节自己的情绪有很多方式，其中最重要的是要给自己强化一个意识：在工作场合，我的情绪不完全属于我，我必须控制自己的情绪！

2）突破沟通舒适区

每个人的性格脾气决定了他与人沟通的方式各不相同，有的人说话快言快语；有的人却在该表态的时候也沉默寡言；有的人说话爱抢风头，经常不自觉地打断别人的谈话；有的人习惯被动等待上级的工作指示；有的人喜欢遇到问题主动请示和沟通……每个人都习惯以自己的方式与别人沟通。

要实现同理心沟通，就必须有意识地改变自己平时的沟通方式，学会积极倾听对方。良好的工作沟通不一定是说服对方，而是真正理解对方的想法。即使是争辩，也必须是对事不对人的良性争论，不能进行人身攻击和恶语相向，这是职场人际沟通中最重要的问题。

3）突破交往舒适区

人们都习惯和自己脾气相投的人交往，所以无论在哪个单位，都存在非正式的组织和团体，这是正常的现象。但是人在职场，必须要和所有组织内的人以及外部的客户打交道，这就要求我们要学会适应不同性格的人。突破交往舒适区，就是要有意识地和不同性格的人打交道，比如，要主动找与自己性格不同的人聊天。看似很简单的事情，其实职场中大部分的人都难以做到。一旦你尝试和另一种不同性格的人交往，看来是一个小小的突破，却对提升你的职场情商有很大帮助，这可以从根本上改善你的职场人际关系。

职业情商是个人在职业上实现突破发展的关键因素。提高情商的途径与智商不同，智商可以通过学习和积累而得到提高，而提高情商需要的是修炼，既要修习，更要锻炼和磨炼，需要长期坚持，通过心态、思维、行为、习惯的四项修炼，完全可以改进和完善自己的情商素质，从而使自己在工作中如鱼得水，为自己的职业发展创造更多机遇。

想一想

维系人际关系的责任

人是群居动物，维系人际关系是不能缺少的行动，但也有少数人因自己工作的限制，需要独自去完成工作，但最终进入市场还须维系一定的人际关系。所以，无论你从事工业还是商业，不管你是老板、员工，还是校长、老师，都有维系人际关系的责任。

首先，每个人都是独立的个体，具有独特的工作方式及其价值观。所以，要发挥人们应有的价值，需要了解他人的优势、做事的方式和价值观。

其次，维系人际关系是承担沟通的责任。德鲁克举了一个充满禅意的例子："即使森林中有许多树木倒下，但若没有人听见，那么声音便不存在。"而所提到的声音即为本质。人往往喜欢听好听的话，只看自己想看的东西，所以要达成良好的沟通，就必须考虑到对方的水平及对方想要听的话，并采用他们能够接收信息的方式告诉他们，即如果他们善于阅读，就采用备忘录的方式；如果他们善于倾听，就采用交谈的方式。

任务四　打造良好的职业心态

英国著名的文豪狄更斯曾经说过："一个健全的心态比一百种智慧都更有力量。"这句不朽名言告诉我们一个真理：有什么样的心态，就会有什么样的人生。因为从根本上决定我们生命质量的不是金钱，不是权力，甚至不是知识和能力，而是心态！积极的职业心态滋养、创造你的职业人生；消极的职业心态消耗、阻碍你的职业人生。

一、职业心态概述

（一）职业心态的概念

心态一般指心理态度或心理状态。心态的"态"字，繁写为"態"，《说文解字》中说："態，意也，从心从能。"徐锴曰："心能其事，然后有态度也。"这种解释使人更易理解心态的内涵。

职业心态即职业人士应具备的心态，又称职业心理成熟度，它是职业素质的重要体现，根据马斯洛在《优心态管理》中的著名论断，结合上述解释可知，职业心态对员工的职业化程度即职业技能、职业道德、工作形象和工作态度有重大影响。在日常工作中如何正确对待上司、同事、下属、客户和合作伙伴，如何对待工作安排或调整，如何对待批评和荣誉的态度等，都是职业心理成熟与否的表现。

由于职业心态决定了员工的工作态度，心态不够成熟或不够健康的员工很难有良好的工作状态。心态是否健康和人的心理年龄有关，而跟人的实际年龄没有太多关系，故有"长大未必成人"之说，尽快实现从校园到职场的心态职业化调整，也是在校大学生必须面对的重要问题。

思想决定行为。当初足球界的名教练米卢，对"国脚"们强调最多的就是态度问题。

作为职业球员，如果连最基本的对待工作的态度都不具备，何谈爱国报国。职业人也一样，必须重视职业心态的自我培养。

（二）对大学生职业心态的要求

1. 以正确心态对待工作

工作在不同人心目中的定位不一，理想与工作高度和谐的人视之为事业；始于所学以致用的视之为职业；也有多数人将工作视为谋生的基本手段。定位不同，对待工作的态度大有差异。但是，任何组织都有责任引导和启发员工树立最基本的心态——敬业。

敬业不是组织的要求，确切地说，应该是组织的一种期望。而对于员工而言，在从事某项工作时，他生命中的一段时光便在完成这些任务的过程中流逝。人最基本的是要"自己对自己负责"，德鲁克称其为员工的自我管理。他启发员工认识和省悟对自己负责的心态，这是能够自我管理的第一步。如果员工个人在心理上并未将做某项工作"当回事儿"，尽管也可能在工作中表现出敬业和责任心来，但那一定不长久，也不是一种真正意义上的职业化。

2. 以正确心态对待同事

传统文化强调人应该具备美德，并以君子作为榜样。在企业中，常常将人性道德修养作为衡量一个人职业操守的标准。因而，社会人的道德观也用来调停工作中人与人之间（企业人）的关系。但是，人在成长和受教育的过程中已然形成了自己的道德观，企业应引导和教化增进团队合作的职业心态。我们先不谈"达人达己"，从上述理解来看，最基础的工作，仍是回归到如何对自己负起责任来。每个人都应该认识到，自己生活在一种交错的人际环境中，在这个自然环境中，能量守恒定律依然适用。凡由自己向组织中的任何一个人发出的任何一种作用力，都会最终传递回来，作用于本人。比如，自己提交的某项成果，或在某个环节上对他人提供的某个配合，或对组织中的某些事、某些人发表自己的评价。这些都可视为一种"作用力"。发出积极的、健康的力量，将最终有益于自己。这种"达己"又"达人"的省悟行为，应是对待同事有效的职业化行为。

3. 以正确心态看待个人发展

现代组织中的人相比以往更为重视个人的发展，与这个目标背道而驰的是个人非职业化心态——片面、割裂地追求个人的发展。片面的结果，导致不少人心理失衡、怀才不遇、恃才放旷、郁郁寡欢、孤芳自赏、牢骚满腹……更有甚者，与所服务的组织反目成仇。如何看待这种现象？"佐佑之道"已有启迪："人，生于自然，为人处世，自然而然。"因为人不能脱离于自然孤立存在，员工也不可能脱离于组织独立发展。反其道而思虑，是对自己的不负责任。这种思考问题的方式已然违背了自然规律。将自己置于组织之中，由组织的目标反观个人的目标如何顺应和设定；由组织的发展反观个人的机会如何寻找和获取；由组织所能提供的现实条件反观个人做出何种积极的反应。组织化生存的概念如同信息时代的"数字化生存"一样，是每个人重新理解个人发展的起点。职业心态，是取得工作成就的基础，也是获得个人发展的起点。

二、心态决定人生成败

有人能发挥潜能、能成功，是因为他能始终保持积极的心态，这就是成败的差异。人生是好是坏，不由命运来决定，而是由心态来决定，我们可以用积极的心态或消极的心态看事情，积极的心态激发潜能，消极的心态抑制潜能。

（一）积极心态激发潜能

1990 年日本最畅销的 T 恤上印着："我们是第一！"而美国最畅销的 T 恤上却印着："未达水准，足以为傲！"美国 T 恤无疑是在传达一种消极心态。因为穿那种美国 T 恤的人极有可能刚丢了饭碗。再者，应征工作的人若抱有此态度，就算不穿那件 T 恤，雇主也不大可能雇用他。

"不仅应征工作如此，人生也同样如此。"这是由作家兼演说家的海利所提供的一份资料表明的。海利曾指出，合法移民成为百万富翁的概率，是土生土长的美国人的四倍。而且不管是黑人、白人还是任何种族的人，不论男女，全无例外。

有时候看看我们的同学、我们的战友、我们的同事，当年都是在同一条起跑线上怀着美好的理想奔向灿烂的明天。可是，十年过去了，你会突然发现：有些人比你更出色、更杰出。你为此感到迷茫，甚至埋怨命运的不公。其实，那不是因为他们拥有得天独厚的条件，事实上你和他们一样出色。如果你今天的现状与他们不一样，只是因为你的精神与心态和他们不一样。他们可能只是比你更加积极、更加自信、更加阳光、更有勇气、更有意志力。也就是这一点点的差别，就导致了你们人生与命运的差别。

案例讨论3-5

查尔斯王子与他的同学

1997 年 12 月，英国报纸刊登了一张英皇室查尔斯王子与一位街头游民的合影。这位蓬头垢面的街头游民不是别人，而是王子以前的校友克鲁伯·哈鲁多。查尔斯王子在一个寒冷的冬天慰问伦敦穷人时，克鲁伯·哈鲁多说："殿下，我们曾经就读同一所学校。"王子反问："在什么时候？"他说："在山丘小屋的高等小学，我们还曾经互相取笑彼此的大耳朵呢！"原来，克鲁伯·哈鲁多出身于金融世家，与查尔斯王子就读同一所贵族学校，后来他成为一个小有名气的作家，是英国成功者俱乐部的会员。应该说令人美慕的显赫的家世与高等学历他都拥有了，但是，在两度婚姻失败后，克鲁伯开始酗酒，最后由一名作家变成了街头游民。那么，打败克鲁伯的是两度失败的婚姻吗？显然不是，而是他的心态。从他放弃积极正面心态的那刻起，他就已经输掉了自己的一生。

王子与游民的事迹对你有何启示？

综上所述，可以得出以下结论：

（1）从根本上决定人们生命质量的不是金钱，不是权力，甚至不是知识，也不是能力，而是心态。

（2）就个人而言，职业竞争表面上看似是知识、能力、职位、权力、业绩、关系的竞争，实质上却是职业心态和人生态度的竞争。

（3）就企业而言，企业之间的产品、市场、服务、品牌的竞争，归根结底，是企业人气和精神的竞争。决定企业生存和命运的，不是资金、技术，而是企业员工的士气和精神。所以，企业经营的不是产品和服务，而是人心。

（4）积极的黄金心态是比黄金还要珍贵、还要稀缺的资源，态度是个人和企业竞争制胜的最核心、最根本的竞争力。

（二）阳光心态具有巨大的力量

心态好，能力增强；心态不好，能力减弱。心态就具有这么大的力量，从里到外影响着你。相信现在一些人有这样的困惑：自己的财富在增加，但是满意度在下降；拥有的越来越多，但是快乐越来越少；沟通的工具越来越多，但是深入的交流越来越少；认识的人越来越多，但是真诚的朋友越来越少。

哪里出了问题？心态出了问题。心态出了问题，那就要调整好心态，好心情才能欣赏好风光。塑造健康的心态，塑造知足、感恩、达观的阳光心态，就是要建立积极的价值观，获得健康的人生，释放强劲的影响力。

你内心如果是一团火，就能释放出光和热；你内心如果是一块冰，就是融化了，也还是零度。要想温暖别人，你内心要有热；要想照亮别人，请先照亮自己；要想照亮自己，首先要照亮自己的内心。怎样照亮内心？点亮一盏心灯，塑造阳光心态。良好的心态能够很好地影响个人、家庭、团队、组织，最后影响社会。

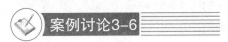 案例讨论3-6

心态到底具有多大的力量

有一个教授找了九个人进行实验。他把他们带到一间黑屋子里，说："你们九个人听我的指挥，走过脚下这座曲曲弯弯的小桥，千万别掉下去。不过掉下去也没关系，底下就是一点水。"九个人听明白了，摸索着都走过去了。然后，教授打开了一盏黄灯。透过灯光，九个人看到，桥底下不仅仅是一点水，还有几条蠕动的鳄鱼。他们吓了一跳，庆幸刚才没掉下去。教授在桥那端又问："现在谁敢走回来？"没人敢走了。教授接着说："你们要用心理暗示，想象自己走在坚固的铁桥上。"他诱导了半天，终于有三个人站起来，愿意尝试一下。第一个人颤颤巍巍，过桥的时间多花了一倍；第二个人哆哆嗦嗦，走了一半再也坚持不住了，吓得趴在桥上；第三个人才走了三步，就再也不敢向前了。于是教授打开了所有的灯，大家这才发现，在桥和鳄鱼之间还有一层网，网是黄色的，刚才在黄灯下看不清楚。于是，绝大多数人都不怕了，几个人都快速地走过来了。最后只有一个人不敢走，教授问他："你怎么回事？"这个人说："我担心网不结实。"

这个实验揭示的原理是心态的影响能力。

所以，心态好，能力增强；心态不好，能力减弱。心态就具有这么大的力量，从里到外影响着你。

这个实验对你有何启示？

（三）心态就是100%

如果令 A、B、C、D、E、F、G、H、I、J、K、L、M、N、O、P、Q、R、S、T、U、V、W、X、Y、Z 分别等于 1%、2%、3%、4%、5%、6%、7%、8%、9%、10%、11%、12%、13%、14%、15%、16%、17%、18%、19%、20%、21%、22%、23%、24%、25%、26%，那么：

HARD WORK（努力工作）＝ H + A + R + D + W + O + R + K ＝（8 + 1 + 18 + 4 + 23 + 15 + 18 + 11）% ＝ 98%

KNOWLEDGE（知识）＝ K + N + O + W + L + E + D + G + E ＝（11 + 14 + 15 + 23 + 12 + 5 + 4 + 7 + 5）% ＝ 96%

LOVE（爱情）＝ L + O + V + E ＝（12 + 15 + 22 + 5）%

LUCK（好运）＝ L + U + C + K ＝（12 + 21 + 3 + 11）% ＝ 47%

这些我们通常认为重要的东西往往并不是最重要的，什么能使我们的生活变得圆满？

是 MONEY（金钱）吗？不！

M + O + N + E + Y ＝（13 + 15 + 14 + 5 + 25）% ＝ 72%

是 LEADERSHIP（领导能力）吗？不！

L + E + A + D + S + H + I + P ＝（12 + 5 + 1 + 4 + 5 + 18 + 19 + 9 + 16）% ＝ 89%

那么，什么能使我们的生活变成100%的圆满呢？

每个问题都有其解决之道，只要你把目光放得远一点！

原来是 ATTITUDE（心态）！

A + T + T + I + T + U + D + E ＝（1 + 20 + 20 + 9 + 20 + 21 + 4 + 5）% ＝ 100%

可见，我们对待工作、学习、生活的态度能够使我们的生活达到100%圆满。

三、大学生应具备的职业心态

职业心态由一般性职业心态和专业性职业心态组成。

一般性职业心态是共性的，是所有职业都需要的。它包含的内容很丰富：归零的心态、积极的心态、团队的心态、双赢的心态、包容的心态、学习的心态、奉献的心态、服从的心态、竞争的心态、专注的心态、感恩的心态等。专业性职业心态更多的是在工作过程中历练而成的。如销售员的坚持不懈、财务员的认真严谨等。

（一）空杯的职业心态

每一个人要想应对时代和环境的变化，必须随需应变。而以变应变，就要求我们具有空杯心态。做事的前提是先要有好心态，如果想学到更多学问，想提升职业能力，先要把自己想象成一个空着的杯子，而不是骄傲自满，故步自封。世界著名的管理大师松下幸之助说，当他在管理中遇到困难时，找到高僧求助，高僧一直给他倒水，水满了，流到桌上了，高僧还在倒，他领悟到装满水的杯子就像自满的心，无法在事业中成长。所以，学会拥有空杯的心态，用谦逊的心，让自己归零。

在职场上真正经得起风雨的人，是那些有真才实学、有空杯心态的人。我们有的时候认为自己在某个行业里做了很多年，就认为自己是这个行业里的行家里手，没有不懂的东西。于是别人在自己眼里都是外行，别人讲的东西都听不进去，要知道"天外有天，人外有人"，在知识经济时代，科技飞速发展，知识更新加快，如果不虚心学习新的知识和方法，即使你原来的专业知识很扎实，也一样会被社会的进步潮流所淘汰，所以要活到老、学到老。

（二）积极的职业心态

成功人士的首要标志就是他的心态，如果一个人的心态是积极的，乐观地面对人生、乐观地接受挑战和应付困难，那他就成功了一半。

说到底，如何看待人生，由我们自己决定。纳粹德国某集中营的一位幸存者维克托·弗兰克尔说过："在任何特定的环境中，人们还有一种最后的自由，就是选择自己的态度。"马尔比·D·马布科克说："最常见同时也是代价最高昂的一个错误，是认为成功有赖于某种天才、某种魔力、某些我们不具备的东西。"可是成功的要素其实掌握在我们自己的手中。成功是运用积极心态的结果，一个人能飞多高，并非由其他因素决定，而是由他自己的心态所决定。拿破仑·希尔告诉我们，我们的心态在很大程度上决定了我们人生的成败，人与人之间只有很小的差异，但是这种很小的差异却造成了很大的差异。很小的差异就是所具备的心态是积极的还是消极的，巨大的差异就是成功和失败。

有了积极的心态，并不能保证事事成功，但是积极的心态肯定会改变一个人的日常生活。

而消极心态必败无疑，拥有此种心态的人往往怨天尤人，必然不会成功，"不为失败找理由，只为成功找方法。"这看似简单的一句话，却是打开成功之门的最好钥匙。

 案例讨论3-7

塞尔玛的《快乐的城堡》

塞尔玛随丈夫驻扎在沙漠陆军基地。丈夫奉命去演习了，她孑然一人留在沙漠的小铁皮房子里。天气酷热得让人虚脱，出门想找人谈谈天，临近却只有不会说英语的墨西哥人与印第安人。塞尔玛难过之极，写信给父母，准备丢开一切回家去……父亲回信了，只有一句话："两个人从牢中的铁窗望出去：一个看到了泥土，一个却看到了星星。"

塞尔玛一再读着这封信，非常惭愧，她决定要在沙漠中找到星星。塞尔玛开始尝试着和当地人交朋友，他们的友好令她非常惊奇，纺织品、陶品、仙人掌、土拨鼠、几万年前留下的海螺壳……沙漠没有改变，印第安人也没有变，但塞尔玛的心态改变了。原来难以忍受的环境变成了令人兴奋、流连忘返的奇景，变成了一生中最有意义的冒险，塞尔玛为自己发现的新世界兴奋不已，几年后她写了一本书，名为《快乐的城堡》，她从自己打造的"牢房"里望出去，终于看到了星星。

塞尔玛的故事带给你什么启示？

（三）团队的职业心态

读大学时，班上有个同学很受大家喜欢，因为她总是主动擦黑板，而且每次都是乐呵呵的，问她为什么，她说老师讲课辛苦，自己坐在前排，下课也不喜欢出去玩，为大家擦黑板很方便，她主动擦了几次之后，同学们都主动地开始擦黑板，有时都会出现抢着擦黑板的现象，代课的老师表扬我们班的黑板擦得好，喜欢给我们班上课。这就是团队的职业心态。

给予、感恩、欣赏、宽容、服务是团队职业心态的核心，学会把个人心态让位于团队心态，机会的大门会为你敞开，事业发展的路径才会越走越宽。

天堂与地狱的差别

有一个天堂与地狱的故事，一个人问上帝天堂与地狱的区别。于是上帝领着这个人来到地狱，他发现地狱里的人都瘦骨嶙峋、不快乐。他们都用一个特制的勺子喝粥，勺子的把特别长，勺子的头很小，舀出的粥都洒在了地上，不能喝到嘴里，最后桶里没粥了，但谁也没吃饱。大家就互相埋怨、互相憎恨。上帝又把这个人领到了天堂，他发现天堂里的人一个个都红光满面，笑逐颜开。他们用的是同样的勺子，吃的是同样的粥，但他们把粥舀出来喂别人，你喂我，我喂你，结果大家都吃到了粥。

（四）当自己是老板的职业心态

所谓老板心态，指的是一种使命感、责任心、事业心，指的是一种从大处着眼、小处着手的工作精神，指的是对效率、效果、质量、成本、品牌等方面持续的关注与尽心尽力的工作态度。作为员工，如果能站在老板的角度考虑问题，那么很多事情也就迎刃而解了，反过来说，作为员工，抱有一份老板的心态，处处把自己的利益和企业的利益结合起来，处处为公司考虑，才能成为老板眼中最职业、最专业的员工，才能在自己的能力与效率之外，拥有一份积极的工作态度，为自己加重筹码，才能赢得老板的赏识，逐步实现职业理想。

老板把我们当成了外人

钱和办事效率的关系如下：

自己的钱办自己的事——既节约又有效率；

自己的钱办别人的事——节约但没有效率；

别人的钱办自己的事——不节约但有效率；

别人的钱办别人的事——不节约也没有效率。

很多时候，我们总是把老板的钱和老板的事当成别人的钱和别人的事来对待，最终结果是：老板把我们当成了外人。

像老板那样执着，像老板那样奉献，尽管现在你不是老板，但你已具备了老板的素质和能力，只要你想，总有一天你会成为名副其实的成功的老板。

你如何看待钱和办事效率的关系？

老板心态就是"每桶四美元"

从前，在美国标准石油公司里，有一位小职员叫阿基勃特。在远行住旅馆时，他总是在自己签名的下方，写上"每桶四美元的标准石油"字样，在书信及收据上也不例外地签了名，就一定写上那几个字。他因此被同事叫作"每桶四美元"，而他的真名倒没有人叫了。

公司董事长洛克菲勒知道这件事后说："竟有职员如此努力宣扬公司的声誉，我要见见他。"于是邀请阿基勃特共进晚餐。

后来洛克菲勒卸任，阿基勃特成了第二任董事长。这是一件谁都可以做到的事，可是，只有阿基勃特一个人去做了，而且坚定不移、乐此不疲。嘲笑他的人中，肯定有不少人的才华、能力在他之上，可是最后，只有他成了董事长。

可以这么讲，有老板心态的人，最终不一定都会成为老板；但是，没有老板心态的人，肯定最终成不了老板。

"每桶四美元"带给你什么启示？

（五）阳光的职业心态

阳光心态是积极、知足、感恩、达观的一种心智模式。心理学家研究发现，在我们的烦恼中有40%属于杞人忧天，那些事根本就不会发生；30%是怎么烦恼也没有用的既定事实；另外12%是事实上并不存在的幻想；还有8%是日常生活中微不足道的小事。也就是说，我们的脑袋中有92%的烦恼是自寻的，只有8%的烦恼才有正面意义。亚里士多德说："生命的本质在于追求快乐。"

使得生命快乐的途径有两条：一是发现使你快乐的时光，增加它；二是发现使你不快乐的时光，减少它。拥有阳光心态的人不是没有黑暗和悲伤的时候，只是他们追寻阳光的心灵不会被黑暗和悲伤遮盖罢了。

那么，阳光心态的内涵到底是什么？

1. 不能改变环境，就适应环境

有一个人练习搬山术，苦练了若干年后，发功搬山，结果山没动。他向师父抱怨："我搬不动山。"师父对他说："山搬不过来，你到山那边去不就行了吗。"

2. 不能改变别人，就改变自己

有人想改变80岁老人的习惯，80岁的老人已经养成了固定的习惯，不太可能被改变。家里如果有老人，你应当尽量去适应他们。有一个年轻人是由姥姥带大的，他把姥姥接到家里决心尽孝道，他妻子不让老太太干一点活。老太太干了一辈子家务了，一定要干，妻子就是不让干，结果竟引发了矛盾。

3. 不能改变事情，就改变对事情的态度

在现实生活中，有人常常会感到被别人的语言伤害了。其实在许多时候，并不是别人的语言伤害了你，而是你自己的思考伤害了你自己。如果有人说："你这人真不是个东西！"你不必跟他生气，可以这样说："你说得太对了，你揭示了人类的本质，人类绝对不是个东西！你我都一样。"

有一个民间故事叫"西邻五子食不愁"，说的是西邻有5个儿子，老大老实，老二机灵，老三瞎眼，老四驼背，老五跛足。这一家真够凄惨的，但这位西邻却很懂得改变对现实的态度和看法，他让老实者务农，机灵者经商，眼瞎者按摩，背驼者搓绳，足跛者纺线。结果全家衣食无忧，其乐融融。

4. 不能向上比较，就向下比较

大家经常说，不想当将军的士兵不是一个好士兵，不想当船长的水手不是一个好水手。但是，只有一个人能当将军、船长，更多的人和你一样，甚至位置比你更低。如果你这样想，你的心胸就会变得开阔起来。适度竞争产生活力，过度竞争身心疲惫。当生存基础不成问题之后，我们就应保持好心情，努力向上。如果达不到最好，就力争达到次好。天地之大，你只需要一张床；山珍海味很多，你只有一个肚子。何不每天快乐地工作，享受生活呢！

四、大学生职业心态的培养

那么，大学生怎样塑造良好的职业心态呢？这里介绍七种方法。

（一）改变态度

改变不了事情，就改变对事情的态度。一个人因为发生的事情所受到的伤害，不如他对事情的看法更严重。事情本身不重要，重要的是人对事情的看法。

 案例讨论3-11

塞翁失马，焉知非福

在古老的东方，有一个智者，他的一匹马丢了，邻居说："你真倒霉。"智者回答："是好是坏还不知道呢。"不久，丢失的马带着一匹野马回来了，邻居说："你太幸运了，多了一匹马。"智者回答："是好是坏还不知道呢。"不久，智者的儿子骑野马，从马上摔下来，腿摔断了。邻居说："你真倒霉，就这么一个儿子，腿还断了。"智者回答："是好是坏还不知道呢。"过了一段时间，皇帝征兵，许多年轻人都在战场上被打死了，智者的儿子由于腿断了不能打仗，未被征兵，侥幸存活。

所以，从长时间来看，任何事情是好是坏都不知道。事情就像枚硬币，有时可能是正面，过两天就可能是反面，再过段时间还可能翻过来。任何事情，只要一分为二地看待，人就会变得理智、洒脱一些。

塞翁失马的故事对你有何启示？

改变了态度，往往就能产生激情，有了激情，就有了奋发向上的斗志，结果往往就会变化。

有一个经典案例是这样的：古时候有甲、乙两个秀才去赶考，路上看到了一口棺材。甲说："真倒霉，碰上了棺材，这次考试死定了。"乙说："棺材，升官发财，看来我的运气来了，这次一定能考上。"当他们答题的时候，两人的努力程度就不一样了，结果乙考上了。回家以后他们都跟自己的夫人说："那口棺材可真灵啊。"

这个案例说明，心态可以影响人的能力，能力可以改变人的命运。保证当下的心情好，是保证一天心情好的基础。如果你能保证每天心情好，你就会获得很好的生命质量，体验别人体验不到的精彩生活。

（二）享受过程

享受过程，精彩每一天。生命是一个过程，不是一个结果，如果你不会享受过程，结果是什么，大家都知道。生命是一个括号，左边括号是出生，右边括号是死亡，我们要做的事情就是填括号，要争取用精彩的生活、良好的心情把括号填满。

案例讨论3-12

一语点醒梦中人

有一个年轻人看破红尘了，每天什么都不干，懒洋洋地坐在树底下晒太阳。有一个智者问他："年轻人，这么大好的时光，你怎么不去赚钱？"年轻人说："没意思，赚了钱还得花。"智者又问："你怎么不结婚？"年轻人说："没意思，弄不好还得离婚。"智者说："你怎么不交朋友？"年轻人说："没意思，交了朋友，弄不好会反目成仇。"智者给年轻人一根绳子说："你干脆上吊吧，反正也得死，还不如现在死了算了。"年轻人说："我不想死。"智者于是说："生命是一个过程，不是一个结果。"年轻人幡然醒悟，这就叫"一句话点醒梦中人"。

智者的话对你有什么启示？

怎么享受生命这个过程呢？把注意力放在积极的事情上。生命如同旅游，记忆如同摄像，注意决定选择，选择决定内容。如甲、乙两个人看风景，开始的时候，你看我也看，两个人都很开心。后来甲耍了一个小聪明，走得快一点，比乙早看一眼风景。乙一看，怎么能让你比我早看一眼，就走得更快一点，超过了甲。于是两人越走越快，最后跑起来了。原来是来看风景的，现在变成赛跑了，后面一段路程的沿途风景，两个人一眼也没看到，到了终点，两个人都很后悔。这就是不会享受生命的过程。

（三）活在当下

活在当下的真正含义来自禅。有人问一位禅师，什么是活在当下？禅师回答，吃饭就是吃饭，睡觉就是睡觉，这就叫活在当下。

有人问大家，对于你们来说，什么事情是最重要的？什么人是最重要的？什么时间是最重要的？有人可能会说，最重要的事情是升官、发财、买房、购车，最重要的人是父母、爱人、孩子，最重要的时间是高考、毕业答辩、婚礼。其实这些都不是，最重要的事情就是现在你做的事情，最重要的人就是现在和你在一起的人，最重要的时间就是现在，这种观点就叫活在当下。

案例讨论3-13

吃草莓的心态

一个人被老虎追赶，他拼命地跑，一不小心掉下悬崖，他眼疾手快，抓住了一根藤条，身体悬挂在半空中。他抬头向上看，老虎在上边盯着他；他低头往下看，万丈深渊在等着他；他往中间看，突然发现藤条旁有一颗熟透了的草莓。现在这个人有上去、下去、悬挂在空中吃草莓三种选择，他选择了吃草莓。

吃草莓的心态带给你什么启示？

这是一个禅学故事，吃草莓这种心态就是活在当下。你现在能把握的只有那颗草莓，就要把它吃了。现在连接着过去和未来，如果你不重视现在，就会失去未来，还连接不上过去，你能够把握的只有现在。如果一味地为过去的事情后悔，你就会消沉；如果一味地为未来的事情担心，你就会焦躁不安；因此，你应该把握现在，认真做好现在的事，不要让过去的不愉快和将来的忧虑像强盗一样抢走你现在的愉快。

活在当下，就要学会发现每一件发生在你身上的好事情，要相信自己的生命正以最好的方式展开。如果你不会活在当下，就会失去当下。

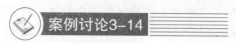

案例讨论3-14

顶牛奶的姑娘

有一个乡下姑娘挤了一罐牛奶，把它顶在头上，然后就开始胡思乱想：这罐牛奶可以卖几元钱，这几元钱可以买几只小鸡，小鸡长大了可以下很多的鸡蛋，鸡蛋又可以孵出很多小鸡，小鸡长大又可以下很多鸡蛋，这些鸡蛋卖的钱就够我买一条漂亮的裙子了，我穿上裙子到王宫跳舞，我的舞姿吸引了王子，王子邀请我跳舞，我要显得矜持一些……想到这里，她一歪脑袋，牛奶罐掉在地上摔碎了。这就是"不会活在当下，就会失去当下"的典型表现。

顶牛奶的姑娘带给你什么启示？

（四）情感独立

情感独立，就是不要把自己幸福的来源建立在别人的行为上面，能把握自己幸福的人只有自己。

一次，苏东坡和禅师佛印逛庙，发现庙里的观音菩萨手里也拿着念珠。苏东坡问："人持念珠念观音，观音持念珠念谁？"佛印回答："还念观音。"苏东坡又问："为什么观音还念观音，念自己呢？"佛印回答："求人不如求己。"因此，要想让自己内心状态良好，就要学会情感独立。

有人总是为未来担心，忧心忡忡。不要庸人自扰，如果你担心的事情不能被你左右，就随它去吧。我们只能考虑力所能及的事情，力所能及，则尽力；力不能及，则由它去。

有人要考清华大学经管学院的博士生，50个人才录取一个，竞争非常激烈。有人说："我要是考不上多丢脸啊，我的未来怎么办啊？"其实，48个人都跟你一样考不上，你能把握的就是努力考试，把考试当作人生的一次经历。

（五）学会感恩

某企业老总说，他招聘大学生时首先看他们孝不孝敬父母，如果他们连父母都不孝敬，也就不会忠诚于企业。招聘时，他会问："放寒暑假你们都干什么？"应聘者回答："玩、旅游、休息。"他又问："经常回家乡吗？"他们说："经常回啊。"老总接着问："都干什么呀？"他们说："找同学吃饭、聊天、一块儿玩。"老总最后问："在家里都干什么？"他们说："睡觉、看电视。"老总对这样的应聘者是不满意的。你可以帮父母干点活，讲一些大学的见闻。学会感恩，首先是要对父母感恩，这很重要。

西方有感恩节，大家在那天都会感谢别人对自己的帮助。许多人会给所有曾经帮助、支持、爱护过自己的人发一条短信，感谢他们对自己的关照。你发一条短信，别人就会回复，并给自己需要感恩的人发短信，这样就会产生连锁反应，感恩节大家就会过得相当愉快，人际关系就会变得更加和谐。感恩能够使人获得好心情。西方有一条格言是："怀着爱心吃菜，比怀着恨意吃牛肉要香。"

（六）"天堂""地狱"由心造

一个人幸福不幸福，在本质上与财富、地位、权力没关系。幸福由思想、心态决定，心可以造"天堂"，也可以造"地狱"。一个武士问老禅师："师父，请问什么是'天堂'？什么是'地狱'？"老禅师轻蔑地看了他一眼，说："你这种人根本不配和我谈'天堂'。"武士被激怒了，"嗖"地拔出刀，把刀架在老禅师的脖子上，说："糟老头，我要杀了你！"老禅师平静地说："这就是'地狱'。"武士明白了，愤怒的情绪就是"地狱"，于是把刀收了回去。老禅师又平静地说："这就是'天堂'。"武士明白了，心情好就是"天堂"。

这就说明，我们要学会善待身边的人。有人把办公室的同事当成对手，他们错了，关键时刻能及时给予你帮助的，还是你的同事或身边的人。如果你把别人看成是魔鬼，你就生活在"地狱"里；如果你把别人看成是天使，你就生活在"天堂"里。如果你能把别人变成魔鬼，你就在制造"地狱"；如果你能把别人变成天使，你就在制造"天堂"，怎样才能把别人变成天使呢？要学会感恩、欣赏、给予、宽容。

（七）压力太大的时候"学会弯一弯腰"

有这样一个案例：加拿大有一对夫妻总吵架，处在离婚的边缘。于是，他们决定出去旅游，试图挽救自己的婚姻。两人来到魁北克省的一条南北向的山谷，他们惊奇地发现，山谷的东坡长满了各种树，西坡却只有雪松，为什么东、西坡差别这么大？为什么西坡上只有雪松能生存呢？后来两人发现，西坡雪大，东坡雪小，雪松枝条柔软，积雪多了，枝条会被压弯，雪掉下去后，枝条就又复原了。而别的树硬挺，最后树枝会被雪压断，树也就死了。两人明白了，人在压力大的时候，也要学会弯一弯腰。丈夫赶快向妻子检讨："都是我不好，我做得不对。"妻子一听丈夫检讨了，马上说："我做得也不够。"于是，两人和好如初。

技能训练 大学校园调研，情商与智商哪个更重要

【实训目标】

1. 加深对情绪等有关概念的理解。

2. 理解并掌握情商的核心概念。

【实训内容和方法】

1. 分析大学校园内存在着哪些负面情绪。

2. 选取其中的几个负面情绪，谈谈你对这些负面情绪的管理。

3. 结合实际，谈谈你对提高情商的建议。

项目四　提升解决问题的能力

 学习目标

知识点:

1. 正确认识问题的内涵。
2. 明确工作实质就是解决问题。
3. 清楚问题分析的程序和方法。
4. 掌握问题解决的原则与方法。

技能点:

1. 形成问题意识。
2. 能及时发现问题。
3. 能正确分析问题。
4. 能科学地解决问题。

任务一　正确认识问题

一、问题无处不在

(一) 问题无人不有

工作中的问题一定很多,每个岗位、每个层级,都可能存在不足,问题面前无贫贱,即便是成绩斐然,功绩盖世的领导,在高目标、高要求、高标准下也会有问题。扪心自问,谁敢说工作中就没有问题,谁能说自身没有不足,谁又愿意放弃目标与追求,甘愿平庸,当然老板们的高要求也会产生所谓的问题,暂且不论老板的态度,人自身也可以提高对自身的要求,问题使人思考、实践,最终实现个人进步,问题意识就是要求全体成员勇敢地自我检查、自我批评,有则改之,无则加勉。

(二) 问题无时不有

俗话说:"老革命也要遇到新问题。"问题不仅仅是新机构、新团队、新员工所独有的,日子久了,老员工也容易忽略问题的存在,个别人或充耳不闻,或熟视无睹,要发展，公司必须因时而度，员工也要因势而动，问题意识就是要求全体员工，无论新老，都应该积极主动发现问题，超越现实，突破停滞。

（三）问题无处不在

人们对于工作中遇到的问题或关注或默然，甚至麻木。此时"事不关己，高高挂起"的态度不应当提倡。更重要的是，问题发生了，那只是"警钟"，没发生的、潜在的问题危害却更大。正所谓"明枪易躲，暗箭难防"，问题意识就是要求我们要学会未雨绸缪，防患于未然，将可能的"暗箭"挖掘出来，坚决折断。

（四）问题不分大小

从公司经营、战略管理，到部门运作、促销，甚至到客户拜访中的一句话，都有提升的可能。换句话说，各个层面都存在或多或少的问题。这些问题可能是自身不足带来的绝对缺憾，也可能是高要求下产生的相对差距。因此，提升自我、提升业绩，就是要从实践出发，从细处入手，明察秋毫地发现问题，填补任何可能的"蚁穴"，保护来之不易的"千里之堤"，这个"堤"，命系全体员工的切身利益，关乎全体员工的发展。

二、工作就是解决问题

（一）工作就是解决问题

案例讨论4-1

工作的实质是什么？

一位即将走上工作岗位的大学生张军去拜访一位管理专家，咨询有关今后工作的问题。比如，如何与上司、同事相处，如何尽快获得提升等。管理专家上来就问了他一个问题："你马上要走上工作岗位了，请问在你的心目中，工作是什么？"小张很失望，觉得自己找错人了，这管理专家太没水平了，怎么会问这么没有水平的问题？他脱口而出："上班，挣钱，养活自己，争取机会晋升，有大发展。"管理专家看他不开窍，摇了摇头，接着问："那你毕业以后找到了什么工作？"他说："我被一家企业的研发部门录用了。""那你知道一个研发部门的职员，都需要做什么工作吗？"他这时候很振奋，就说："我当然知道了，就是在我的岗位上，埋头苦干，兢兢业业，全身心投入，完成领导安排的研发任务！"小张以为自己的回答很到位，肯定会受到表扬。谁知管理专家依然在摇头。

请问在你的心目中，工作是什么？

对于案例中的问题，别说职场新人一片迷茫，即使是那些有过多年工龄甚至将要退休的人，他们也未必认真思考过工作的真谛到底是什么。

在教学中，老师也经常问学生："你们为什么要读大学？"大多数同学都会说："为了将来找个好工作。""你们认为工作的实质是什么呢？"大多数人的回答无非是："工作，不就是一个七天紧接着另一个七天，为了实现养家糊口的目标出卖体力和脑力嘛。"难道我们每天踩着钟点儿上下班，听从老板指挥，服从主管安排，然后像机器一样去执行，就只是为了养家糊口吗？当然不是。

世界上的工作只有分工和内容的不同，而没有实质的区别，因为都是在解决问题。理发师、园林工人、政府官员、工程师等都是一样的，大家都在为一个共同的事物在忙碌，这个共同的事物就是——问题。发现问题、分析问题从而解决问题，就是工作的全部内容。所谓工作，就是凭借人的能力、经验、智慧，凭借人的干劲、韧劲、钻劲，去克服困难，解决那些妨碍我们实现目标的问题。这就是工作的实质。工作的过程，就是不断发现问题、解决问题的过程。

（二）机遇总是与问题相伴随

1. 不为问题找借口

我们在学习、生活、工作中，总会遇到这样那样的问题。大多数时候，问题带给人的第一感觉就是烦恼，而人的第一反应就是抱怨。比如，老板最近总是指出你工作中的错误，你怀疑他是不是对自己有成见；新来的一个同事连升三级，你怀疑他会不会是老板的亲戚；你遇到一个啰唆又苛刻的客户，你想他是不是在故意找茬等。遇到这些问题，会使你的情绪不由自主地变得低落、消极，失去了工作的积极性和热情。

其实，问题并不一定都像你想象的那般糟糕，换个角度，也许就能豁然开朗。老板指出你的错误，让你进步不少；那个连升三级的同事，的确有过人之处；连这么难缠的客户你都能对付，还有什么客户不能搞定。工作中，总会有让人烦心的各种问题，换一个角度去看，你的价值将会因此而不同。

实际上，一个人对待问题的态度可以直接反映出他的敬业精神和道德品行。有很多人遇到问题就推诿，躲避责任，不求有功、但求无过。在他们的眼里，只要能保住饭碗就行了，从不考虑其他。即便有什么问题，那也是老板的事，而与自己无关。在问题面前你所要做的是想办法解决问题，而不是逃避、推卸责任。逃避会让老板失去对你的信任，看低你的道德品行。老板如果这样看待你，就不会再对你委以重任。找借口是回避问题的最直接表现，职场上很多人都有这个习惯。即便在迟到这样的小事上，他们也能找到无数个借口，比如堵车了、表慢了，或闹钟没响睡过了，人称"常有理"。

案例讨论4-2

女大学生的故事

曾经有个大公司招聘了一位女大学生，结果不到半个月，就将她辞退了。原因很简单。这位女大学生，学识不错，形象也很好，但做事不认真，遇到问题总是找借口搪塞。

刚开始上班时大家对她印象还不错。但没过几天，她就开始迟到，办公室领导几次向她提出，她总是找这样或那样的借口来解释。

一天，领导安排她到北京大学送材料，要跑三个地方，结果她仅仅跑了一个就回来了。

领导问她怎么回事，她解释说："北京大学好大啊，我在传达室问了好几次，才问到一个地方。"

老总生气了："这三个单位都是北京大学著名的单位，你跑了一下午，怎么会只找到这一个单位呢?"

她急着辩解:"我真的去找了,不信你去问传达室的人!"老总心里更有气了:"我去问传达室干什么?你自己没有找到单位,还叫老总去核实,这是什么话?"

其他员工也好心帮她出主意:"你可以打电话给北京大学的总机问问其他两个单位的电话,然后分别联系,问好具体路线再去;或者可以向你找到的单位询问其他两家怎么走,还可以在进去之后,问学生。"

谁知她一点也不理会同事的好心,反而气鼓鼓地说:"反正我已经尽力了……"

就在这一瞬间,老总下了辞退她的决心。老总郑重地说:"既然这已经是你尽力之后达到的水平,想必你也不会有更高的水平了,那么只好请你离开公司了。"

面对问题,你的态度是什么?

你认为一流员工与末流员工的差别是什么?

借口就像瘟疫一样毒害着人们的灵魂,并且互相感染和影响,极大地阻碍员工正常潜能的发挥,使许多人未老先衰,丧失斗志,消极处世,对于这些人来说,借口已经"吃掉"了他们努力拼搏的希望,当然只能收获平庸。

 **学习参考**

在单位最受欢迎和最不受欢迎的员工

清华、北大、复旦高级总裁班调查结果,如表 4-1 所示。

表 4-1 在单位最受欢迎和最不受欢迎的员工

在单位最受欢迎的 5 种员工	在单位里最不受欢迎的 5 种员工
1. 自动自发的员工	1. 找借口的员工
2. 找方法提升业绩的员工	2. 损公肥私的员工
3. 从不抱怨的员工	3. 斤斤计较的员工
4. 执行力强的员工	4. 华而不实的员工
5. 能提出建设性意见的员工	5. 受不得委屈的员工

总之,找借口回避问题,不但不能解决问题,反而会因时间的推移,使问题变得越来越严重,结果只能忍受多年如一日的平庸地位,最终碌碌无为,一事无成。

2. 问题总是与机遇相伴

工作中的问题是你进步的机会,问题解决了,你进步了,当然就能获得晋升的机会。

上学的时候,如果一个学生从来没有问过老师问题,那么他不会是成绩优秀的学生,因为没有问题,说明他读书没有思考,没有动脑筋,只是被动地接受老师的知识灌输;同样,在职场上,如果一个人从来没有发现过工作中的问题,那么他也不会成为一名出类拔萃的员工,因为他不动脑筋,只是在机械地工作,在职场上,如果你能发现一些别人发现不了的问题,那么你就能从众人中脱颖而出。

案例讨论4-3

电扇也可以做成彩色的

世界上生产的第一台电扇是黑色的，以后的电扇也都沿袭了这一惯例。1952年，由于受经济动荡的影响，日本的东芝电器公司积压了大量的黑色电扇销售不出去。于是，公司从高层领导到最基层的员工都开始绞尽脑汁地想办法，但收效甚微。

有一个员工已经到了废寝忘食的地步，但也没有想到一个好办法。一天下班回家的时候，他看到街上有很多小孩拿着五颜六色的小风车在玩，突然想到：为什么不把电扇的颜色改变一下呢？这样既能让年轻人和小孩子喜欢，也能让中老年人觉得彩色的电扇富有美感。

想到这里，他急忙跑回公司向总经理说出了自己的想法，经理听了之后非常重视，特地召开会议仔细研究这个问题。

第二年夏天，东芝公司隆重推出了一系列彩色电扇，一改当时市场上一律黑色的电扇面孔，立即引起了抢购热潮，短时间内就卖出了几十万台，公司很快摆脱了困境。而这位员工不但因此获得了公司2%的股份，同时也成了公司里最受大家欢迎的员工。

从这个案例中，你得到了哪些启发？

在工作中，只有有心人才会发现问题，即便是平凡枯燥的工作，也存在问题，只要你有心，就能发现问题，如果一个人从来不觉得工作中有什么问题，那一定不是因为他的能力已达到某种水平，而是因为他缺乏主动发现问题的工作态度。

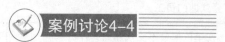

案例讨论4-4

"38滴"焊接机

一个多世纪以前，有一位年轻人在美国某石油公司工作，他所从事的工作简单到连小孩子都能胜任，就是每天检查石油罐的盖子是否自动焊接完全，目的是确保石油能安全储存。

每天，他都会看到机器上百次重复着同一个动作——首先是石油罐在输送带上移动至旋转台上，然后焊接剂便自动滴下，沿着盖子回转一周，最后工作完成，油罐下线入库。他的任务就是注视这道工序，从清晨到黄昏，检查几百次，每天如此。

在整个工厂里，这个工作岗位是人员流动最频繁的，很多人都无法长时间忍受这份工作的枯燥和乏味，最后都主动放弃了。这个年轻人也想过离开，但是他觉得如果自己连这样一个工作都做不好，还能做什么呢？所以，他选择留下来。

工作了一段时间之后，年轻人在机器上百次重复的动作中，注意到了一个非常有意思的细节。他发现罐子旋转一次，焊接剂一定会滴落39滴，而实际上38滴就够了。他想，如果能将浪费掉的那一滴节省下来，每年将会节省多少焊接剂啊！

39滴焊接剂，有一滴被浪费掉了，这个年轻人发现了别人从来没有注意到的问题，并因此研制出一种"38滴"焊接机，推荐给了公司。可别小看这一滴焊接剂，它给公司带来的是每年 5 亿美元的利润。

这位年轻人，就是后来掌控全美制油业的石油大王——洛克菲勒。

看完这个案例，你有哪些体会？

如今，有一些大学毕业生雄心勃勃地想在社会上大干一场，却没有想到领导分配给自己的工作不过是每天沏茶倒水，整理文件。于是他们就开始愤愤不平，觉得领导看不起自己，拿自己当初中生使，或者觉得工作太没意思，就开始敷衍了事，或者干脆跳槽。那么，领导是看不起你的能力吗？试想一下，如果你连小事都做不好，又怎能做好大事呢？要说你的工作乏味，能比当初洛克菲勒检查石油罐盖是否自动焊接完全更枯燥吗？

其实，发现工作中的问题，重要的并不是你能给公司带来多少利润，而是体现了你积极主动的工作态度。一个在工作中能保持主动的人，对工作一定是充满热情的，相比较那些推一下才挪一步的"按钮"型员工，他们自然更容易得到晋升机会。

1）公司的问题

就是你获得发展的机会；

2）客户的问题

就是你赢得销售的机会；

3）自己的问题

就是你超越自我的机会；

4）同事的问题

就是你拓展人脉的机会；

5）老板的问题

就是你受到器重的机会；

6）竞争对手的问题

就是你获得胜利的机会。

 三、问题的内涵

（一）问题的概念

我们可以从不同的角度对问题进行界定。如问题就是矛盾和冲突；问题就是疑难和困境；问题就是佯谬和悖论；问题就是目标和追求之间的差距；问题表现为一种有组织、有目的、颇为紧张的过程；问题有时用于泛指达到某种期望的状态；问题涉及一种不调和、不愉快的情境，这种情境会挑战我们的发明能力，并且没有可以立即令人满意的应对策略；问题是指一件不寻常事件出现时的一种预感；每当我们碰到不进一步做心理上的努力就不能有效地应付的情况时，我们就遇到了问题；每当我们需要组织新的项目或以新的方式运用已知的信息项目以克服困难时，我们就遇到了问题；当一个人想要某种东西而又不知道他通过哪些行动才能得到它时，他就面临着一个问题；问题是指给定的信息和目标状态之间有某些障碍需要加以克服的情境；当人们面临一项任务而又没有直接手段去完成时，就有了问题。

所谓问题，简单地说，就是必须解决的事情，或是会妨碍达成目标的事物，问题是指应有状态或目标与现状（现有水准）的差距，表达式为：问题＝（应有状态或目标）－（现状之水准）。应有状态内容包括计划、指令、标准、法令、想法、战略等。应有的状态与现状一致时，似乎没问题，但如果提升应有状态，将产生新的问题。只要有问题，就证明一定存在差距，一定有比较的过程，一定有相关的结论。

问题伴随着企业发展的全过程，问题出现在企业工作的每一天。没有问题，人们就失去了思考的方向，无法产生任何有价值的思考结果。人脑必须与问题结合，才能实现其思考的价值。问题不仅是成功的向导，还是成功的催化剂，是衡量成功质量的重要指标。解决问题是员工的重要使命。

案例讨论4-5

生产企业面临的变化

除了资源性的产品以外，现在大多数企业的产品其价格趋势是在走低，如电脑、手机价格走低会给企业带来问题。所以生产企业就面临不断降低成本的问题。换言之，控制不了生产成本的生产企业就会倒闭。只有控制好生产成本的企业才能存活下来。比如，鼠标这个产品原来是每个30元，用28元把它生产出来，就有2元的利润，好像没问题了。过了一段时间，售价从30元降到28元，甚至25元，问题就是如何把成本从28元降到25元，甚至更低。产品在变化，人工费用在增长，产品价格反而在下降，这就是生产企业必然要面临的一个问题。第二个问题是很多老一辈的管理者认为现在的员工不愿吃苦，很难教育，试图找到一种简单的办法使年轻的员工对工作投入更多精力。解决此问题的关键不是改变年轻的员工，而是适应他们作为新新人类对自由和尊重的渴望。以前的员工，只要奖惩分明，就可以很好地管理了，而现在的新新人类有很多的想法，如果不改变对他们的管理方法，也会出现很多问题。

有人说："没有问题就是最大的问题。"这种说法正确吗？请举例分析。

（二）问题的特征

1. 宏观方面

1）问题的普遍多样性

具有两层含义：

（1）问题的数量多；

（2）问题的形式和类型的多样性。

2）问题的互联性

从宏观角度看，没有孤立的问题，问题与问题之间借助一定的关系而形成一个有层次、有结构的问题系统，例如，认识问题是什么？我们如何认识？我们认识问题什么？认识达到多远？我们为什么恰好这样认识？我们的认识有多大的确定性？

2. 微观方面

1）情境性

问题是在一定的情境中产生的，问题的发现、分析和解决都与问题的情境相关。

2）三维性

每一个问题都有三个维度：心理学维度、思维学维度和语言学维度。

从问题的发展历程上看，它要经历从心理上感受到问题、从思维上澄清问题和从语言上表达问题三个方面。

（三）问题的功能

1. 激发功能

问题激发我们的动机和兴趣，激发我们的情感与灵感。正因为问题的激发功能，使问题成为灵感的源泉。

2. 定向功能

问题规定了认知和思维的大致方向和范围，规定了思维的形式、方法和视角。

3. 组织功能

以问题为核心，把经验事实、理论观点、研究对象、研究途径与方法等诸多要素组织起来，协调起来。

4. 划界功能

是否探索问题是科学还是封建迷信，是不同学科的划界标准之一，问题是划分科学研究类型、水平和层次的标准。

 四、问题的类型

（一）问题的来源

问题往往是由于内外环境的变化而引起的，其来源有三种情况：

（1）问题绝大部分来自部，且具有高度控制特性；

（2）问题来自内外两部分，若要解决，必须与另外的组织配合；

（3）问题来自外部，几乎无内部因素存在。

（二）问题的分类

对问题进行分类，最常用的方法有两种：依掌握问题差距分类和问题所在层次分类。

1. 依掌握问题差距分类

问题可分为以下三类，如表4－2所示：

表4－2 依掌握问题差距分类

序号	问题	性质	应有状态	现在状态	问题意识
1	救火类问题	看得见的问题	已了解	已了解	并非特别需要
2	发现类问题	需寻找的问题	发现、寻找、思考	和"应在状态"对照，使它清楚	与"现有机会"对应的问题意识
3	预测类问题	新创的问题	做预测、创新	预测"将来状态"	与"未来机会"对应的问题意识

1）救火类问题

这类问题是看得见的、已经发生的问题。如出现不良品，有人受伤等。这是"现在状态"，把它恢复为原来的"应有状态"的问题，这种问题比较明显，不必特别具有"问题意识"也能掌握。

2）发现类问题。

这类问题是需寻找的、需要做到更好的问题。如改善这类问题，成本会更降低，效率会更高。这是因为对现状不满足，问题才浮现出来。换言之，"现在状态"已知道，但对"应有状态"应去追究，或去思考。当然，为发现"应有状态"需具有强烈的"问题意识"。

3）预测类问题。

这类问题是需要创新的，是关于未来应该如何的问题。如3年后的经营应如何；维持现状的话，将来就没有发展。这些是描绘出"将来应有状态"，与该时点的"现在状态"相比，掌握其差距，即将来与现状经由比较才成为问题。

■ 课堂练习

有一个管理人员做错了一件事情，给公司造成了10万元的损失，这个管理人员每个月的工资是4 000元，是否应该每个月从他工资里扣除一定金额，直到扣满10万元为止？

自检：

分析一下自己的工作时间，你是如何处理职责和事务的，看看你对时间是如何控制的？

_____

_____

_____

_____

2. 依问题所在层次分类

1）操作层问题

操作层问题是关于员工分类的问题，是基于对现实差距的认识而产生的，是现状与"通常水平"之间的差距。每个企业都有很多制度和标准，这些制度和标准，员工不会100%去执行，如不良率规定为1%，员工都按照操作标准去做，那么1%是比较稳定的，不会出问题；但如果某一个员工出现操作失误，那么1%就不能维持，可能达到1.5%或2%，这时产生的问题就叫作第一类问题，也就是维持的问题。据统计，第一类问题占生产管理问题的80%左右。

**案例讨论4-6**

操作层问题

2004年，广西有一个水电站发生了一件很大的工业安全事故，是因为三个员工同时违反操作规程，事实上这样的概率是很小的，只要有一个人按标准操作规程做，都不会出问题，而这个水电站的领导当时正在全国各地宣传该水电站如何保持连续十年安全记录的经验，结果三个员工受了重伤，而且企业直接经济损失几千万元，间接经济损失达一亿多元，这就是违反操作规程带来的第一类问题。

2）管理层问题

第二类问题是现状与期待水平之间差距的问题。管理层问题是由于对目标更高的期待而产生的，是为谋求重大突破而产生的。管理层问题是提高标准促进发展的问题，如果员工都按标准操作，就能维持1%的不良率，但是如果对不良率提出0.5%的目标，那么如何将不良率从1%降到0.5%、如何降低成本等问题都属于第二类问题。

3）结构层问题

结构层问题是关于战略和现状与"理想水平"之间的差距的问题。结构层的思考将直接影响管理层的问题认识，对管理层问题的思考将左右着操作层可能发现和改进的内容；另外，解决操作层的问题，将为解决管理层的问题提供重要的基础和参考，在解决管理层问题方面获得的经验，也将为思考结构层问题提供重要的基础和参考。

任务二　科学分析问题

一、学习分析问题的程序

虽然很多时候问题是以"如何……""怎样……"的方式提出来的，但多数时候并不能直接为这样的问题寻找解决方案或做出决策。因为，往往你需要先分析以下问题，之后才能进入方案的制定过程。你需要对以下五个方面中的一个或多个进行分析。

（1）这个问题中间包含了哪些具体问题需要解决（Which）？

（2）针对其中的一些具体问题，你需要了解：产生这个问题的原因是什（Why）？

（3）针对其中的某个具体问题，你要问自己：这个问题的焦点是什么？要解决的究竟是什么（What）？

（4）等到每个问题明确后，你才能问自己：各个问题应该如何解决（How）？

（5）等到方案基本确定了，你还需要分析：这个方案还可能出现什么问题（What if）？

（一）有哪些问题需要解决

运用优先智慧，思考"这个问题中间包含了哪些具体问题需要解决（Which）？"

当面对一个问题的时候，需要准确全面地理解问题，并把问题分解成具体的表现。有时候，还要在众多具体表现中决定其中哪些问题值得优先考虑。以下问题都需要得到相关人的认可。

（1）确定问题范围。

（2）通过调查研究找到并罗列具体的问题、事项和挑战。

（3）确定优先次序，并为各优先事项分配资源。

（4）积极参与，有效沟通，在与别人的沟通讨论中争取共识和承诺。

（二）问题的关键是什么

运用思维智慧，思考"这个问题的焦点是什么？要解决的究竟是什么（What）？"

提出的问题和要解决的问题往往不是一个问题。面对"技术员工流失"，你究竟是要"制止流失"，还是要让"技术员工流失后不要影响生产任务的完成"？寻找解决方案之前，需要先确定，在问题面前，究竟是什么问题让你烦心和需要解决。

（1）搜集具体信息，以便对问题做全方位分析。

（2）在大量信息面前，对问题的发展脉络取得大概的了解。

（3）让利益相关各方着眼于正确的焦点问题。

（4）将问题重新定义为明确的行动要求。

（三）产生问题的原因是什么

运用根源智慧，思考"产生这个问题的原因是什么（Why）？"

学习一种实用的思考偏差性问题的方法，从定义问题、描述问题、分析问题到确定原因的整个过程。提高我们准确定义问题、获取信息、客观地整理和评估与问题相关的信息，以及运用逻辑和建立在以往经验基础上的直觉找出问题根源的能力。然后，在行动之前再经过验证以确认问题的根源。确保我们在花费大量时间和金钱采取纠正行动前，识别出问题的真正原因。

（1）在着手判断问题之前，如何准确界定问题。

（2）如何有针对性地搜集信息而不被信息淹没。

（3）如何根据事实资料探测可能的问题原因，以推知最有可能的原因。

（4）如何对可能的原因进行验证以确保分析正确。

（四）问题应该如何解决

运用方案智慧，思考"各个问题应该如何解决（How）？"

当大问题已经被细化，失常性问题的原因找到了，问题的焦点明确了，便可以开始为问题寻找解决方案。在有了初步方案之后，需要学习如何提高初步方案的质量。在最优方案不明朗的情况下，需要学习如何做出最佳决策。

（1）明确方案的目的。

（2）分析方案的前提和对方案的要求。

（3）根据方案的要求和目的初步评估可选想法。

（4）根据初步评估，有针对性地优化方案。

（5）如何鼓励他人参与分析过程，以确保产生优质方案。

（五）还可能出现什么问题

运用核查思维，思考"这个方案还可能出现什么问题（What if）？"

当方案已经基本上确定后，在实施之前需要再进行一次最后的"验算"。这个方案可能出现什么问题？如何减少出现问题的概率？一旦出现问题，如何应对？同时，还要分析，这个方案可以带来什么额外的好处？如何增加出现额外好处的机会？一旦出现机会如何利用？

（1）分析风险领域。

（2）明确具体的风险。

（3）为可能的风险制定预防方案。

（4）分析方案可能带来的额外机会。

（5）为可能的机会确定倡导性计划。

二、掌握分析问题的主要方法

分析问题是解决问题的重要内容。分析问题的方法很多，有 QC－7 工具、VA 手法、PM 手法等，学会并掌握这些分析问题的方法至关重要。

（一）2P5M＋W 法

1. 2P5M＋W 法概要

所谓 PM 手法，是指要在 TPM（全员生产维修）活动中逐步形成的一种最常见的分析问题的方法。它强调分析问题时要从现象入手，并遵循现场、现物、现实的三现原则，研究问题发生的根本原因。2P5M＋W 的内涵如图 4－1 所示。

$$
\left.
\begin{array}{l}
\text{P：Phenomenon（现象）}\\
\text{P：Physical（物理）}
\end{array}
\right\}=2P
$$

$$
\left.
\begin{array}{l}
\text{M：Mechanism（机制或机理）}\\
\text{M：Man（人）}\\
\text{M：Machine（机器设备）}\\
\text{M：Material（材料或零部件）}\\
\text{M：Method（工作方法）}
\end{array}
\right\}=5M
$$

$$
\left.
\begin{array}{l}
\text{W：Why（为什么）}
\end{array}
\right\}=W
$$

图 4－1　2P5M＋W 的内涵

2P5M＋W 法主要是指通过对所产生的现象（问题）进行物理（实事求是）的分析或解析，研究问题发生的机理（为什么），找出问题的发生与人、设备、材料、方法之间的相关关系及问题发生的真正原因。

在追求真正原因的过程中，只有多问一些为什么，才能有效把握问题发生的机理。

2. 2P5M＋W 法的内涵

1）2P 内涵

（1）Phenomenon（现象），即现象的明确化。

现象就是指问题的表象，或者说是所发生问题的最直观的客观存在。生产线停了、产品发生不良状况、设备坏了、库存太多、损耗或浪费居高不下、生产周期过长等，这些都是我们在管理中常常碰到的现象。

所谓现象的明确化，就是要正确认识所发生的现象，在对现象产生的方式、状态、发生的位置，生产不同品种时的情况是否有别等进行有效把握的前提下进行下一步的工作。不致被表面的现象所迷惑，通常说的要透过现象看本质就是这个意思。

（2）Physical（物理），现象的物理解析。如上所述，分析问题要秉承现场、现物、现实的原则。现象的物理解析就是用物理的方法对现象本身进行解析，把握问题的实质。应该说，任何一个现象都可以用原理、原则来进行说明。比如，一个零件在加工过程中表面出现划伤（有划痕），划伤便是出现在我们面前的现象。从物理的角度考虑，划伤肯定是这个表面和另一个物体有过接触或碰撞而产生的，而且可以断定这个物体的硬度比零件表面更硬。因此，我们可以通过对加工过程进行观察或分析，确认引起划伤的物体，也许这个物体就是某个常用的金属工具。这样做的好处是，避免简单地想当然是什么造成划伤。

2）5M 的内涵

（1）研究现象存在的条件。

研究现象存在的条件要从机理（Mechanism）或原理原则的基点出发。就是说，我们在解决问题的时候，必须从物理的（有时可能是化学的）角度认识问题，分析问题发生的机理，找出与现象相关的所有条件。

（2）研究现象与人、机器、材料、方法之间的关系。所有的加工或工作过程涉及许多因素，但这些因素不外乎是人、机器、材料、方法（4M）几个方面。只要找出现象与 4M 之间互为存在的条件，解决问题也就简单得多了。

①M：Man（人）。研究问题的产生和人员变化（变动、情绪、熟练度）之间的关系。如果问题恰恰发生在作业人员变动的时候，我们就要认真研究变动前后人员的差异，如作业熟练度不同或者其他方面的差异，这些差异也许就和问题的产生有着必然的因果关系。

②M：Machine（机器设备）。具体研究问题的产生是否与设备的变化（老化、变形及其他性能方面的失真等）有关。

③M：Material（材料或零部件）。购入材料的批量不同、供货商不同等都可能引起材料的有关性能发生微妙的变化，而这些变化就可能是问题发生的原因。

④M：Method（工作方法）。研究问题的产生和工作方法之间的因果关系。过程决定结果，结果的改变（不良问题的产生等）可能是正确的方法没有得到有效的坚持。

3）W：Why（为什么）

找出问题发生的真正原因。在分析问题的整个过程中，要多问几个为什么。只有不断地去深究问题与 4M 变动之间的因果关系，才能找到问题发生的真正原因。

2P5M＋W 法不仅是一种行之有效的改善问题的方法，它还是一种很好的方法论和分析问题的方法，我们有必要始终坚持。

（二）SWOT 分析法

1. SWOT 分析法概述

SWOT 分析法（自我诊断法）是一种能够客观而准确地分析和研究一个单位现实情况的方法。利用这种方法可以从中找出对自己有利的、值得发扬的因素，以及对自己不利的、如何去避免的东西，发现存在的问题，找出解决问题的办法，明确以后的发展方向。根据这个分析，可以将问题按轻重缓急分类，明确哪些是目前急需解决的问题，哪些是可以稍微拖后一点的事情，哪些属于战略上的障碍，哪些属于战术上的问题。它很有针对性，有利于领导者和管理者在单位的发展上做出正确的决策和规划。

SWOT 分析是把企业内外环境所形成的机会（Opportunity）、威胁（Threats）、优势

（Strengths）、劣势（Weaknesses）四个方面的情况结合起来进行分析，以寻找制定适合项目实际情况的经营战略和策略的方法。

2. SWOT 分析模型

作为一种战略分析方法，SWOT 分析法还可分为四种战略：SO 战略、WO 战略、ST 战略、WT 战略。

内部能力：优势（了解项目的优势）、劣势（了解项目的劣势）。

外部环境：机会（掌握外部环境的机会因素）、威胁（掌握外部环境的威胁因素）。

1）SO 战略

依靠内部优势，利用外部机会。

2）WO 战略

克服内部劣势，利用外部优势。

3）ST 战略

依靠内部优势，回避外部威胁。

4）WT 战略

克服内部劣势，回避外部威胁。

3. SWOT 分析法在个人分析中的运用

SWOT 分析法不仅对企业的战略规划具有积极的指导作用，而且对个体进行自我分析同样具有指导意义。通过这种方法，个体能够客观地进行自我认知，明确自己的发展向，从而为自己的学习、工作和生活作出最佳的决策。

1）SWOT 分析法应遵循的步骤

（1）评估自己的优点和缺点。

（2）找出自己的机会和威胁。

（3）未来发展规划。

2）个体案例分析

运用 SWOT 分析法进行个人分析

1. 背景资料

×××，男，中共党员，1984 年出生，2003 年 9 月考入台州学院学习汉语言文学专业，2007 年 7 月毕业，2007 年 9 月考入西南大学新闻传媒学院，专业方向是新媒体传播，导师涂涛，现读研一。

2. 内、外部环境分析

1）S：优势

（1）开朗乐观，志向高远，生活态度积极，善于发现事物的积极面；

（2）诚实稳重，为人正直，待人诚恳，喜欢与人交往；

（3）有强烈的责任心、较强的社会适应能力、一定的组织能力；

（4）心思细腻，思考问题细致、缜密；

（5）学习认真踏实，具备一定的文学素养；

（6）喜欢思考问题，有一定的分析能力，并喜欢寻根究底；

（7）富有逻辑性和条理性，有一定的书面表达能力；

（8）勇于创新、敢于尝试，喜欢接触新鲜事物。

2）W：劣势

（1）社会经验不足，知识范围过窄，缺少理性思维能力；

（2）语言表达能力不强，不善于在公众场合演讲，口语表达过于啰唆；

（3）思维方式比较程式化，不够灵活和变通；

（4）自视过高，我行我素，有时候比较固执，不喜欢采纳别人的意见；

（5）性情柔弱，有时候想问题、做事情过于瞻前顾后，优柔寡断，以致坐失良机。

3. 外部环境分析

1）O：机遇

当今社会是一个信息爆炸的时代，媒体在社会中的作用更显重要。传播学是国内新兴学科，涉及面广，理论性和实践操作性兼备，发展空间很大，既有影视媒体又有网络媒体，紧跟现代传播技术的发展，从信息角度把握传播的发展趋势，既有深度又有广度，社会对这方面人才需求量大，专业发展前景光明。

西南大学新闻传媒学院给学生提供了良好的学习环境和很好的软硬件条件，学生可以在导师的指导下参与一些科研项目，学以致用，也可以积累更多的实践经验，同时有很多的机会与行业高层人士接触、交流、学习，提高自身素质，有考博或就业的双重选择。

周围有很多优秀的同学，为自己的学习和课题研究提供了丰富的可利用资源，并且有构建良好人际关系的条件。

硕士研究生在中国是高学历、高层次的专业人才，专业知识扎实和深厚，每年毕业的研究生数量远远少于本科生，比本科生具有更多的机会和更大的竞争优势。

2）T：威胁

目前，我国就业形势严峻，各用人单位对人才素质提出了更高的要求，越来越多的用人单位更加看重工作经验而非学历。

研究生数量剧增，优秀的人才很多，机会却不均等，这时比拼的就不单单是知识，更是对个人发现机会、展示自己并把握机会能力的考验。

4. 未来选择

运用 SWOT 法进行个人分析以后，笔者对自身有了比较清醒的认识，进一步明确了未来发展的方向，笔者计划在三年研究生期间，利用较强的学习能力，认真学习传播学专业知识和广告学知识，不断提高英语水平和计算机能力，拓展知识面，以培养广阔的视野和创新能力，同时利用课余时间参加社会实践锻炼，以积累工作经验，毕业后将从事与专业相关的职业，如传媒业、广告业等。

运用 SWOT 分析法进行个人分析是非常有帮助的，个体在使用 SWOT 分析时，应该确保所分析成分的准确性和新颖性。由于发展层次与水平各异，专业各不相同，加上形势、政策的变化，在进行 SWOT 分析时就必须根据情况的变化，具体问题具体分析，调整和完善方案。

（三）SMART 分析法

目标管理是使主管的工作变被动为主动的一个很好的手段，实施目标管理不但有利于员工更加明确高效地工作，而且可以为未来的绩效考核制定目标和考核标准，使考核更加科学化、规范化，更能保证考核的公开、公平与公正。制定目标看似是一件简单的事情，每个人都有过制定目标的经历，但是如果上升到技术层面，主管必须学习并掌握 SMART 原则。

SMART 分析法是指在制定目标的时候所应该遵循的五项原则。由于问题与目标密切相关，目标制定是否科学，直接会影响到问题的解决方案。因此，SMART 分析法也是重要的问题分析的方法。

1. S：具体（Specific）

指绩效考核要切中特定的工作指标，不能笼统。

2. M：可度量（Measurable）

指绩效指标是数量化或者行为化的，验证这些绩效指标的数据或者信息是可以获得的。

3. A：可实现（Attainable）

指绩效指标在付出努力的情况下可以实现，避免设立过高或过低的目标。

4. R：现实性（Realistic）

指绩效指标是实实在在的，可以证明和观察。

5. T：有时限（Timebound）

指注重完成绩效指标的特定期限。

在制定工作目标或者任务目标时，应当考虑该目标与计划是否符合 SMART 原则，只有符合 SMART 原则的计划才具有良好的可操作性，也才能指导并保证计划得以实现。

（四）丰田五问法

1. 丰田五问法的概念

丰田五问法，即五问"为什么"（5Whys），这是一种提出问题的方法，用于探究造成特定问题的因果关系。五问法旨在确定造成特定缺陷或问题的根本原因。五问法最初由丰田公司提出并在丰田公司广泛采用，因此也称为"丰田五问法"。

2. 丰田五问法的关键问题

鼓励解决问题的人要努力避开主观或自负的假设和逻辑陷阱，从结果着手，沿着因果关系链条，顺藤摸瓜，穿越不同的抽象层面，直至找到原有问题的根本原因。

 案例讨论4-7

设备停机

为什么停机了？机器过载，保险烧了。

为什么会过载？轴承润滑不够。

为什么润滑不够？机油泵没抽上足够的油。

为什么油泵抽油不够？泵体轴磨损。

为什么泵体轴磨损？金属屑被吸入泵中。

为什么金属屑被吸入泵中？吸油泵没有过滤器。

因此，解决办法是安装过滤器。

该案例对你有哪些启发？

（五）任务分解法（WBS）

1. 任务分解法（WBS）的概念

工作分解结构（Work Breakdown Structure，WBS）跟因数分解是一个原理，就是把一个项目按一定的原则分解，项目分解成任务，任务再分解成一项项工作，再把一项项工作分配到每个人的日常活动中，直到分解不下去为止。即项目→任务→工作→日常活动。

WBS 总是处于计划过程的中心，也是制订进度计划、资源需求、成本预算、风险管理计划和采购计划等的重要基础。WBS 也是分析问题的重要工具，如图 4-2 所示。

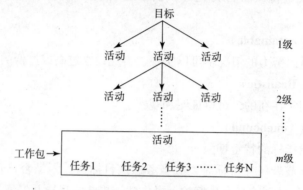

图 4-2　工作分解结构

2. 创建 WBS 的基本要求

创建 WBS 时需要满足以下几点基本要求：

（1）某项任务应该在 WBS 中的一个地方且只应该在 WBS 中的一个地方出现。

（2）WBS 中某项任务的内容是其下所有 WBS 项的总和。

（3）一个 WBS 项只能由一个人责任，即使需要许多人的合作，也只能由一个人负责，其他人只能是参与者。

（4）WBS 必须与实际工作中的执行方式一致。

（5）应让项目团队成员积极参与创建 WBS，以确保 WBS 的一致性。

（6）每个 WBS 项都必须文档化，以确保准确理解已包括和未包括的工作范围。

（7）WBS 必须根据范围说明书正常地维护项目工作内容，同时也能适应无法避免的变更。

3. 检验 WBS 的标准

检验 WBS 是否定义完全、项目的所有任务是否都被完全分解，可以参考以下标准：

（1）每个任务的状态和完成情况是可以量化的。

（2）明确定义了每个任务的开始和结束。

（3）每个任务都有一个可交付的成果。

（4）工期易于估算且在可接受期限内。

（5）容易估算成本。

（6）各项任务是独立的。

（六）OGSM 计划法

1. OGSM 计划法概述

（1）O（Objectives），代表目的，指想要达到的目的。

（2）G（Goal），代表具体细化的目标。

（3）S（Stategy），表示行动策略。

（4）M（Measurement），表示衡量指标。

OGSM 可用于策划促销活动、各种活动方案等比较具体的可操作性的工作。

2. 制定 OGSM 的要点

（1）你的基本目的是保证上级的目标实现，当然还可以有自己认为重要的目标。

（2）你的 G 应是你 O 的更细化、更精确化的描述，目标是可以轻松考量的，G 和 O 之间应有必要性和必定性的关系。

（3）制定 S 时，我们往往会把有利于 G 实现的举措一五一十地搬出来，这是不对的。因为你的资源是有限的，你无法把有用的举措一一实现，你必须找到帮助你达成 G 的最有利的举措。

（4）在 S 和 G 之间，同样应具备必然性和必要性的关系。

（5）最后问问自己，这样做一定可以实现目的吗？可行吗？

（6）Measurement 就是什么人在什么时间达成了什么结果。M 的目的在于通过定期考量，及时检讨和调整。

（七）鱼骨图分析法（5M 因素分析法）

1. 鱼骨图分析法的概念

由于问题的特性总是受到一些因素的影响，所以，我们通过头脑风暴法找出这些因素，并将它们与特性联系在一起，按相互关联性进行整理，可形成层次分明、条理清楚，并能标出重要因素的图形。因这种图形形状如鱼骨，又叫鱼骨图。鱼骨图是由日本管理大师石川馨先生发展出来的，故又名石川图。它是一种透过现象看本质的分析方法，是一种发现问题根本原因的方法，如图 4 - 3 所示。

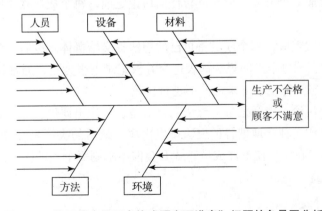

图 4 - 3 关于"产品不合格或顾客不满意"问题的鱼骨图分析

2. 鱼骨图 5M 因素

鱼骨图法多与 5M 因素分析法结合使用。5M 因素包括人、机、料、法、环 5 个方面。

（1）"人"指的是造成问题产生的人为因素有哪些。

（2）"机"通俗一点讲就是指战斗的武器，通指软件、硬件对于事件的影响。

（3）"料"就如武器所用的子弹，指基础的准备以及物料。

（4）"法"指与事件相关的方式与方法是否正确有效。

（5）"环"指的是内外部环境因素的影响。

5个方面就像鱼的"主刺"一样，每个主刺上还有很多的小刺，这些小刺就是与主刺相关的问题。

（八）头脑风暴法

1. 头脑风暴法的概念

头脑风暴法（Brain Storming）是为克服群体压力抑制不同见解而设计的、鼓励创造性思维的常见方法。鼓励提出任何种类的方案设计思想，同时禁止对各种方案的批评。头脑风暴法仅是一个思想产生的过程。

2. 头脑风暴法的具体做法

6~12人环桌而坐，主持人阐明问题，并保证每个人都完全了解该问题。然后每个人各抒己见，充分发挥想象力，互相启发，发表自己想到的各种可能的选择方案。不允许任何批评，并且所有方案都当场记录下来，留待稍后再讨论和分析。

3. 运用头脑风暴法应坚持的两条原则

（1）迟延评判。

（2）量变酝酿质变。

（九）名义群体法

1. 名义群体法的概念

名义群体在决策制定过程中限制讨论，故称为名义群体法（Nominal Group Technique）。像参加传统会议一样，群体成员必须出席，但他们是独立思考的。

2. 名义群体法遵循的步骤

（1）成员集合成一个群体，但在进行任何讨论之前，每个成员独立地写下他对问题的看法。

（2）经过一段沉默后，每个成员将自己的想法提交给群体。然后一个接一个地向大家说明自己的想法，直到每个人的想法都表达完并被记录下来为止，通常记在一张活动挂图或黑板上。所有的想法都记录下来之前不进行讨论。

（3）群体开始讨论，以便把每个想法阐释清楚，并作出评价。

（4）每位群体成员独立地把各种想法排出次序，最后的决策是综合排序最高的想法。这种方法的主要优点在于，使群体成员正式开会但不限制每个人的独立思考，而传统的会议方式往往做不到这一点。

（十）德尔菲法

1. 德尔菲法的概念

德尔菲法（Delphi Technique）是一种更复杂、更耗时的方法，除了并不需要群体成员列席外，它类似于名义群体法。

2. 德尔菲法遵循的步骤

（1）确定问题。通过一系列仔细设计的问卷，要求成员提供可能的解决方案。

（2）每一个成员匿名地、独立地完成第一组问卷。

（3）第一组问卷的结果集中在一起编辑、誊写和复制。

（4）每个成员收到一本问卷结果的复制件。

（5）看过结果后，再次请成员提出他们的方案。第一轮的结果常常能激发出新的方案或改变某些人的原有观点。

（6）重复（4）（5）两步，直到取得一致的意见。

任务三 有效解决问题

一、解决问题的思路要正确

（一）解决问题的一个前提——封闭系统

1. 确定问题涉及的范围

把系统封闭起来，从中确定影响问题发生的各种因素。把那些没有影响或者可以忽视的因素排除掉，分析的时候就容易多了。实际上，任何系统都是不能封闭的，但是，为了观察和分析问题，我们必须这样做，这是采用系统模式管理，抓住主要的问题，或者说问题的主要矛盾。

2. 确定和固定影响问题的因素

系统范围清楚后，必须把影响问题的可能因素确定和固定下来。查明原因首先要解决稳定问题，如果这些因素不稳定，则没有办法解决问题。"解决"了也是骗人的。譬如，产品质量和材料质量有密切关系，那么，材料质量一定要稳定。要不然，解决了，又变了。问题必然会重复发生的。甚至还会发生新的问题。这是采用过程管理模式，抓住问题的主要方面，或者矛盾的主要方面。

（二）解决问题的四原则

1. 具体问题具体分析、具体解决

世事千变万化，无公式可套用。遇到问题，只能具体问题具体分析、具体解决。靠一般号召是解决不了的。管理者常犯的毛病是，只查到了一些表面原因，就采取措施。这种做法，没从本质上发现和解决问题，老问题会一再发生。

2. 根据事实做决定

所谓根据事实，就是确定问题要根据事实，不要凭直觉。事实反映过程的声音，用事实说话，告诉你问题出在哪里。然后，根据事实判定原因类型，不同原因的处理方式是不同的。如果过程出现了特殊原因，没有及时发现、处理，那是对过程控制不足的表现。于是，只能靠检验把关，造成资源大量浪费，还有错检和漏检的可能；反之，如果过程没有特殊原因，只有普通原因，如果管理者下命令要下属查出原因，那就犯了过度调整或过度干涉的错误。因此，根据事实做决定的目的是要利用以往数据来发现事物发展的客观规律。再运用这些规律做决定，避免问题发生或者不再发生。

3. 实施 PDCA 循环

PDCA 就是策划、执行、检查和采取措施。它有两种方法：一种是预防性的；另一种是纠正性的。如果解决已经发生的问题，应当是纠正性的 PDCA，从检查 C 开始，实质上是 CAPD。

PDCA 循环示意图如图 4 - 4 所示。

图 4 - 4　PDCA 循环图

4. 廉正快乐原则

1）廉正原则

（1）"廉"指"成本"，通过不断发现和解决问题，使成本降低。这个问题也涉及理财技巧，一个企业应该注重资金如何更好地运用，做每项决策之前都要充分计划。

（2）"正"指"正确"，决策的正确性关系到企业的生死存亡，事前计划不仅包括对资金的筹划，还包括对所计划的决策风险进行评估，确定不去做错误的事情。

2）快乐原则

（1）"快"指"速度"，速度问题在生产管理中是非常值得重视的。事实上，只要善于思考，寻找提高效率的技巧，速度是可以提升的。

（2）"乐"指"轻松"，指要保证员工心情舒畅、轻松愉快地工作，不要让员工过于辛苦，否则，就容易出现质量问题甚至安全问题。

（三）解决问题的五步骤

1. 发现和界定问题

这是解决问题的第一步，发现不了问题，也就更谈不上问题的解决，进步和改善也就无从说起。问题往往并不是明显地摆在那里，而是需要你去发现和界定。当我们觉得哪里不对劲，哪里完成得不够好，哪里可以做得更有效果时，就需要思考问题出在哪里，找到主要的症结所在，然后用清晰的语言把它描述出来，切忌停留在表面，不做深入思考。

例如，"我的人际关系不广，大家都不认识和不了解我"，这样的描述就比较空泛，会让你感到无从下手解决问题，而在你经过分析和思考后，认为"我参加社会活动太少，所以认识和了解我的人不多"，这样，对问题就有了比较具体的界定，解决的方向也就比较清晰了。

2. 提出备选方案

在对问题做出了比较明确的界定后，我们就要着手考虑如何去解决问题。人们常说"条条大路通罗马"，解决问题的方案往往不只是一个，可以有很多个。每个方案都不可能十全十美，总是兼有优点和缺点，需要我们去评估和权衡哪个方案优点多些，更适合问题的解决。在此我们一定要克服自己惯性思维和思维定式的局限，也就是说，我们经常会使用自己已经习惯的方法、用觉得保险的方法去解决问题，其实这样会妨碍我们学习和尝试其他更有效的方法，更是我们进行创新的拦路石。所以，在发现和界定问题之后，先不要急于凭习惯和冲动行动，不妨打开思路，进行一点头脑风暴，也可以请家人、老师、同学和朋友一起来帮你想一想，是不是还有什么其他的解决方案，把它们都列出来，作为解决问题的备选方案。

3. 选择解决方案

备选方案都列出来之后，就需要进行选择了。选择的方法应因时、因地、因事、因人而异，不过一个共同的前提就是要好好评估这些备选方案的各种可能的优缺点，尽量想得全面一些，有利于自己作出最合适的选择。有时候可能在评估之后仍然觉得有几个方案都很好，难以做出选择，这时候不妨选择其中一个，其他的可以作为后备方案。千万不要因为难以选择而迟迟不做决定，这样的结果会更糟糕。因为所有工作都是为了解决问题，不确定解决方案，你前面的所有心血都等于白费。何况有不少问题的解决是有时限的，不允许拖延。

4. 制订行动计划

有了解决方案，接下来就要制订具体的行动计划。在制订行动计划的时候，特别需要考虑的是计划的可行性。

5. 执行和评估

这是解决问题的最后一步，也是最为关键的一步，只有执行了行动计划，才可能真正解决问题。不管事先所作的思考多么深入，制订的方案和计划多么全面，仍然不会是十全十美的，总会在实施中碰到这样那样的没有预想到的困难。所以我们不但要执行，还要边执行边评估，根据评估结果及时修订计划，然后继续执行，这样，问题将会解决得更加顺利。

以上给出了解决问题的五个步骤，实际上问题的解决并不是这五个步骤的机械衔接，而是不断重复和循环的过程。我们需要在实践中逐渐学会熟练地运用这五个步骤，培养解决问题的能力，不断地攻克职业生涯发展中的一个又一个"城堡"。

（四）解决问题的误区

很多人平时解决问题都是凭直觉，事实上，解决问题存在如下误区：

1. 解决问题的"一时式"方法

"一时式"，就是没有从根源上解决问题，问题解决之后还会不断发生。

2. 解决问题的"一事式"方法

"一事式",就是把此事情解决了,但是与之相关的问题还没有解决,因此只解决了某一方面的问题,问题仍然会不断发生。

3. 解决问题的"脉冲式"方法

"脉冲式",就是问题解决了又出现,再解决、再出现,如波浪一般层出不穷。

 ## 二、解决问题的方法要科学

（一）解决问题的七步法

以下用七步法解决某公司一级委员会委员人数太多、领导花在开会上的时间太多、造成决策速度太慢的问题。

1. 定义问题

1) 目标

明确问题和解决问题后要达到的目标,缩短决策过程,提高工作效率。

2) 需要回答的问题

(1) 问题是什么?（每月固定参加会议太多）

(2) 改进后达到什么目标?（提高战略和运作效率。领导所花的时间减少1/3,只限公司级领导和委员会工作范围）

(3) 为什么要改进?（没有时间访问顾客,到基层去看看）

(4) 改进后对顾客有什么影响?

(5) 用什么方法判定问题已经解决、目的已经达到?（领导所花的时间减少1/3）

(6) 解决问题的计划是什么?（即编制一份专题项目计划,包括以上所有内容）

2. 测定现状

1) 目标

搜集以往的和当前的数据,进一步明确改进方向。搜集数据所用的测量方法必须可靠,并且数据搜集的范围和方法必须前后连贯一致,以便对比分析。

2) 需要回答的问题

(1) 过去情况怎么样?（搜集当前和以往的数据,进一步明确改进方向）

(2) 问题能用流程图或其他图形表示吗?（对公司一级委员会的决策过程画了一些流程图,发现委员会数量太多、决策流程太复杂、老问题反复提出）

(3) 问题发生时与过去相比有哪些不同的地方?（统计过去6个月的数据,发现总经理一人31周有190小时用于开会）

(4) 问题发生在什么时间、地点?在生产类似的产品过程中为什么没有发生这样的问题?（利用分层法分析各种层次、类型的数据）（6个月数据说明,其中涉及财务问题的占去主要的时间）

3. 分析原因

1) 目标

根据数据分析确定体系的根本原因,作为提出解决方案的基础。

2）需要回答的问题

（1）此问题可能是哪些原因引起的？（原因是各个委员会机构的职能叠加）

（2）这些原因能否用数据证实？（有数据可以证实）

（3）这些原因是普通原因还是特殊原因？（是系统的普通原因）

（4）原因是什么？我们是否找到了体系的根本原因？

（5）如果把这些原因解决了，本问题是否不再发生？（提出合并委员会机构，解决深层次即体系的问题。同时提出修改后试行的不同的决策程序）

4. 提出方案

1）目标

制定并实施解决体系原因的方案。

2）需要回答的问题

（1）这个办法是否解决了深层次即体系的原因？（提出合并委员会机构，解决深层次即体系的原因）

（2）提出的方法是否是经过几种方案对比后选定的？为什么要改进？（提出的方法是经过几种方案对比后选定的）

（3）这些方法如何通过小规模试验、测量并搜集必要的数据，验证这种方法的有效性？（通过小规模试验，选择几种程序试行，并且做了记录。执行 PDCA，运行一个阶段，分析优缺点。测量并收集必要的数据，验证这种方法的有效性）

（4）如何实施这个方案的计划？此方案是否可行？（在决定方法的时候，考虑对其他方面的影响。先试运行，再评审）

5. 衡量结果

1）目标

评估改进方案的实施结果。测量方法必须与搜集的数据阶段一致，不然没有可比性。如果有问题，就要返回第一步，重新进入七步方法。

2）需要回答的问题

（1）改进计划执行得如何？

（2）是否达到了预期的结果？（领导开会时间减少了1/3，达到了预期的结果）

（3）顾客是否满意了？

（4）小规模试验的结果有没有全面推广的价值？

6. 形成标准

1）目标

把取得的成功经验固定下来。一般对过程的改进要修改程序文件，对产品改进要修改产品规范。

2）需要回答的问题

（1）是否把值得推广的工艺过程、产品标准化了？（用新方法工作了两个月，形成了标准）

（2）如何推广成功的标准？

（3）如何对新标准的推行进行控制，确保不退回到老路上去？（以后每个季度再检查，确保不退步）

（4）推行新标准会给其他方面带来什么不良的影响？（推行新标准没有给其他方面带来不良的影响）

7. 计划未来

1）目标

从这次经验预测未来。

2）需要回答的问题

（1）本专题项目是否还有值得进一步改进的地方？（经过研究，认为本专题还有值得改进的地方）

（2）对解决这些问题有什么建议？必要时，建议成立新的专题项目，从第一步起执行。（决定继续搜集数据，用同样的方法解决委员会中还存在的其他问题）

（3）如何编写总结报告？

（4）有什么经验和教训值得总结并同他人交流？以类比方法解决问题。（让过去的经验与教训有效地指导现在的工作）

（二）合理化 ECRS 法

合理化 ECRS 原则包括以下几个方面：剔除（Eliminate）、合并（Combine）、重排（Rearrange）、简化（Simplify）。

1. 剔除（Eliminate）

（1）剔除以手作为持物工具的工作。

（2）剔除不方便或不正常的动作。

（3）剔除必须使用肌力才能维持的姿势。

（4）剔除必须使用肌力的工作，以动力工具取代之。

（5）剔除危险的工作。

（6）剔除所有不必要的闲置时间和人员。

案例讨论4-8

一家企业财务部经理抱怨：本部门员工加班，而老总既不给加班费也不添人手。原因在于该财务经理每个月给老总做六份详细的报表，但是老总从未过目，一方面因为这些报表过于琐烦；另一方面因为老总不是很精通财务。专家建议该财务部经理精简机构，减少并简化报表，避免不必要的人力和时间浪费，把问题简单化。

你是怎样认识该案例的？

2. 合并（Combine）

（1）合并各种工具，使其具有多种用途。

（2）合并可能的作业。

（3）合并可能同时进行的动作。

案例讨论4-9

某企业的设备出了问题，设备部门与生产部门相互扯皮，推卸责任，把两个部门合并后问题解决了。同样，品管部门和生产部门在质量问题上也会扯皮，把二者合并起来，也解决了一些问题。当然，在合并之前，需要分析在什么情况下合并更好一点，什么时候分开更好一点。比如，有三个设备修理人员，原来隶属于设备部，管理三条生产线，设备坏了才来修，平时就闲着。现在把他们分到生产部去，第一个设备人员负责第一条线，第二个负责第二条线，第三个负责第三条线。这样，平时他们就在现场走动，与操作人员一起来保养维护设备，凡是该组设备出了问题，唯他是问，当然，如果某一台设备出了故障，三个人还是可以合力修理，但是平时每个人有每个人的任务。这样做的好处是，设备人员平时经常帮生产人员建立设备维修保养的意识。

该案例给了你什么启示？

3. 重排（Rearrange）

（1）使工作平均分配给两只手，两只手的同时动作最好呈对称性。

（2）小组作业时，应把工作平均分配给各成员。把工作安排成清晰的直线顺序。

4. 简化（Simplify）

（1）使用最低级次的肌肉工作。

（2）减少视觉动作并降低必须注视的次数。

（3）保持在正常动作范围内工作。

（4）缩短动作距离。

（5）使手柄、操作杆、足踏板、按钮均在手足可及之处。

（三）以侧面方法解决问题

思考问题时，不从正面角度，而是通过出人意料的侧面来思考和解决问题。从侧面找关联，从侧面突出关键点，从侧面找价值，以达到更理想的效果。培养侧面思维能力，关键在于两点：

（1）养成迂回思考的习惯。

（2）把握强弱的辩证。

（四）以系统方法解决问题

20 世纪思维科学三大论包括：系统论、控制论、信息论。以系统方法解决问题，是在考虑解决某一问题时，不是把它当作一个孤立的、分割的问题来处理，而是当作一个有机关联的系统来处理。

1. 系统方法的内容

系统方法主要包括：系统的整体性、系统的有机联系性、系统的层次性、系统的环境性、系统的动态发展性。

2. 要掌握和运用好系统方法，重点应注意的问题

（1）把点对点的关系变为系统关系。

（2）学会"1+1>2"（系统的整体性与有机联系性）。

（3）巧妙制造"自解决系统"。

（五）以加减方法解决问题

有人说："宇宙间的一切道理，都是一加一减，非常简单。"加减法是一种将事物要素数量进行增加和减少的思维方法。

（1）善用加法。

（2）善用减法。

（3）善用加减联用法。

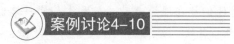
案例讨论4-10

两个报童的故事

某个地区有两个报童，卖同一份报纸。报童甲很勤奋，每天沿街叫卖，嗓门也亮，可是每天卖出的报纸并不很多，而且还有减少的趋势。报童乙也很勤奋，也沿街叫卖，但比报童甲多做了一件事，就是每天坚持去一个固定场所，先把报纸送给大家看，过后再收钱。他和这些人的关系越来越好，卖出去的报纸也越来越多，虽然偶尔有几个白看报纸的，但收入还是大于损耗。结果报童甲卖出的报纸越来越少，无法与乙竞争，只好另谋生计。报童乙是在做加法，先看报，后付钱，让潜在的顾客流向自己，让你无法拒绝他的好意。

看了该故事，你有哪些感想？

（六）以 W 型方法解决问题

能进，也能退，这才是一种完整的智慧；必要地退，恰恰是为了更好地进。"W 型思维法"是一种"以退为进"的方法。它往往需要你勇于接受对方不合理的条件，但有意思的是，当接受条件之后，你分析一下就会发现，这一条件本身就潜藏着战胜对手的最好方法。

"W 的架构，最形象地说明了这种思维的特点：最中间的那一点，可以看成历尽艰辛之后达到的新起点，或者是通过努力可达到的局部成功，但是最右边的那一顶点，可以看成历尽艰辛之后达到的新起点，或者说是通过努力可达到的局部成功，但是要到最右边的那一顶点，它不可能平坦地移过去。恰恰相反，还需要你重新跌入谷底，再曲线上升。

（1）先把"对的"让给对方。

（2）再难也要退，另寻觅对策。

（3）敢于舍弃，敢于吃亏。

（七）以更简单的方式解决问题

将问题简单化，是智慧的体现。

人简单不了，往往是受限于追求繁杂的思维定式。凡事应该探究有没有更简单的办法，多不一定好，合适才好；砍削与本质无关的信息，善于抓住根本，并用最简略的形式对问题进行表述；反问立论前提，就不会作茧自缚。有时候问题繁杂，往往是由于立论前提有问题。

（八）将问题巧妙转换

1. 问题转换的公式

A 问题实际上就是 B 问题；A 关系实际上就是 B 关系；要解决 A 问题，就是要先解决 B 问题。

2. 问题转换的内容

将问题转换，主要包括以下几点：

1）问题主体的转换

将本来是这个人的问题，转换为另外一个人的问题。

2）问题类型的转换

将本来为这一类型的问题，转换为另一类型的问题。

3）问题层次的转换

将这一层次的问题，转移为上一层次或下一层次的问题。

4）问题情景的转换

将 A 情景中无法解决的问题转换到 B 情景中去。

5）问题对象的转换

把自己的问题转换成别人的问题。

6）问题焦点的转换

将原来关注的焦点，转换为原来不关注的另一焦点。

7）问题方向的转化

即本来是这个方向的问题，转换为另一方向甚至完全相反的方向。

三、有效解决问题的主要障碍

在解决问题的过程中，总有一些因素会阻碍问题的有效解决。这些障碍中有一些是人性使然，有一些则与解决问题本身有关。

（一）由人的因素引发的一些障碍

有些问题解决过程中的错误是深深植根于人类的本性之中的。

1. 过分自信

过分自信会降低我们解决问题的质量。过分自信指我们自认为知道其实并不知道某些事情，因为我们自认为知道这些事情，所以我们从不质疑或研究它们。而当这些我们知道的事情中的任何一件作为一个重要部分出现在问题解决的过程中时，我们很可能就无法做出最佳决策。

2. 认知性偏见

1）使用试探性判断的情况

做决策的时候或在搜集和整理信息的过程当中，我们经常利用无意识的捷径，我们把它称为试探性判断。我们会在下列情况中使用试探性判断：

（1）我们不具备足够的解决问题所需要的信息。

（2）情况非常复杂、非常不确定。

（3）在特定时间内我们必须拿出解决方案。

人类之所以会试探性地判断，是因为这种方法似乎行得通，起码在大部分时间内是这样。

认知性偏见就是错误运用试探性判断的一个具体例子。

2）会影响问题解决的常见偏见

（1）存在性偏见。我们以事物的可回忆性和生动程度而不是其准确性、相关性或可能性为基础，将记忆中的事情与当前所面临的问题联系起来。

（2）确认性偏见。我们寻找支持性的证据，但对那些反驳或怀疑这些证据的信息却往往视而不见。

（3）固定性偏见。我们下意识地接受这样一些信息和证据，它们可以引导我们走向最初设想的解决方案。我们往往固定在这一最初的设想上，哪怕它其实离目标很遥远。

（4）定式性偏见。我们利用关于一个人、物或事件的有限信息将他或它们划分归结到一个大的类别中，然后把这一类别的所有特点都强加到该人、物或事件的身上。换句话说，我们用头脑中固有的定式与现有事件的相似处来判断此事发生的可能性。

（5）框架性偏见。我们倾向于按照既定的框架模式来做决定，也就是你考虑问题的方式，想当然地做决定。比如说，一件新产品上市，估计有 1/10 的成功机会，或者可以说有 90% 失败的可能，意思是完全一样的，但却代表了两种不同的思维模式，对这两种模式的不同选择，则可能导致我们做出不同的决定。

（6）主观愿望性偏见。大多数人倾向于乐观的愿望，相信好结果总是比坏结果更可能发生。而实际上，考虑负面后果对于选择解决问题的最佳方案来说是相当重要的。

任何人在决策过程中都不可能彻底消除所有的偏见。但是，清醒地意识到人类自身存在的这些倾向，可以帮助我们在解决问题的过程中尽力避免负面影响，或将其降到最低。

3. 逐步升级的责任心

如果我们非理性地坚持一个方案、选择或行动，对它的责任心就会逐步升级。有句老话说："知道要赔，还大把扔钱。"说的就是这一点，组织和个人一样，也特别容易有这种倾向。我们希望所选择的解决方案很有效，所以我们应该尽一切努力证明它是正确的。

这种责任心逐渐升级的例子常常发生在拍卖会上，当两名竞价者都下定决心得到一件特定的拍卖品时，就相互不停地加价，以致叫价远远超过该物品的实际价值。

（二）来自问题解决过程的一些障碍

还有一类障碍与解决问题本身有关，绝大多数问题都有不确定性、模糊性、矛盾性。

1. 不确定性

不确定性是指我们无法分析事件、行动或方案发生的可能性，或者对这些可能性无法进行判断。在这样的情况下，我们将可能性因素作为确定的因素来进行下一步的分析。

假设一家公司正在计划建设第二家分销中心。第一家分销中心建于 2014 年前，位于市中心，第二家拟建在迅速成长的格拉斯威尔外围郊区。新中心筹备工作组的成员担心城镇委员会可能反对他们的建设计划，因为新的分销中心有大量的运输卡车会扰乱安静的郊区街道。但他们无法确定这种反对有多大的可能性，因为格拉斯威尔从来没有建过类似的建筑。于是，他们准备继续。这实际上等于消除了城镇委员会反对的不确定性。

2. 模糊性

当我们不知道做决定的相关因素时，称为模糊性。它与不确定性的区别在于，后者是我们对那些不确定的各种因素有所了解，但无法确定其可能性有多大，而不是我们不知道有哪些因素。在上述分销中心的例子中，模糊性是指工作组根本没有想到城镇委员会可能会反对。

3. 矛盾性

在解决问题的任何阶段都可能出现矛盾，矛盾可能是人与人之间的，也可能是团队之间的。备选的解决方案之间可能也是矛盾的，比如，第一种解决方案可能会带来很高的短期收入，然后逐渐降低；第二种解决方案可能会是短期收入很低，但随着时间的推移，收入会越来越高。

无论这些障碍来源于人的因素还是来自解决问题本身，避开这些障碍的关键就是保持头脑清醒。

（1）仔细检查你的决策程序。

（2）学会区分正确与不正确的探索。

（3）仔细检查备选方案是否存在矛盾。

（4）标出不确定的地方，并设法估计其可能性。

技能训练　学习中的问题

【实训目标】

1. 加深对问题有关概念的理解。

2. 理解并掌握分析问题和解决问题的方法。

【实训内容和方法】

1. 在你的学习中存在哪些问题?

2. 主要问题是什么?

3. 怎样来解决这些问题?

4. 结合上述问题，撰写一个分析报告。

5. 分小组讨论，班级选代表交流。

项目五　提高个人的沟通能力

学习目标

知识点：

1. 了解沟通的概念和功能。

2. 理解沟通的本质、沟通的过程、沟通的障碍。

3. 熟知沟通的意义、沟通的种类及不同沟通类型的特点。

4. 掌握有效沟通的实施方法。

技能点：

1. 能够有效地消除影响沟通的障碍，实现有效沟通。

2. 能够熟悉地运用沟通原理实现有效沟通，解决沟通中存在的问题。

3. 能够灵活地运用沟通技巧，提高沟通能力。

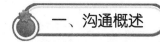

任务一　正确认识沟通的内涵

一、沟通概述

（一）沟通的概念

沟：水道、通道；通：贯通、往来、通晓、通过、通知……沟通，首先有沟，然后才能通。沟通就是"沟"通，把不通的管道打通，让"死水"成为"活水"，彼此能对流、能了解、能交通、能产生共同意识。沟通是一个将事实、思想、观念、感情、价值、态度传给另一个人或团体的过程。人类社会的一切活动，都是信息制造、传递、搜集的过程，因此沟通是无时无刻不在进行着的事情。

沟通具有随时性、双向性、情绪性、互赖性。随时性是指我们所做的每一件事都是沟通；我们在沟通时既要搜集信息，又要给予信息，这就决定了它的双向性；所谓情绪性，就是说接收信息会受传递信息方式的影响；沟通的结果和质量是由双方决定的，所以它还有互赖性的特点。

组织不可能没有沟通，如果没有沟通，协作就不可能进行，组织就会解体。有效的沟通能促成更高的绩效和工作满意度。沟通是指为了设定的目标，把信息、思想和情感在个人或群体间传递的过程。

补充资料

沟通的 4 个 70%

我们来看看沟通的四个 70% 的说法。

第一个 70%：据一项权威的统计表明：除去睡眠时间，我们 70% 以上的时间都用在传递或接收信息上。

第二个 70%：企业 70% 的问题是由于沟通障碍引起的。

第三个 70%：在企业里，管理人员每天将 70% ~ 80% 的时间花费到听、说、读、写的沟通上。

第四个 70%：美国哈佛大学研究发现，我们工作中 70% 的错误是不善于沟通或者说不善于谈话引起的。

（二）沟通的功能

课堂练习

头脑风暴：你认为沟通的功能有哪些？请举例说明。

1. 满足社会性的需求

人是群居动物，喜欢群居，这是人类的天性，社会学家马斯洛也指出社会性是人类五大基本需求之一。每个人都希望自己有所归属，是家庭中的一分子，与朋友在一起时被接纳，在社会上被人尊重，这样才能让你感到你和他们是同类，有共同的语言、生活与文化，如此生活在一起，才能分享，才会产生乐趣，才能使生活有意义。

2. 促进自我了解，发展自我概念

每个人都依靠自我了解来自省，另外的来源就是他人，别人就像镜子一样，当我们和他人互动时，可以从别人的反应或回馈中，发现清晰、正确的自我画像，因此，人际关系越广，就拥有越多的镜子，也就有多方面的回馈，让你不必只从少量的回馈中就给自己结论，这样对自己比较公平。

3. 促进个人成长

个人成长如果只靠自己的学习是不够的，我们的朋友各有所长，各有不同的才能，更具不同的经验，自己所欠缺的，可以向别人学习，"三人行，必有我师焉"，正是这个道理，与朋友在一起多听、多看、多问、多讨论、多学习，必能促进个人的成长。

4. 甘苦与共并提供帮助

与朋友分享的欢乐是加倍的快乐，有朋友分担的痛苦是减半的痛苦，当个人的成就、荣耀、快乐被自己的朋友分享时，就会更喜悦、更有意义与价值，而当个人有痛苦时，如果有家人或朋友在身边安慰、鼓励或协助，就不会感到孤单、无助，比较容易恢复信心，也较有勇气从失败、痛苦中重新站起来。

5. 促进身心健康

良好的人际关系对于个人生理与心理健康都有很大帮助，有人说寂寞会置人于死地，良好的人际关系可以带来健康、可以延年益寿。很多医学研究都发现，积极、支持性的人际关系使人长寿，能提高肌体免疫力，使人较少患病，也有助于疾病的康复。同样，寂寞、疏离等会导致心理疾病。令人痛苦的事莫过于没人理会、没人爱、被放弃、疏远等，这些使人感到焦虑、沮丧、挫折、失望、自贬，会造成心理的失落、创伤。所以，积极的、支持的人际关系使人感到安全、自尊、自信、愉悦，而成为快乐健康的人。

二、认识沟通过程

（一）沟通过程

沟通应该是一个过程，在这个过程中，一个人（信息发送者）与另一个人（信息接收者）交换信息。接收者在对信息进行反应的时候，同时也成为发送者，反之亦然。信息实际上包含了比字面上更多的含义。我们也会通过行为向周围的人发送信息。每种行为的形式，在可以感知的范围内（看到、感觉到、听到甚至意识到）都对另一个人有信息价值。我们都处于（无论有意识还是无意识、故意还是无意）与他人持续的互动中。人们每天都在不断地交换信息，并且都在持续地对他人施加影响。信息的发送和接收在不断进行着。当你传达信息时，他人同时在接收；他人做出反应，然后你来接收，然后如此循环往复。甚至没有反应（如忽视）也是一种反应，想要没有任何行为是不可能的。当然，想在人群中不发送任何信息也是不可能的。总之，没有沟通是不可能的。

（二）沟通的基本模型

沟通的基本模型如图 5-1 所示。

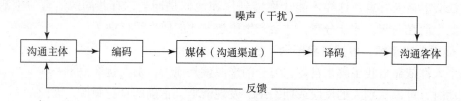

图 5-1　沟通的基本模型

沟通是信息传递的过程，但是这个过程是非常复杂的。在这个过程中，存在沟通主体、沟通客体、编码、译码、媒体、噪声以及反馈 7 个要素。

1. 沟通主体

即信息源，是信息的发出者，是信息传递的主动方

2. 沟通客体

即信息接收者，又称为信宿，是信息传递的被动方。

3. 编码

编码是用少量、简单的基本符号，选用一定的组合规则，来表示大量、复杂、多样的信息，以方便信息的传递，其形式可以是语言，也可以是文字符号或其他符号。

4. 译码

译码是编码的相反过程，是将按一定规则编排的信号解译为接收者可以理解的信息。

5. 媒体（沟通渠道）

也称信道，是传递信号的通路，物理意义的信道多种多样，如电磁扰动、空气音波、光纤电缆或各种传媒介质的结合。

6. 噪声

噪声是指在沟通过程中的干扰因素。不论使用哪一种信道传递信息，都会受到噪声的干扰。噪声干扰可能不止来自一个方面，人际沟通的信息失真和阻碍受到内外多种因素的影响，可能源自个体的态度、知识和价值体系，也可能受到社会文化系统的限制，也可能纯粹是由于物理的原因。

7. 反馈

表明接收到信息并将个人对于原始信息的感受告知信息发送者的过程。

三、沟通的种类及选择

（一）沟通的种类

沟通的方式多种多样，按照不同的标准，对沟通进行如下分类：

1. 按中介或手段划分

1）口头沟通

又称语言沟通，是最基本、最重要的沟通方式，是人与人之间使用语言进行沟通，表现为讲演、交谈、会议、面试、谈判、命令以及小道消息的传播等形式。口头沟通在一般情况下都是双向交流的，信息交流充分，反馈迅速，实时性强，信息量大。但是由于个人的理解、记忆、表达的差异，可能会造成信息内容的严重扭曲与失真，传递的信息无法追忆，导致检查困难。因此，在组织中传达重要的信息时慎用口头沟通这种方式。

2）书面沟通

又称文字沟通，是指以文字、符号的书面形式沟通信息的方式。信函、报告、备忘录、计划书、合同协议、总结报告等都属于这一类。书面沟通传递的信息准确、持久、可核查，适用于比较重要的信息的传递与交流。但是在传递过程中耗时太多，传递效率远逊于口头沟通，而且形式单调，一般缺乏实时反馈的机制，信息发出者往往无法确认接收者是否收到信息，是否理解正确。

3）非语言沟通

人的面部表情、眼神、眉毛、嘴角等的变化和手势动作、身体姿势的变化都可以传达丰富的信息，这种传递信息的方式称为非语言沟通。非语言沟通中信息意义十分明确，内涵丰富，含义隐含灵活，但是传递距离有限，界限模糊，只能意会，不能言传。

一般情况下，非语言沟通与口头沟通结合进行，在沟通中对语言表达起到补充、解释、说明和加强感情色彩的作用。美国心理学家艾伯特·梅拉比安的研究表明，口头交流时，55%的信息来自面部表情和身体姿态，38%来自语调，而只有7%来自词汇。

4）技术设备支持的沟通

指人们借助于传递信息的设备装置所进行的沟通，例如，利用电报、电话、电视、通信卫星、手机、网络支持的电子邮件、可视会议系统作为沟通媒介进行信息交流。技术设备支持的沟通传递速度快、信息容量大，远程传递信息可以同时传递给多人，并且价格低廉，但是它属于单向传递，并且缺乏非语言沟通。应当说，技术设备支持的沟通并非单独的一种沟通方式，技术设备与其他各种媒介物共同构成人际沟通中的信道。在现代以计算机为代表的信息技术、通信技术的支持下，尤其是在国际互联网络的环境下，人与人的沟通可以延伸到世界范围。

2. 按组织系统划分

1）正式沟通

正式沟通是指以正式组织系统为沟通渠道，依据一定的组织原则所进行的信息传递与交流。例如，组织与组织之间的公函往来，组织内部的文件传达、会议，上下级之间定期的信息交换等。正式沟通比较严肃、效果好、约束力强、易于保密、可以使信息沟通保持权威性。但是这种方式依靠组织系统层层传递，形式较刻板，沟通速度慢。

2）非正式沟通

非正式沟通是正式沟通渠道以外的信息交流和传递，它不受组织监督，自由选择沟通渠道。团体成员私下交换看法、朋友聚会、传播谣言和小道消息等都属于非正式沟通。非正式沟通是正式沟通的有机补充。非正式沟通不拘形式，直接明了，速度很快，容易及时了解到正式沟通难以提供的"内幕新闻"，但是它能够发挥作用的基础是团体中具有良好的人际关系。非正式沟通难以控制，传递的信息不确切，易于失真，而且它可能导致小集团、小圈子的形成，影响人心稳定和团体的凝聚力。

3. 按方向划分

1）下行沟通

指领导者对员工进行的自上而下的信息沟通。上级将信息传递给下级，通常表现为通知、命令、协调和评价下属。

2）上行沟通

指下级的意见向上级反映，即自下而上的沟通。管理者依靠下属人员获取的信息、有关工作的进展和出现的问题，通常需要上报给领导者。通过上行沟通，管理者能够了解下属人员对他们的工作、同事及整个组织的看法。下属提交的工作报告、合理化建议、员工意见调查表、上下级讨论等都属于上行沟通。

3）平行沟通

指组织中各平行部门之间的信息交流。保证平行部门之间沟通渠道畅通，是减少部门之间冲突的一项重要措施。例如，跨职能团队就急需通过这种沟通方式形成互动。

4. 按是否进行反馈划分

1）单向沟通

单向沟通是指发送者和接收者两者之间的地位不变（单向传递），一方只发送信息，另一方只接收信息。这种信息传递方式速度快，但准确性较差，有时还容易使接收者产生抗拒心理。

2）双向沟通

在双向沟通中，发送者和接收者两者之间的地位不断交换，且发送者是以协商和讨论的姿态面对接收者。信息发出以后，还需及时听取反馈意见，必要时双方可进行多次重复商谈，直到双方共同明确和满意为止，如交谈、协商等。

其优点是沟通信息准确性较高，接收者有反馈意见的机会，从而产生平等感和参与感，增加自信心和责任心，有助于建立双方的感情。但是，这种沟通方式花费的时间较多。

课堂练习

沟通能力测评

良好的沟通能力是处理好人际关系的关键，具有良好的沟通能力，可以使你很好地表达思想和感情，获得别人的理解和支持，从而和上级、同事和下级保持良好的关系，沟通技巧较差的个体常常会被别人误解，给别人留下不好的印象，甚至无意中对别人造成伤害。

本测验选择了一些在工作中经常会遇到的、比较尴尬的、难以应付的情境，测验你是否能正确地处理这些问题，从而反映你是否了解正确的沟通知识和技能，这些问题看似无足轻重，但是一些工作中的小事和细节往往决定了别人对你的看法和态度，如果你的分数偏低，不妨仔细检查一下你所选择的处理方式会给对方带来什么样的感受，或会使自己处于什么样的境地。

每个人都有独特的与人沟通、交流的方式，阅读下面的情境性问题，选择出你认为最合适的处理方法，不要遗漏。

1. 你上司的上司邀请你共进午餐，回到办公室，你发现你的上司颇为好奇，此时你会（　　　）。

A. 告诉他详细内容

B. 不透露蛛丝马迹

C. 粗略描述，淡化内容的重要性

2. 当你主持会议时，有一位下属一直以不相干的问题干扰会议，此时你会（　　　）。

A. 要求所有的下属先别提出问题，直到你把正题讲完

B. 纵容下去

C. 告诉该下属在预定的议程之前先别提出别的问题

3. 当你跟上司正在讨论事情时，有人打长途来找你，此时你会（　　　）。

A. 告诉上司的秘书，说你不在

B. 接电话，而且该说多久就说多久

C. 告诉对方你在开会，待会儿再回电话

4. 有位员工连续四次在周末向你要求他想提早下班，此时你会说（　　　）。

A. 我不能再容许你早退了，你要顾及他人的想法

B. 今天不行，下午四点我要开个会

C. 你对我们相当重要，我需要你的帮助，特别在周末

5. 你刚好被聘为某部门主管，你知道还有几个人关注着这个职位，上班的第一天，你会（　　　）。

A. 找个别人谈话，以确认哪几个人有意竞争此职位

B. 忽略这个问题，并认为情绪的波动会很快过去

C. 把问题记在心上，但立即投入工作，并开始认识每一个人

6. 有位下属对你说："有件事我本不应该告诉你，但你有没有听到……"你会说：（　　）。

A. 我不想听办公室的流言

B. 跟公司有关的事我才有兴趣听

C. 谢谢你告诉我怎么回事，让我知道详情

答案：

1. A；2. A；3. C；4. C；5. C；6. B。

说明：正确记 1 分。0～2 分为较低，3～4 分为中等，5～6 分为较高；分数越高，表明你的沟通技巧越好。

任务二　了解影响有效沟通的因素

一、影响有效沟通的因素

有效沟通是指传递和交流信息的可靠性和准确性高，实际上还表示组织对内外噪声的抵抗能力强。在沟通过程中，由于存在着外界干扰以及其他种种原因，信息往往被丢失或曲解，使得信息的传递不能正常发挥作用。组织中存在着各种阻碍有效沟通的情况，一些障碍的起因在于信息的发送者，一些障碍的起因在于信息的接收者，一些障碍的起因在于信息沟通的过程方面，还有一些障碍的起因在于组织方面。

（一）个人因素

个人因素主要包括两大类：一类是有选择地接收；另一类是沟通技巧的差异。

1. 有选择地接收

所谓有选择地接收，是指人们拒绝或片面接收与他们的期望不相一致的信息。研究表明，人们往往愿意听到或看到他们感情上有所准备的东西，或他们想听或想看到的东西，甚至只愿意接收中听的，拒绝不中听的信息。有人曾做过这样一个试验：请一家公司的 23 位主管回答："假如你是公司总裁，你认为哪个问题最重要？"结果每个主管都认为从全公司角度出发，自己所负责的部门最重要，销售经理说营销是个大问题；生产经理认为产品是生命线；人事经理则认为在现代的管理中，人是中心。

这个试验进一步表明：人们只看到他们擅长的东西的重要性；

由于复杂的事物可以从各种角度去观察，人们所选择的角度强烈地影响了他们认识问题的能力和方法。

2. 沟通技巧的差异

除了人们接收能力有所差异之外，许多人运用沟通的技巧也大不相同。例如，有的人

不能在口头上完美地表述，但却能够用文字清晰而简洁地写出来；另一些人口头表达能力很强，但不善于听取意见；还有一些人阅读较慢，并且理解起来比较困难。所有这些问题都妨碍有效沟通。

张三请客

从前，有个叫张三的人，请四个朋友来吃饭，到饭点了，却有一人迟迟不来。张三左等右等就等急了，对着其他三个人说了一句话："该来的不来。"要知道，人是很敏感的，凡事都喜欢往自己身上想。这时，三人中的一个就想："该来的不来？那岂不是说不该来的来了。"于是就起身告辞了。主人一看，就急了！望着走了的人的背影说："怎么不该走的又走了。"另外两人当中的一个，以为这句话是针对自己的，于是也走了。最后剩下的人，与主人关系较好，就说主人："你怎么能这样讲话？"然后又教主人应该怎样讲话。这朋友的话音未落，主人又急了："我又不是说他。"最后这个朋友的脸都绿了，心想："原来我脸皮这么厚，一直在说我，我自己还没有听明白。"最后一个好朋友也走了。本来请人吃饭是好事，结果饭没吃成，还把人都得罪了。

故事中的张三在沟通中存在什么问题？

（二）人际因素

人际因素主要包括沟通双方的相互信任、信息来源的可靠程度和发送者与接收者之间的相似程度。

1. 双方的相互信任

沟通是发送者与接收者之间"给"与"收"的过程。信息传递不是单方面的，而是双方的事情，因此，沟通双方的诚意和相互信任至关重要。上下级间的猜疑只会增加抵触情绪，减少坦率交谈的机会，也就不可能进行有效沟通。例如，当下级怀疑某些信息会给他带来损害时，他在与上级沟通时常常会对这些信息做一些有利于自己的加工。许多研究表明，很多经理自动地认为他们听到的信息是有偏见的，为了防止偏听偏信，也随之根据自己的想象对偏见进行纠偏。例如，管理者常常认为有利于下级的信息准确性较差，而不利于下级的信息准确性较高。反过来，下级常常对损害自己形象的信息不屑一顾，对有利于自己的信息则大加渲染。

2. 信息来源的可靠程度

信息来源的可靠性由四个因素所决定：诚实、能力、热情、客观。有时，信息来源可能并不同时具有这四个因素，但只要信息接收者认可发送者具有即可。可以说信息来源的可靠性实际上是由接收者主观决定的。

例如，当面对来源不同的同一问题的信息时，职工最可能相信他们认为的最诚实、最有能力、最热情、最客观的那个人提供的信息。信息来源的可靠性对企业中个人和团体行为的影响很大。就个人而言，雇员对上级是否满意，在很大程度上取决于他对上级可靠性的评价。就团体而言，可靠性较大的工作单位或部门比较能公开地、准确地、经常地进行沟通，他们的工作成就也相应地较为出色。

3. 发送者与接收者之间的相似程度

沟通的准确性与沟通双方间的相似性有着直接的关系。沟通双方特征（如性别、年龄、智力、种族、社会地位、兴趣、价值观、能力等）的相似性影响了沟通的难易程度和坦率性。沟通的一方如果认为对方与自己很相近，那么他将比较容易接受对方的意见，并且达成共识，正所谓"酒逢知己千杯少，话不投机半句多"。相反，如果沟通的一方视对方为异己，那么信息的传递将很难进行下去。例如，年龄差距在沟通中就是一个很常见的问题。

（三）结构因素

结构因素主要包括地位差别、信息传递链、团体规模和空间约束四个方面。

1. 地位差别

一个人在企业中的地位在很大程度上取决于他的职位。许多研究表明，地位的高低对沟通的方向和频率有很大的影响。例如，人们一般愿意与地位较高的人沟通；地位较高的人则更愿意相互沟通；地位差距越大，信息趋向于从地位高的流向地位低的；在谈话中，地位高的人常常处于沟通的中心地位；地位低的人常常通过尊敬、赞扬和同意来获得地位高的人的重视。事实表明，地位是沟通中的一个重要障碍。但是，职工却非常喜欢与地位高的人进行沟通。其原因有两点：

（1）这种接触是获得同伴承认和尊重的一种方法。

（2）与对自己的未来有重大影响的上级交往，可以增加成功的机会。但是，这种沟通对企业的发展十分不利。

2. 信息传递链

一般来说，信息通过的等级越多，它到达目的地的时间也越长，信息失真率则越大。这种信息连续地从一个等级到另一个等级所发生的变化，称为信息传递链现象。一项研究表明，企业董事会的决定通过五个等级后，信息损失率平均达80%。其中，副总裁这一级的保真率为63%，部门主管为56%，工厂经理为40%，第一线工长为30%，职工为20%。

3. 团体规模

当工作团体规模较大时，人与人之间的沟通也相应变得较为困难。

4. 空间约束

企业中的工作常常要求工人只能在某一特定的地点进行操作。这种空间约束的影响往往在工人单独在某位置工作或在数台机器之间往返运动时尤为突出。空间约束不仅不利于工人间的交往，而且也限制了他们的沟通。一般来说，两人间的距离越短，他们交往的频率也越高。一个工程师更愿意与同办公室的人讨论问题，而不会找楼下的人。

（四）技术因素

技术因素主要包括语言、非语言暗示、媒介的有效性和信息过量。

1. 语言

大多数沟通的准确性依赖于沟通者赋予沟通时所用的字和词的含义。由于语言只是个符号系统，本身并没有任何意思，它仅仅是我们描述和表达个人观点的符号和标签。每个人表达的内容常常是由他独特的经历、个人需要、社会背景等决定的。因此，语言和文字极少对发送者和接收者双方都具有相同的含义，更不用说许许多多不同的接收者。语言的不准确性还不仅仅表现为符号，而且它能挑动起各种各样的感情，这些感情可能更进一步歪曲信息的含义。

2. 非语言暗示

当人们进行交谈时，常常伴随着一系列有含义的动作。这些动作包括身体姿势、头的偏向、手势、面部表情、身体移动、眼神等，这些无言的信号强化了所表达的含义。例如，沟通者双方的眼神交流，可能会表明相互感兴趣、喜爱、参与或者攻击；面部表情会表露出惊讶、恐惧、兴奋、悲伤、愤怒或憎恨等情绪；身体动作也能传递渴望、愤恨和松弛等感情。研究表明，在面对面的沟通中，仅有 7% 的内容通过语言文字表达，另外 93% 的内容通过语调（38%）和面部表情（55%）来表达。由此可见，字词与非语言暗示共同构成了全部信息。遗憾的是，人们往往偏重于书面文字的沟通，而忽略了面对面的交往。而在不多的面对面交谈中，也低估了非语言暗示的作用。

3. 媒介的有效性

管理人员十分关心各种不同沟通工具的效率。一般来说，书面和口头沟通各有所长。

1）书面沟通

书面沟通（备忘录、图表、表格、公告、公司报告等），常常适用于传递篇幅较长、内容详细的信息，它具有下列几个优点：

（1）为读者提供适合自己的速度、用自己的方式阅读材料的机会。

（2）易于远距离传递。

（3）易于储存，并在做决策时储存信息。

（4）比较准确，因为经过多人审阅。

2）口头沟通

口头沟通（面对面讨论、电话、交谈、讲座、会议）适合于需要翻译或精心编制的信息，才能使拥有不同观点和语言的人理解信息。它有下列几个优点：

（1）快速传递信息，并且希望立即得到反馈。

（2）传递敏感的或秘密的信息。

（3）对不适用书面媒介的信息。

（4）适合于传递感情和非语言暗示的信息。

总之，选择何种沟通工具，在很大程度上取决于信息的种类和传送的目的，还与外界环境和沟通双方有关。

补充资料

沟通中的 4W1H

4W1H 决定着信息发送的有效性。

4W 指 When、What、Who、Where，1H 指 How。

When：指何时发送信息，所定时间是否恰当。

What：指确定的信息内容，信息要简洁，强调重点，并用熟悉的语言。

Who：指确定谁该接收信息，要获得接收者的注意，还要考虑接收者的观念、需要及情绪。

　　Where：指在何处发送信息，要考虑地点是否合适，是否不被干扰。

　　How：指决定信息发送的方法，如用 E-mail、电话、面谈、会议、信函等。

4. 信息过量

　　人们生活在一个信息爆炸的年代，企业经理面临着信息过量的问题，例如，管理人员只能利用他们所获得信息的 0.1%～1% 进行决策，信息过量不仅使经理等人员没有时间去处理，而且也使他们难以向同事提供有效的、必要的信息，沟通也随之变得困难重重。

二、消除沟通障碍的途径

　　沟通障碍是由多种因素造成的，沟通不畅会对个人、组织造成严重的危害，因此，要采取恰当的行为，消除有效沟通的障碍因素。

　　（一）明白沟通的重要性，正确对待沟通

　　在管理工作中，管理人员十分重视计划、组织、领导和控制，对沟通常有疏忽，认为信息的上传下达有了组织系统就可以了，对非正式沟通中的小道消息，常常采取压制的态度，上述种种现象都表明，沟通没有得到应有的重视，重新确立沟通的地位是刻不容缓的事情。

　　（二）缩短信息传递的途径

　　信息失真的一个重要原因是传递环节过多，因此，缩短传递途径，拓展沟通渠道，可以保证信息传递的及时性和完整性，这需要对组织结构进行调整，减少组织机构的重叠，减少中间管理层次，使组织向扁平化发展，在利用正式沟通渠道的同时，开辟高层管理者至基层管理者乃至一般员工的非正式沟通渠道，从而提高沟通效率。

　　（三）选择适当的沟通方式，养成良好的沟通习惯

　　不同的沟通方式，其传递信息的效果也不同，应根据沟通内容和沟通双方的特点，选择适合的沟通方式。书面沟通适合于组织中重要决定的公布、规章制度的颁行、决策命令的传达；当面对组织变革，员工表现出焦虑和抵触情绪，或者要表达对员工的关怀和坦诚时，面对面的沟通则可以最大限度地传递信息。

任务三　提高个人沟通能力的技巧

一、有效沟通的三要点

　　只有洞察人性，才能做到高效沟通。人，最关心的永远是自己；人，最想表现的也永远是自己；人，都希望得到关心和重视；人，都希望被别人肯定；人，都希望得到别人的赞美。人家说你长得漂亮、长得帅，你就高兴；人家说你长得就像一个小老头，你高兴

吗？当然不高兴。所以，要做好沟通，最主要的还是要洞察人性。要做好沟通，必须遵循以下三要点。

（一）要让对方听得进去

沟通前要考虑：时机合适吗、场所合适吗、气氛合适吗，比如，在企业中，如果老总正在跟客户谈话，你跑过去大声说："老总，不好了，我们三台机器停了两台。"你想老总会怎么样？

（二）要让对方乐意去听

怎样说对方才喜欢听？如何使对方情绪放松？哪部分对方比较容易接受？我们应该把对方容易接受的先说。如果先说不容易接受的，那么后面容易接受的对方也不好接受了，因为对方已经拒绝了你，再拒绝一次也无妨。

（三）要让对方听得合理

我们要先说对对方有利的，再指出彼此互惠的，最后提出一些要求。这一点是重中之重。人人都对与自己有利的方面感兴趣，所以先说对对方有利的，最后提出一些要求，对方才可能答应。如果你先狗血淋头地骂对方一顿，那对方根本就没有兴趣跟你沟通了。

要让对方听得合理，要注意做到以下几点：
（1）先提炼主要观点，后关注零碎看法。
（2）先指出双方的一致之处，再评判相异之点。
（3）先肯定对方的行为观点，再批评缺点。
（4）先解决问题，找出正确做法，再回顾以前错误。
（5）先实现对对方的激励，后实施具体方法。

二、沟通的七大技巧

（一）同理心

沟通的首要技巧在于是否拥有同理心，即学会从对方的角度考虑问题，这不仅包括理解对方的处境、思维水平、知识素养，同时包括维护对方的自尊，加强对方的自信，请对方说出自己的真实感受。

有这样一则故事：

在苏联还处于普遍贫穷，购买任何东西都必须排队的年代，有几个外国友人去一个苏联穷人家做客。客人到访之前，这个穷人在家里很卖力地收拾。可没想到扫地的时候，只听"啪"的一声，原来一不小心，竟然将唯一的一柄扫把弄断了。苏联人愣了一秒钟，等反应过来，顿时跌坐在地上，号啕大哭起来。他的几个外国朋友这时正好赶到，见到苏联人望着断掉的扫把痛哭不已，纷纷上前安慰。

经济实力强的日本人说："唉，一柄扫把又值不了多少钱，再去买一把不就行了！又何必哭得如此伤心呢？"

知法守法的美国人说："我建议你到法院去，控告制造这柄劣质扫把的厂商，请求赔偿。反正官司打输了，也不用你付钱啊！"浪漫成性的法国人说："你能够将这柄扫把给弄断，像你这么强的臂力，我连羡慕都还来不及呢？你又有什么好哭的啊？"

实事求是的德国人说："不用担心，大家一起研究研究，一定有什么东西，可以将扫把黏合得像新的一样好用，我们一定可以找到方法的。"

讲求迷信的中国台湾人说："放心好了，弄断扫把又不会触犯什么习俗的忌讳，你究竟在怕什么呢？"

最后，可怜的苏联人哭着说："你们所说的这些，都不是我哭的原因。我真正伤心的原因是，明天只有排长队，才可以买到一柄新的扫把，而不能搭你们的便车一起出去玩了！"

可见，人与人之间的同理心，一向是沟通当中最重要也是最容易被忽略的。

从这个故事中我们可以清楚地看到，缺乏同理心的人际互动将会产生怎样荒谬可笑的后果。每个人都有自己既定的立场，也习惯执着在本身的领域当中，从而忘却了别人也有自己的立场、自己的处境。

所以，在做任何事情之前，我们都要仔细考虑。试着先将自己的想法放下来，真正设身处地站到对方的立场，仔细地为别人想一想。你将会发现，许多事情的沟通，竟会变得出乎想象的容易。

当然，还要特别克服彼此间的不协调，因为人是有差异的，这些差异在交流中会形成障碍。认识障碍，会帮助我们克服它。我们也可以通过询问、变化信息、调整我们的语速和音量来获得理解。很多时候都要站在对方的角度上来考虑问题，而不仅仅是从自己的角度出发。因为沟通是两个人的事情，这就要求你要照顾到对方的情况。同样，在布置任务、汇报工作时，更应该考虑接收方的情况，多站在对方的角度考虑问题。

（二）善于倾听

沟通的第二大技巧是善于聆听。真正的沟通高手首先是一个热衷于聆听的人。

1. 你是一个善于倾听的人吗

善于倾听，才是成熟的人最基本的素质。如果你在听别人说话时，可以听懂对方话里的意思，并且能够心领神会，同时可以感受到对方的心思而予以回应，表示你掌握了倾听的要领。

课堂练习

在这里，我们反省一下自己是否做过这样的事情：

（1）在别人讲话时走神或当别人讲话时，急于表述自己的意见。

（2）听别人讲话时，不断比较与自己想法的不同点。

（3）打断别人的讲话。

（4）当别人讲话时，谈论其他事情。

（5）忽略过程，只要结论，仅仅听那些自己想听的内容。

（6）在头脑中预选完成讲话人的语句，急于下结论。

（7）不要求对方阐明不明确之处。

（8）思想开小差，注意力分散。

（9）假装注意力很集中，回避眼神交流。

（10）显得不耐心，不停地抬腕看表。

想想，在与人沟通的过程中，这些行为会带来什么样的后果？

2. 倾听的注意事项

在倾听的过程中，我们应该注意以下事项：

（1）和说话者的眼神保持接触。

（2）不可凭自己的喜好选择收听，必须接收全部信息。

（3）提醒自己不可分心，必须专心一致。

（4）点头、微笑、身体前倾、记笔记。

（5）回答或开口说话时，先停顿一下。

（6）以谦虚、宽容、好奇的心胸来听。

（7）在心里描绘出对方正在说的内容。

（8）多问问题，以澄清疑问。

（9）抓住对方的主要观点是如何论证的。

（10）等你完全了解对方的重点后，再进行反驳。

（11）把对方的意思归纳总结起来，让对方检测正确与否。

（12）还要注意前边沟通要点中强调的"时机是否合适，场所是否合适，气氛是否合适"，要注意，在不同的环境，会产生不同的倾听障碍。

3. 克服倾听障碍

如何克服倾听障碍呢？我们应该注意以下几点：

（1）我们要尽早列出要解决的问题，避免粗心大意导致沟通失误。

（2）在沟通接近尾声时，与对方核实一下你的理解是否正确，尤其是关于下一步该怎么做的安排。

（3）对话结束后，记下关键要点，尤其是与最后期限或工作评价有关的内容。

（4）不要自作主张地将自己认为不重要的信息忽略，最好与信息发出者核对一下，看看信息是否全面。

（5）消除成见，克服思维定式的影响，客观地理解信息。

（6）考虑对方的背景和经历。

（7）简要复述一下对方的内容，让对方有机会更正你理解的错误之处。

课堂自检

在沟通中，你容易出现的"不愿听对方说话"的原因是什么？你是如何处理的？你认为自己能够在哪些方面做出改进？

_____

_____

_____

（三）控制情绪

情绪对沟通的影响至关重要，人的情绪状态会左右接收和传送信息的方式，还直接影响信息的接收和理解的方式。例如，如果你觉得情绪激动或紧张，沟通就有可能受阻，因为本应理智的思想可能被这些情绪所蒙蔽，可能以一种比预期更加肯定或否定的态度接收信息。

如果对与你进行沟通的人抱有强烈的反感，你对信息的解释很有可能受你看法的影响。同样，你所沟通的任何内容也有可能受别人对待你的态度的影响。

如果对某事特别感兴趣，更有可能选取与自己心仪的事物有直接关系的信息，而且会忽视或根本不去注意其他事情。

因此，沟通前要调整好自己的情绪，不要让个人的喜怒哀乐影响沟通的过程，避免造成"冲动的惩罚"。

1. 辨别自己和他人的情绪

沟通中的情绪管理可以分成两方面：一方面，是如何来处理别人对自己的情绪；另一方面，是如何来管理自己的情绪，应该怎样跟自己相处。

管理情绪要先学会辨别自己和他人的各种情绪。对情绪丰富的人而言，除了六种基本的情绪（开心、伤心、恐怖、愤怒、惊奇、厌恶）之外，他们还能够表现出多种复杂的情绪。如果你无法认识或体会到某些情绪，就无法获得有关导致这些情绪的特定事件、情形或人的重要信息。此外，你会不认同或刻意回避那些会引起你内心不适的他人的情绪。

课堂练习

自我情绪认知测试

（1）我最容易接受自己和他人的哪种情绪？

（2）我何时有过有关自己移情或缺少移情的反馈？

（3）我的何种需求正在得到满足或遭受挫折？这些需求与我的情绪变化有何种关系？

（4）我是否具有某种习惯性的情绪强度？

（5）我是否总是突然"打开"或"关闭"情绪？

（6）我要花多长时间才能发现自己正处于某种特定的情绪状态？

（7）其他人是不是有时对我的情绪表达感到意外？

（8）我最近一次难以放弃一种情绪状态是在什么时候？发生了什么？牵涉到哪些人？

（9）我什么时候实现了从一种情绪状态向另一种情绪状态的转变？发生了什么？

2. 学会控制自己的情绪

避免情绪影响沟通，要以平等的心态来沟通，必须避免过于表现自我。自我优越感在沟通的时候会流露出炫耀的语气，给其他沟通者带来不快，并可能因此让其他沟通者从情绪上严重抵触。自己心态放平了，有利于避免对方的抵触情绪，会使沟通更有效。

学会控制情绪，还要注意平时的训练，应做到以下五点：

1）学会放松

当你感觉过分紧张、烦恼、恐惧时，可采用深呼吸的方法放松自己，即深深地吸气，慢慢地呼气，使自己的身心放松。也可以采用自我暗示的方法，如反复默念"我现在放松了，我的全身处于自然的轻松状态"，还可以用回忆过去成功的体验来鼓励自己。

2）学会转移

当火气上涌时，有意识地转移话题或做其他的事情来分散注意力，可使情绪得到缓解，如打球、散步、听流行音乐等。

3）学会宣泄

遇到不愉快的事情及委屈，不要埋在心里，要向知心朋友或亲人诉说出来，或大哭一场。这种发泄可以释放内心郁积的不良情绪，有益于保持身心健康，但发泄的对象、地点、场合和方法要适当，避免伤害别人。

4）学会安慰

当一个人追求某项目标而达不到时，为了减少内心的失望，可以找一个理由来安慰自己，就如狐狸吃不到葡萄说葡萄酸一样。这不是自欺欺人，偶尔作为缓解情绪的方法，是很有好处的。

5）学会幽默

幽默是一种特殊的情绪表现，也是人们适应环境的工具。具有幽默感，可使人们对生活保持积极乐观的态度。许多看似烦恼的事情，用幽默的方法对付，往往可以使人们不愉快的情绪荡然无存。

课堂练习

自我情绪控制测试

（1）你通常是如何调节和控制情绪的？这些方法好不好？

（2）你能做到在逆境中也能保持谈笑自如吗？

（3）情绪和理智对你来讲，哪一个更多地影响到你？

（4）当你将自己的情绪带到工作中的时候，常会得到什么样的结果？

（5）请你设计一个沉着冷静的控制自己情绪的自我，并用详细的语言描述出来。

（6）倘若你有烦闷的情绪，请先自查一下原因，并写在纸上，一条一条地写清楚为的是哪些事，然后尽力去改变它，做做看，并将之前和之后的感受相对比，看看有什么不同。

（7）你怎样避免将自己的情绪融入与人沟通的过程？

（四）客观表达

沟通的第四大技巧是客观表达，我们可以把它分成八个要点：

1. 谨慎地表达你的信息，用事实、中性及非判断性的词汇

有效表达形式是"我"式陈述句。包括行为、你的反应、你希望的结果。

2. 客观描述

如果你做事总是拖拉懒散，对方就根本没有必要听你说完。如果换成一句客观描述的话，对方的感觉就不一样了。对方也很难反驳，我们还可以进一步陈述其影响与后果。

3. 说出你希望的结果

比如，你想让别人帮你洗碗。如果你说："我要你给我洗碗。"同样的意思换一句话说："如果有人帮我洗碗，我会很高兴。"那感觉就完全不一样了。所以，如果直接要求别

人做某件事，通常会遭到拒绝。但如果你清楚地说出你希望的结果，对方就会知道怎么做，还会乐意去做。

4. 巧妙使用反向表达和反向思考

也就是看你是使用 A + B = 1，还是使用 A = 1 − B 的问题。比如，管理者这样问下属："这项工作还没有做完吗？"下属肯定会说："没有，还差一点。"这可不是管理者想要的结果。但若换成反向表达或反向思考的提问方式，说："这项工作全做完了吗？"这样感觉就大不一样了。

5. 将"但是"换成"也"

避免使用"但是""不过"这些词，要做一个弹性沟通者。我们通常在说了"我明白你的意思"之类的话后，很容易会再加上"但是"或"不过"这样的字眼。如果使用这些字眼，你给对方的印象就是，你认为他的观点在你的眼中是"错的"或者不关注他所说的问题。

比如，如果你说："你说得很有道理，但是……"这句话的意思是指说话者说得没道理。如果把"但是"换成"也"，则变成"你说得很有道理，我这里也有一个很好的主意，不妨我们再讨论讨论？"这样表达的效果就会不一样。

其实，这样说会有三层意思：

（1）表明你能站在对方的立场上看问题。

（2）表明你正在建立一个合作的架构，你是为了想做成这件事情而提这个意见，而不是为了反对他。

（3）最重要的是为自己的想法另开一条不会遭到抗拒的途径。

所以，在沟通中如果我们说"但是"，就意味着否定别人的说话内容，这样我们还能做好沟通吗？

6. 反馈要具体

如果王强的领导说："王强，你可真懒，你这是什么工作态度呀？"这样说，王强会摸不着头脑，心里还会犯嘀咕："我又犯什么错误了？"但如果换句话说："王强，最近三天，你连续迟到三次，能解释一下原因吗？"这样，你要表达的意思就具体清楚了，王强就明白是讲迟到的事。

7. 反馈要着眼于积极的方面

这里也有两句话可做比较："张华，你在上次会议上的发言效果不好，这次发言之前你能否先给我讲一遍。""张华，你能否把准备好的发言先给我讲一遍，这样，可以帮助你熟悉一下内容，使你在现场更加自信。"显然，第二句话的表达会更好。所以，反馈一定要着眼于积极的一面。

8. 复述引导词语

复述引导，就是将复述和附加问题这两种手段结合起来使用，就可以将谈话内容引导到你想要获得更多信息的某个具体方面。

例如，某领导对手下的一名部门主管说："看来你相信，M 部门几个月前曾犯了一些重大的错误，对此我感到遗憾！我想那一定使你的管理工作变得更加困难，那你又是如何保持你们部门的业绩的呢？"

这里领导复述了 M 部门的问题，然后又将话题转回来问自己想了解的问题。

为什么要复述呢？

因为你非常有必要提一下你想了解的问题的背景，这样你先声明了错误不是他造成的，避免他有不舒服的情绪。同时，他也有义务将自己下一步工作如何开展表述给你听。

（五）了解情况，使用开放式的问题；促成合作，则使用封闭式问题

如果你提出的是一个封闭式的问题，那么你只能得到较少的信息。人们通常用"是"或"不是"做简单回复。封闭式的问题对于寻求事实、避免有人提出一些啰唆问题是有帮助的，而对于了解事情的全貌是不利的。所以，要避免问一些无用问题、多重问题、引导性问题、封闭式问题、居高临下的问题。而要搜集正确信息，最好用开放式的问题、探索式的问题、中立性的问题。

开放式问题与封闭式问题的比较如表5-1所示。

表5-1　封闭式问题与开放式问题的比较

封闭式的问题	接收方回答	开放式问题
你喜欢你的工作吗？	喜欢	你喜欢你工作的哪些方面？
会议结束了吗？	结束了	会议是如何结束的？
今天中午吃肯德基好吗？	好	今天中午想吃什么？

开放式的问题可以帮助你获得一些无偏见的需求，帮助你更透彻地了解对方的感觉、动机和顾虑，对方由此会让你接近他们的内心世界，使你有机会沟通。

而对于主管来说，有时候却需要使用封闭式问题，特别是在给下属布置任务时。在这个时候，如果你用开放式问题，那就比较麻烦。

所以，了解情况，使用开放式的问题；促成合作，则用封闭式问题。

（六）赞美

1. 赞美是沟通的开始

人性的弱点是喜欢批评人，却不喜欢被批评；喜欢被人赞美，却不喜欢赞美人。因此，拉开了人与人之间的距离。但如果把我们亲切的眼神带给对方，冷漠就会因此而消失。赞美使人愿意沟通。沟通是双方的互动，如果一方不愿沟通，那么，沟通必然失败。假设你要与一位女士沟通，首先赞美她的衣服漂亮，她一定会高兴，会乐意与你沟通。反之，当你批评她的衣着时，她一定懒得理你。所以，赞美往往使人愿意与你沟通。如在工作中，当你肯定同事的优点时，同事会很乐意帮你，会把他的经验告诉你，这就是赞美的作用，它让对方愿意与你沟通。

案例讨论5-2

两个猎人打猎

有甲乙两个猎人，有一天他们都打了两只野兔回家。

甲的妻子看见甲后冷冷地说："就打到两只吗？"甲听了心里埋怨道："你以为很容易打到吗？"第二天甲照常去打猎，但这次他故意两手空空回家，让妻子觉得打猎是很不容

易的事。

而乙的情形正好相反，乙的妻子看见乙带回两只兔子，惊讶地说："哇，你竟然打了两只？"乙听了心中大喜，扬扬自得地说："两只算什么！"第二天，乙也照常去打猎，这次乙却带回了四只兔子。

这个故事带给我们什么启示？

2. 赞美的技巧

虽然，赞美有利于沟通，但是，赞美却需要技巧，需要真情投入。适当的赞美是建立在细致的观察与鉴赏之上的。

课堂练习

赞美练习

1. A、B 两组人，A 组成员找出 B 组成员身上的 5 个优点进行赞美，B 组成员做简要回答。

2. 身份交换，重来一次。

思考：你更喜欢怎样的赞美？

1）赞美出于真诚

不真诚的赞美，给人一种虚情假意的感觉，或者会被认为是怀有某种不良目的，被赞美者不但不感谢，反而会讨厌；言过其实的赞美，不是实事求是，会使受赞美者感到窘迫，也会降低赞美者的威信；虚情假意的奉承对人对己都有害而无利。

2）赞美要不失时机

对朋友、同事身上的优点，你要尽可能地随时随地去发现。如果你真心诚意，就要抓住时机，积极反馈。他的一个表情、一个动作，他所说的一句话、所做的一件事，你都要看在眼里、记在心里。赞美的时机多种多样，当时、事后、大庭广众之下、两人独处之时，都可进行，但一般以当时赞美、当众赞美为好。

3）力争是第一次发现

你所发现的对方的特色、潜能、优势最好是别人还没有发现，甚至是他自己也没有发现的内容。你的赞扬会令他恍然大悟，瞬间增强自信，从而对你产生好感。

4）与对方的内心好恶相吻合

他自己认为是缺点，内心极为厌恶，但却被你夸奖，这会令他无法接受。如你赞美某个朋友像某个电影明星，而他恰好讨厌这个明星的相貌或性格，那你的赞美就适得其反。

5）寻找对方最希望被赞美的内容

各人有各人的长处，他们固然盼望得到别人公正的评价，但在那些还没有自信的方面，尤其不喜欢受到别人的恭维。例如，女孩子都喜欢听到别人夸赞她们美丽，但对于具有倾国倾城姿色的女孩，就要避免再去赞扬了，而应称赞她的智力。如果她的智力又恰好不如别人，那么你的称赞一定会使她雀跃无比。

6）间接恭维

引用他人的评价，对某个朋友、同事过去的事迹，也就是既成的事实加以赞美，这称为间接恭维。这证明你对他的成就声誉有所了解，对方会欣然接受你的亲切、热情。

7）背后赞扬

在背后赞扬人，是一种至高的技巧，因为人与人之间难得的就是在背后能说好话，而不是说坏话。如果朋友知道你在别人非议他时挺身而出、主持公道，一定会非常感激你。

8）引其向善的赞美

赞美与谄媚、奉承、拍马屁的区别就在于引其向善，你希望对方拥有哪些优点、巩固哪些优点，你就要发现这些优点，并及时予以鼓励，对方的自尊心受到激励后，会朝着你赞许的方向努力。

9）含蓄性的赞美

过于直接、过于暴露的赞美时常会令对方感到不自在或肉麻，抽象含蓄的赞辞却可使人迷醉。词语本身含有多方面的意思，可做多种解释，对方会不自觉地往好的方面去想。譬如你赞扬她："你的眼睛好漂亮！"如果对方真的如此，她只会认为是理所当然的。但如果并非如此，这便成了一种讽刺。所以，倒不如说"你很有气质"，能产生更好的效果。

10）直观性的赞美

初次相识时，可较多地使用这种方法。从对方的饰物入手，对其衣着、装饰等具体事情予以发现并适度赞扬。这会让对方感到轻松、自然，从而使气氛活跃起来。

（七）肢体语言

人们在沟通时通常会借助一些肢体语言来辅助沟通。那么，肢体语言又能产生什么效果呢？

1. 肢体语言在沟通中的作用

1965年，美国心理学家佐治·米拉经过研究后发现，沟通的效果来自文字的只有7%，来自声调的有38%，而来自身体语言的有55%。也就是说，人们吸收信息的来源，说话者的谈话内容占7%，声音的语调、速度、分贝占38%，身体的动作表达占55%。最典型的例子就是卓别林的喜剧，大家看了就开始止不住地笑，这就是肢体语言的效果。

（1）动作姿势是一个人思想感情、文化修养的外在体现。一个品德端庄、富有涵养的人，其姿势必然优雅。一个趣味低级、缺乏修养的人，是做不出高雅的姿势来的。

（2）在人际交往中，我们必须留意自己的形象，讲究动作与姿势。因为我们的动作姿势，是别人了解我们的一面镜子。

（3）人际交往中，我们可以通过别人的动作、姿势来衡量、了解和理解别人。

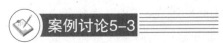 **案例讨论5-3**

君子与无赖

有个人走进饭店要了酒菜，吃完摸摸口袋，发现忘了带钱，便对店老板说："店家，今天忘带钱了，改天给你送来。"店老板连声说："不碍事，不碍事。"并恭敬地把他送出门外。

这个过程被一个无赖看到了。于是，他也进饭店要了酒菜，吃完后摸了摸口袋，对店老板说："店家，今天忘了带钱，改天送来。"谁知店老板脸色一变，揪住他，非剥他衣服不可，无赖不服，说："为什么刚才那人可以赊账，我就不行？"店家说："人家吃菜，把筷子在桌子上蹾齐，喝酒一盅盅地，斯斯文文，吃罢掏出手绢擦嘴，是个有德行的人，怎么能赖我这几个钱。你呢？把筷子在胸前蹾齐，狼吞虎咽，吃上瘾来，脚踏上板凳，端起酒壶直往嘴里灌，吃罢用袖子擦嘴，分明是个居无定室、食无定餐的无赖之徒，我岂能饶你！"一席话说得无赖哑口无言，只得留下外衣，狼狈而去。

这个故事带给你什么启示？

2. 运用肢体语言应注意的问题

1）注意与人接触的距离

（1）亲近的朋友和家人可以保持 45 cm 的距离；

（2）朋友和亲近的同事可以保持 45～80 cm 的距离；

（3）同事或熟人应保持 60～120 cm 的距离；

（4）与陌生人大约要保持 150 cm 的距离。

2）注意眼睛

眼睛是心灵深处的透视镜，我们一起来看看下面的这几个视线。

（1）商谈视线：直视对方的额心和双眼之间一块正三角形区域，会产生一种严肃的气氛。

（2）社交视线：注视对方双眼和嘴巴之间形成的倒三角形区域，便会产生社交气氛。

（3）亲密视线：就是越过双眼往下经过下巴到对方身体其他部位。近距离时，在双眼和胸部之间形成三角形；远距离时，则在双眼和下腹部之间形成三角形。

（4）斜视加微笑，表示兴趣；若斜视加下垂的嘴角，则表示敌意。

（5）闭眼令人恼怒。

（6）微笑表示友善礼貌，皱眉表示怀疑和不满意。

所以，在沟通过程中，请保持适当的目光接触。

3）脸部是视觉的重心

脸部是视觉的重心，它在沟通的肢体语言中，占了举足轻重的地位，是最容易表达也是最快引发回应的部分。脸上的表情包括口形、嘴巴的律动等。嘴角的上下、眼睛的转动、眼神的正邪、正眼或斜眼看人、眉毛的角度、眉毛的扬抑等都可以综合反映出一个人的情绪，例如悲伤、快乐、愤怒、仇视、怀疑等。

4）身体方向

身体方向是心语的传送管道。个人躯干或双脚面对的方向，表示内心向往的去处。判断一组对话属于开放式还是封闭式，方法很简单，通常开放式是两个人身体形成 90 度，欢迎第三者加入；而封闭式的身体角度为 0，表示亲密或对抗。

5）手势

手势是人类的第二张脸。手势在人们沟通交流中是很容易被忽视的，有时有人还认为手势无关紧要，特别是有人喜欢用手指指着别人说话，这其实是很不礼貌的。所以，以下手势要引起注意：

（1）掌心向上，表示顺从或请求。

（2）掌心向下，表示权威或优势。

（3）手掌收缩伸出食指，表示威吓。

（4）举手用力向下，表示有攻击、恐吓的意味。

（5）高举单手或竖起手指，示意你想说话或在会议中发表见解。

（6）用食指按着嘴巴，示意肃静，不要吵。

（7）用手指着手表或壁钟，示意停止工作或时间到了。

（8）把手做成杯状放在耳后，手掌微向前，示意"请大声一点，我听不清楚"。

6）其他肢体语言

每个人还有一些不自觉的身体语言，常在沟通过程中展现出来。

（1）感兴趣或兴奋时，瞳孔会放大。

（2）与某人说话时，越来越投入，深度感兴趣时，身体慢慢向前倾。

（3）紧张的时候，耸起肩膀、握紧双手、脸部肌肉收缩。

（4）犹豫不决时，摸着鼻子。

（5）对事情不是很肯定时，半遮着嘴巴。

（6）不耐烦、没耐心时，左顾右盼，玩弄手上的笔。

（7）没兴趣时，全身放松，靠在椅背上，或交叉双腿，摇晃放在上面的腿。

课堂自检

1. 你在沟通过程中是否能够有意识地运用沟通技巧？

2. 你在与人沟通时考虑过控制自己的情绪吗？

技能训练　撕纸游戏

【实训目标】

1. 让学生理解沟通障碍产生的原因。

2. 培养学生有效沟通的能力。

【实训内容与要求】

1. 给每位学生一张纸。

2. 老师单向指令：大家闭上眼睛，全过程不需问问题，把纸对折，再对折，把右上角撕下来，把纸转过来，把左上角也撕下来，睁开眼睛，把纸打开。

3. 老师和同学会发现不同答案；分组讨论，要求学生表述造成沟通障碍的原因，并提出有效沟通的方法。

项目六　科学管理时间

学习目标

知识点：

1. 了解时间的概念、特性。

2. 明确时间管理的意义。

3. 清楚时间管理的内涵。

4. 认识时间管理的误区。

5. 掌握时间管理的重点和方法。

技能点：

1. 培养良好的时间管理习惯。

2. 形成正确的时间价值观。

3. 能较好地规划自己的时间。

4. 学会管理时间的方法。

5. 善于管理自己的时间。

任务一　正确认识时间

一、对时间的不同表达

　　说到时间，我们会想到很多：日出日落皓月星辰，冬去春来四季交替，发芽的小草、长高的孩子、白发的老人……没有人能越出时间的轨道，没有人能挣脱时间的束缚。那么什么是时间呢？

案例讨论6-1

你如何用这笔钱？

　　如果银行每天早晨向你的账号拨款 8.64 万元，你在这一天可以随心所欲，想用多少就用多少，用途也没有任何的规定。条件只有一个：用剩的钱不能留到第二天再用，节余也不能归自己。前一天的钱你用光也好，分文不花也好，第二天你又有 8.64 万元。

你如何用这笔钱？

即使在今天，对于时间的概念，我们仍然不能像定义任何一个实际的事物那样给时间下一个定义。我们可以度量时间，但不知道时间是什么，因此，不同学科从不同的角度用不同的语言来解释，时间便有了不同的含义。

（一）用数学语言来说

时间既是一个常量，又是一个变量。时间是一个常量，就像一架天秤，对每个人都是平等的。时间又是一个变量，善用则多，妄用则少。

（二）用物理语言来说

时间既是一个标量，又是一个矢量。时间是一个标量，它不会因为个人的意志而转移，一天是 24 小时，那它就是 24 小时；时间又是一个矢量。那些惜时而求进的人，能大步地跨越时间，走到时间的前面，走到世界的前面；而懒散不求上进的人，总滞留在时间的后面，随意糟蹋时间，甚至还拖着时间向后走，以致落到时代的后面。

（三）用化学语言来说

时间就像是电子、质子、中子，而知识又好比是分子、原子、离子。

如果你是一个高明的化学家，你会利用你的知识把它们成功地与时间组合起来，在组合的过程中，让它们产生威力无比的核裂变反应，从中可以获取巨大的能量，并通过它来创造知识、创造财富、创造世界上从未出现过的辉煌。

（四）用经济学语言来说

时间是一般等价物。你一旦降生人间，造物主就签发给你一张币值相等的支票，老少无欺，从不做假。但拿了这张支票怎么用，那属于个人的自由了。可以用它投资产品，因此获取高额的利润和回报；也可以用它投机赌博，因运气不佳或手气不好而血本无归。

（五）用文学的语言来说

朱自清曾经这样描述时间："洗手的时候，日子从水盆里过去，吃饭的时候，日子从饭碗里过去……"时间如白驹过隙稍纵即逝，时间如"黄河之水天上来，奔流到海不复回"，让我们学会把握住手中的分分秒秒，要知道，一天并不是 24 小时，而是 86 400 秒。让我们记住这样一句话：时间是组成生命的材料，珍惜时间，也就意味着珍惜生命！

二、时间的特性

（一）供给毫无弹性

时间的供给量是固定不变的，在任何情况下不会增加也不会减少，每天都是 24 小时，所以我们无法开源。

（二）无法蓄积

时间不像人力、财力、物力和技术那样被积蓄、储藏。不论愿不愿意，我们都必须消费时间，所以我们无法节流。

（三）无法取代

任何一项活动都有赖于时间的堆砌，这就是说，时间是任何活动都不可缺少的基本资源。因此，时间是无法取代的。

（四）无法失而复得

时间无法像失物一样失而复得。它一旦丧失，则会永远丧失。花费了金钱，尚可赚回，但倘若挥霍了时间，任何人都无力挽回。

三、人生的时间本能

人生的本质是什么呢？不同的人对此有不同的认识。有的人认为人生短暂，所以认为奋斗和付出是不必要的；有的人认为人生是要享受的，否则就白来一遭；有的人不明白人生是什么，一辈子为了吃饭而苦苦耕耘，从不停歇。

有的人则胸怀大志，充分利用宝贵的时间，创造有用的价值。他们的人生是一次神奇的传说，尽管他们因此而饱尝痛苦，受尽折磨，可是，这种人主宰了自己的命运。

总之，不同的人由于人生态度不一样，对于人生本质的理解也不相同，因此，在人生中表现出的行为也有所不同，生命的轨迹也大不一样。

渴望生存的愉悦，追求人生的快乐，是人的天性和权利，是人类的又一大本能。

时间就是生命。鲁迅先生说："节省时间，使一个人的有限生命更加有效，就等于延长了人的生命。"从时间角度分析，人生就是为了使有限的生命从量上得到延长，从质上得到提升，从而增加时间的厚度、宽度、密度，使人生更加充实。

四、时间的意义

世界华人保险圈中享有盛名的黄经国先生曾经用一个"剪时间尺"的游戏来阐明时间的意义，很通俗，但非常深刻。

首先，你要准备一把 60 寸①的软尺。假如你有 80 岁寿命，1～20 岁可能是你不能自主的，所以不谈。现在你的软尺有 60 寸，表示你 20～80 岁的时间，每 1 寸是 1 年。你 60～80 岁这几年是老年时期，处于半退休或退休状态，所以你可以用剪刀把软尺上的 20 寸剪去，这部分表示你 60～80 岁的 20 年时间。现在你的软尺只剩下 40 寸，也就是你一生的黄金时间。

人每天平均睡眠 8 小时，一年 365 天，一年平均的睡眠时间是 2 920 小时，40 年就是 1 168 万小时，即 13 年。现在，请你将软尺剩下的 40 寸剪去 13 寸，剩下的只有 27 寸。

一般人，每天早、中、晚三餐，包括周六日饮茶时间（还未包括下午茶及一般推销员闲聊的时间），平均需要 2.5 小时，一年大约用去 912 小时，40 年便是 36 480 小时，相当于 4 年时间，所以请你把软尺再剪去 4 寸，现在的软尺就剩下 23 寸。

---

① 1 寸 = 0.033 米。

你是否计算过自己每星期用于娱乐、锻炼身体的时间有多少？周末晚上你有什么消遣？看电影、搓麻将、打球、听音乐还是看书？如果你周六周日全都花在娱乐方面，平均每天花去 3 小时，40 年就又用去 4.38 万小时，等于 5 年。你又剪去 5 寸，现在软尺只剩下 9 寸。

还有，每人每日必做的三件大事：刷牙洗脸，大小便及洗澡，还有女士的化妆，男士用来看报纸的时间。以上各项，如果你每天用 1 小时，40 年就是 1.46 万小时，即 1 年半；那么，现在你手上的软尺只有 7.5 寸。

如果你一年有 7 天休假，40 年等于 0.672 万小时；如果你每天都做白日梦或浑噩 1 小时，40 年就是 1.46 万小时；如果你每天因为闹情绪，无法集中精力工作 1 小时（一般超过 2 小时），40 年便是 1.46 万小时。把以上各项相加，虚度时间的总数为 3.59 万小时，等于 4.1 年，那么，现在你手上的软尺只剩下 3.4 寸。

任务二　学会管理时间

一、时间管理概述

（一）时间管理的内涵

时间管理是个人管理的一部分，即如何更有效地安排自己的工作计划，掌握重点，合理有效地利用工作时间。简而言之，时间管理的目标是掌握工作的重点，其本质是管理个人，是自我的一种管理，方法是通过良好的计划和授权来完成这些工作。

案例讨论6-2

你的"银行存款"是如何花掉的？

在上面的"银行拨款"案例中，不难发现：我们每天有 24 小时，每小时由 60 分钟组成，每分钟由 60 秒组成，总计就是 8.64 万秒。拥有这样的一笔财富，我们是怎样花掉的呢？有人曾粗略地统计过一个活到 73 岁的美国人是怎么花时间的？

睡觉：21 年；

工作：14 年；

个人卫生：7 年；

吃饭：6 年；

旅行：6 年；

排队：6 年；

学习：4 年；

开会：3 年；

打电话：2 年；

找东西：1年；

其他：3年。

看了上面的这一组数据，你有何感受？

大凡能够在事业上做出卓越成绩的人都是时间管理的专家，格里在威格利南方联营公司当了20多年的总经理，该公司是美国最成功的超级市场之一，他获得了许多荣誉。一是，他的工作记录几乎为所有的总经理所羡慕，这个记录中包括连年不断的销售记录和利润记录；二是，他毫不松懈地连续应用计划、组织、授权、激励、评价和控制等项目的基本原则，显示了他专业管理的精神；三是，他献身时间管理原则的事迹已经得到大量的赞扬。在格里看来，良好的时间管理是正确的管理的基础。

（二）时间管理的益处

时间管理的益处体现在以下六个方面：

（1）控制时间，而不是被时间所控制，利用好时间，变被动为主动，由自己来操控时间。

（2）能够减轻工作压力，能够留出更多的时间，从容地安排时间。

（3）可以节约时间。

（4）利用相同的时间，能够更加专注地做重要的事情。

（5）利用好时间，可以提高工作效率，改善工作的质量。

（6）平衡时间，掌握好利弊，有效工作。

利用好时间，你就可以更智慧地工作，更快乐地工作，而不是更辛苦地工作。

（三）时间管理方法的发展

时间管理的方法有一个演变的过程。

第一阶段的时间管理是利用便条、备忘录和记事本之类的来记下工作的重点。

第二阶段的时间管理方法更注重计划性，人们利用安排表、效率手册或者商务通等电子手段来安排工作事项。

第三阶段的时间管理方法是人们设立近期、中期和长期的工作目标，根据不同的目标来分配各自的工作重点，安排工作时间。

时间管理现在已经进入第四阶段。前几阶段的时间管理注重完成工作的时间和工作量，而现在的时间管理则更注重个人的管理，注重效能，关注完成的工作是否有用。现在，所谓时间的浪费，是指对目标毫无贡献的时间消耗。所谓时间管理，是管理者的自我管理，即你必须抛弃陋习，引进新的工作方式和生活习惯，包括要订立目标、妥善安排计划、分配时间、权衡轻重和权力下放，加上自我约束、持之以恒，才可提高效率，事半功倍。

二、时间管理的误区

我们探索克服时间浪费的途径便是"培养克服时间管理误区的技能"。所谓时间管理的误区，是指导致时间浪费的各种因素。

 课堂练习

你是否掌握你的时间？

下面用最简单的办法测试你是否能掌握时间，只需回答"是"或"否"。

(1) 你通常工作很长时间吗？

(2) 你通常把工作带回家做吗？

(3) 你感到很少花时间去做你想做的事吗？

(4) 如果没有完成你所希望做的工作，你是否有负罪感？

(5) 即使没有出现严重问题或危机，你是否也经常感到工作有很多压力？

(6) 你的案头有许多并不重要但长时间未处理的文件吗？

(7) 你时常在做重要工作时被打断吗？

(8) 你在办公室用餐吗？

(9) 在上个月，你是否忘记了一些重要的约会？

(10) 你是否经常把工作拖到最后一分钟，然后很努力地去做完它们？

(11) 你觉得找借口拖延你不喜欢做的事容易吗？

(12) 你总是因为需要做一些事情而感到繁忙吗？

(13) 当你长休了一段时间，你是否有负罪感？

(14) 你是否经常无暇阅读与工作有关的书籍？

(15) 你是否忙于解决一些琐碎的事情而没有去做与公司目标一致的大事？

(16) 你是否沉醉于过去的成功或失败之中而没有着眼于未来？

测试结果：

当你有 12～16 个问题回答"是"：注意！你在时间管理上需要改进！

如果你有 8～11 个问题回答"是"：当心、你需要重新审视你的时间行动指南！

如果你有 4～7 个问题回答"是"：可以，方向正确但仍需努力！

如果你有 0～3 个问题回答"是"：恭喜！坚持并保留你的时间行动指南！

（一）误区一：工作缺乏计划

1. 不做计划的原因

所谓计划，即指未来行动纲领的先期决策。计划的拟订能给我们带来诸多的好处，但有的人从来不做或是不重视做计划，原因不外乎如下几条：

(1) 因过分强调"知难行易"而认为没有必要在行动之前多做思考。

(2) 不做计划也能获得实效。

(3) 不了解做计划的好处。

(4) 计划与事实之间极难趋于一致，故对计划丧失信心。

(5) 不知如何做计划等。

2. 由于工作缺乏计划将导致的恶果

(1) 目标不明确。

(2) 没有进行工作归类的习惯。

（3）做事缺乏轻重缓急的顺序。

（4）没有时间分配的原则。

（二）误区二：组织工作不当

组织工作不当主要体现在以下几个方面：

（1）职责权限不清，工作内容重复。

（2）事必躬亲，亲力而为。

（3）沟通不良。

（4）工作时断时续。

（三）误区三：时间控制不够

罗马哲学家赛涅卡说："时间的最大损失是拖延、期待和依赖将来。"英国诗人爱德华扬也曾大声疾呼："拖延是偷走光阴的贼。"

 案例讨论6-3

小张的大半天

某天早晨，小张在上班途中信誓旦旦地下定决心，一到办公室即着手草拟下一年度的部门预算。他很准时，于9：00整走进办公室，但他并没有立刻从事预算的草拟工作，因为他突然想到不如先将办公桌和办公室整理一下，以便在进行重要工作之前为自己提供一个干净与舒适的环境。他总共花了30分钟的时间，才使办公环境变得有条不紊。他虽然未能按原定计划于9：00开始工作，但他丝毫不感到后悔，因为30分钟的清理工作不但已获得显然可见的效果，而且有利于工作效率的提高。他面露得意神色，随手点了一支香烟，稍作休息。此时，他无意中发现桌上的一份商业报告内容十分吸引人，于是情不自禁地拿起来阅读。等他放下这份报告时，已经10：00了。这时他略感不自在，因为他已自食诺言。不过，商业报告毕竟是精神食粮，也是沟通媒介，身为企业的部门主管，怎能不关心商业信息，即使上午不看，下午或晚上则非补看不可。这样一想，他才稍觉心安。于是他正襟危坐地准备埋头工作。就在这个时候，电话铃响了，是一位顾客的投诉电话。他连解释带赔罪地花了近40分钟的时间才说服了对方，平息了顾客的怨气。挂上电话，他去了洗手间。在回办公室的途中，他闻到咖啡的香味。原来另一部门的同事正在享受"上午茶"，他们邀他加入。他心里想，预算的草拟是一件颇费心思的工作，若无清醒的脑筋难以胜任，于是他毫不犹豫地应邀加入，就在那儿言不及义的聊了一阵。回到办公室后，他果然感到精神奕奕，满以为可以开始致力于工作了。可是，一看表，已经11：20了，离11：30的部门联席会议只剩下10分钟。他想，反正这么短的时间内也办不了什么事，不如干脆把草拟预算的工作留待明天吧。

1. 小张在时间管理上，存在哪些问题？

2. 你的工作中存在类似的问题吗？请举例说明。

拖延商数的测验

我们提供了一个拖延商数的测验，请你先做一下自我测评。

请据实选择以下最切合你情况的答案。每个陈述有四种答案：A. 非常同意，B. 略表同意，C. 略表不同意，D. 极不同意。

（1）为了避免对棘手的难题采取行动，我于是寻找理由和借口。

（2）为使困难的工作能被执行，对执行者下压力是必要的。

（3）我经常采取折中办法以避免或延缓不愉快的事发生。

（4）我遭遇了太多足以妨碍完成重大任务的干扰与危机。

（5）当被迫从事一项不愉快的决策时，我避免直截了当地答复。

（6）我对重要行动计划的追踪工作一般不予理会。

（7）试图令他人为管理者执行不愉快的工作。

（8）我经常将重要工作安排在下午处理，或者带回家里，以便在夜晚或周末处理它。

（9）我在过分疲劳（或过分紧张、过分泄气、太受压抑）时，无法处理所面对的困难任务。

（10）在着手处理一件艰难的任务之前，我喜欢清除桌上的每一个物件。

评分标准：

每一个"非常同意"评4分，"略表同意"评3分，"略表不同意"评2分，"极不同意"评1分。总分小于20分，表示你不是拖延者，你也许偶尔有拖延的习惯；总分在21~30分，表示你有拖延的毛病，但不太严重；总分多于30分，表示你或许已患上严重的拖延毛病。

（四）误区四：整理、整顿不足

办公桌的杂乱无章与办公桌的大小无关，因为杂乱是人为的。"杂乱的办公桌显示杂乱的心思"是有道理的。让一个不富条理的人使用一个小的办公桌，这个办公桌会变得杂乱无章，即使给他换一个大的办公桌，不出几日，这个办公桌又会遭遇同样的命运。套用"帕金森定律"——"工作将被扩展，以便填满可供完成工作的时间"。我们也可以导出"文件堆积定律"——"文件的堆积将被扩展，以便填满可供堆积的空间"。

当你的上司向你索取一份技术资料，你是否能在第一时间从容不迫地递给他？当你需要一份信息时，是否满文件夹翻个底朝天？

（五）误区五、进取意识不强

有些人之所以能够让时间白白流逝而毫无痛悔之意，最根本的原因就是他个人缺乏进取意识，缺乏对工作和生活的责任感和认真态度。主要表现在以下几个方面：

（1）个人的消极态度。

（2）做事拖拉，找借口不干工作。

（3）唏嘘不已，做白日梦。

（4）在工作中闲聊。

　　如果我们一直处于迟钝的时间感觉中，换句话说，当你觉得时间可有可无，不愿面对工作中的具体事务，沉溺于"天上随时掉馅饼"的美梦时，那就需要好好反省自己了，因为你随时在丧失宝贵的机会，随时可能被社会淘汰。

　　前面我们谈到了五个时间管理的误区，不管以前我们做得怎样，要记住：世界上所有的成就都是现在所塑造的。因此，我们要汲取过去，把握现在，放眼未来。

任务三　把握时间管理的重点和方法

一、时间管理的重点

　　（一）习惯管理

课堂练习

　　对照一下，你自己是否有以下不良习惯：

　　（1）工作效率低，办事拖拉。

　　（2）时间观念差，工作时磨磨蹭蹭。

　　（3）眉毛胡子一把抓，找不到主次。

　　（4）经常被电话，不速之客干扰，延误工作，晚上加班干。

　　（5）什么事情都愿意管，认为忙才好。

　　（6）认为下属多请示汇报才有权威。

　　（7）没有目标，没有计划。

　　（8）不善于利用零碎时间。

　　（9）不会休息，不会娱乐，没有空闲。

　　如果你有上述一些不良习惯，就要想办法消除，修正自己的习惯、性格乃至某些习以为常的观念，痛下决心加以改正，逐渐养成好的习惯。

　　怎样养成好的习惯？试试以下的建议。

　　（1）每天花30分钟做计划。

　　（2）有书面日计划、周计划和月度计划。

　　（3）让下属了解你的工作习惯。

　　（4）排出每周工作的优先顺序。

　　（5）集中精力完成重要工作。

　　（6）使授权成为一种工作风格和管理方式。

　　（7）学习并运用对付干扰的方法。

　　（8）明确生活和工作目标。

　　（9）保证一天内有一段时间不受干扰。

　　（10）有效利用零碎时间。

（11）招聘得力的秘书或充分利用电脑等现代办公设备。

（12）文件柜或办公桌整洁、条理清楚。

（13）在固定的时间处理往来的函件。

（14）尽量将无用的文件处理掉。

（15）使每件工作善始善终，避免头绪多而乱。

（16）除非万不得已，才召开会议。

（17）养成常年使用工作效率手册的习惯。

（二）价值管理

时间是有价值的，要有时间价值观念。避免"一分钱智慧，几小时愚蠢"的情况，如为省两元钱而排半小时队，为省两角钱而步行三站地等，这都是极不划算的。对待时间，就要像对待经营一样，时刻要有一个"成本和价值"的观念，要注重时间的机会成本，使时间产生的价值最大化。

世界名人对时间价值的认识

可以支配的时间就是财富本身。

　　　　　　　　　　　　　　　　　——马克思

世界上最珍贵的东西就是时间。

　　　　　　　　　　　　　　　　　——爱迪生

人类都忽略了时间的可贵，失去它，才懊恼不已。

　　　　　　　　　　　　　　　　　——伏尔泰

要充分利用时间，每一项事务都要安排时间。

　　　　　　　　　　　　　　　　　——富兰克林

时间是最高贵而有限的资源。

　　　　　　　　　　　　　　　　　——彼德·杜拉克

1. 时间的价值

（1）每一天、每一小时、每一分钟都有很大价值。时间就是金钱，浪费时间，就意味着增加了成本，减少了利润。浪费的时间，无论如何也弥补不了。

（2）钱是一分一分挣来的。钱是通过每一分钟、每一小时、每一天的努力工作挣来的。一天浪费（不管什么原因）1~2小时，意味着在其他时间中挣钱的效率要提高10%~30%，显然，这是十分困难的。

（3）浪费时间等于浪费金钱。用上面的两种方法计算一下时间价值，并牢牢记住：浪费了多少时间，就是浪费了多少金钱。

（4）时间需要规划。规划时间，以便使宝贵的、有限的时间用在可以产生最大收益的活动上。

2. 明确你的价值观

价值观是决定我们如何作出选择和行动的关键因素，所以如果你不知道自己的价值观，就会像无头苍蝇一样乱冲乱撞，这是对时间的最大浪费。我们所熟知的三大时间"杀手"——拖延、犹豫不决、目标不明确，归根结底就是因为不知道自己的价值观是什么或者是不同的价值观冲突所致。

如果我们不知道自己人生中什么是最重要的，什么是需要坚持的，那么怎么会知道该做什么？怎么会知道如何做出有效的决定？相信你肯定碰到过棘手的情况，迟迟做不了决定，这就是因为你不清楚当时对你来说最重要的价值是什么，同样，你的价值观也会影响你与周围人的互动，当你的价值观与老板的价值观发生冲突时，你的升迁会受到影响；当你的价值观与公司的价值观不合时，工作会很痛苦；当你的价值观与社会法律不一致时，会导致犯罪。这其中任何一条都会影响到我们的时间。

所有能够成功把握自己时间的人都始终明确自己的价值观，如果你不清楚自己的价值观是什么，那么其他所有的时间管理技巧都属于多余，因为，如果你走错了路，就算拼命跑又有什么用？

 **课堂练习**

你的时间值多少钱

你的时间价值是多少？你计算过吗？请根据下表来计算一下你的时间价值。

年收入/万元	年工作时间/天	日工作时间/小时	每天价值/元	每小时价值/元	每分钟价值/元
1	250	8	40	5	0.08
2	250	8	80	10	0.16
3	250	8	120	15	0.25
5	250	8	200	25	0.42
10	250	8	400	50	0.83

你的时间价值是每天_____元。
你的时间价值是每小时_____元。
你的时间价值是每分钟_____元。
那么，人们该如何管理时间，让自己的时间增值，让自己更有成就呢？

 **二、时间管理的方法**

（一）明确目标

1. 目标能够激发我们的潜能

 **案例讨论6-4**

赖嘉的故事

赖嘉随父母迁到亚特兰大市时，年仅四岁，他的父母只有小学五年级的学历，因此当赖嘉表示要上大学时，他的亲友大多不表示支持，但赖嘉心意已决，最后果真成为家中唯一进大学的人，但是一年之后，他却因为贪玩导致功课不及格而被迫退学，在接下来的六年，他过着得过且过的生活，毫无人生目标，他大半时间都在一家低效率的电台担任导播，有时替卡车卸货。

有一天，他拿起柯维的第一本著作《相会在巅峰》读，从那时起，他对自己的看法完全改变了，他发现自己有不平凡的能力。重获新生的赖嘉，终于了解到目标的重要性。的确，目标决定我们的将来。

赖嘉的目标是重返大学，然而他的成绩实在太差了，以至于连遭墨瑟大学两次拒绝。在遭到第二次拒绝之后的某天，赖嘉无意间撞见院长韩翠丝，他趁机向她表明心志。结果，院长答应了他的请求，准许他入学，但有一个附加条件，就是他的平均分数要达到乙等，否则，就要再度被退学。

赖嘉一改过去的散漫态度，以信心坚定、目标明确、内心无畏的姿态，重新踏入校门。经过两年零三个月，便以优异的成绩取得了学位，紧接着迈向更高的目标。

如今，赖嘉已成为博士，他还在全美发展最迅速的教会担任牧师，教会地点就在费城特尔市，距他成长的亚特兰大仅数分钟车程。

赖嘉的故事对我们有哪些启发？

从上面的例子我们可以看出，有目标才有结果，目标能够激发我们的潜能。在人生的旅途中，没有目标，就好像走在黑漆漆的路上，不知往何处去。美国的一份统计结果显示，一个人退休后，特别是那些独居老人，假若生活没有任何目标，每天只是刻板地吃饭和睡觉，虽然生活无忧，但他们后来的寿命一般不会超过七年。

虽说目标能够刺激我们奋勇向上，但是，对许多人来说，拟定目标实在不是一件容易的事，原因是我们每天都在忙碌地工作，没有时间好好想想自己的将来。但这正是问题的症结，就是因为没有目标，每天才弄得没头没脑、蓬头垢面，这只是一个恶性循环罢了。那么我们究竟如何选择或是制定正确的目标呢？

我们认为，在选择或制定目标时，应考虑两个方面：一是目标要符合自己的价值观；二是要了解自己目前的状况。

2. 目标制定的原则

德国军事战略专家卡尔·冯·克劳塞维茨将军说过："战争胜利的关键是要坚决、努力地追求一个决定性的重要目标。"如何确定一个明确的执行目标呢？大家最熟悉的是SMART 原则，即所设定的目标必须符合 5 项基本原则。

（1）S：Special——目标必须是明确的。

（2）M：Maesurable——目标必须是可测量的。

（3）A：Attainable——目标必须是可获得的。

（4）R：Realistic——目标必须是现实的。

（5）T：TIME – based——目标必须是有时间限制的

3. 目标制定的方法

确立目标既然那么重要，那么，应如何确立良好的目标呢？

1）目标必须是你自己的

假定目标是由你自己制定的，则你本身将成为实现目标的原动力；倘若目标是由他人制定的，则你应对这些目标进行个人的思考与判断，尽量让它们成为你的一部分。任何一种目标，当你参与的成分越高，则你对它的实现所赋予的承诺将越大。

2）目标必须切合实际

所谓切合实际，即指具有完成的可能。但是"目标必须切合实际"这句话并不意味着目标应是低下的或是容易完成的。事实上，一种不是轻易能够完成的目标对目标的追求者才具有真正的挑战性。这就是说，目标本身必须具有相当的难度，以及具有被完成的可能性。在你制定目标的时候，必须使它们成为你所愿意追求的或者你所能够追求的对象。

一般说来，目标定得越高，其挑战性就越大。但是，当目标高到令你感觉无法完成的时候，你或许将永远不会设法去完成它。

3）目标必须用书面形式列明

许多人都认为没有必要将目标写出来。他们常说他们已将目标记在脑中，而且只要他们时常想起它们，即使用文字写下来，也不会产生任何实质上的差别。其实，这是一种似是而非的推论。目标必须用书面形式列明，才会产生持久的推动力。

4）目标必须具体而且可以衡量

含糊笼统的目标极难成为行动的指南。例如，某单位主管因该单位员工流动率过高，而下决心予以避免。倘若将目标定为"降低本单位的员工流动率"，则该目标肯定难以作为行动的指南，因为没有具体指出流动率应降低多少。但若该目标被改为"在6个月内将员工流动率由65%减至25%"，则上述的缺点将不复存在。

5）目标必须具有期限

任何一种目标都必须指明完成的期限，这是因为以下两点：

（1）若不指明目标的完成期限，则人们很容易采取拖延的态度，而使目标的实现遥遥无期；

（2）确定目标的完成期限，有助于拟定恰当的行动纲领。不过，在估计完成目标所需的期限时，管理者最好是按至少需要的时间作衡量的基础，这样才能比较容易令管理者的估计切合实际。

6）目标之间必须相互协调

同时追求多种目标时，管理者必须事先化解存在于各个目标之间的冲突或矛盾，以免让管理者所获得的各种成果因相互抵消而徒劳无功。

4. 制订清晰的计划

要更好地实现目标，应制订出清晰的工作计划。在确立某一目标时，管理者要做到以下几点：

（1）必须衡量实现该目标所需的总时间。

（2）将这个总时间划分为若干细小的单位，以便令管理者在每一单位时间内只须照顾目标的一小部分。

例如，一个为期五年才能实现的长远目标，可以划分为五个年度目标，而每一个年度目标又可区分为四个季目标，每一个季目标又可区分为三个月目标，月目标又可区分为周目标，乃至日目标。这即是所谓的"目标金字塔"。在长远、年、季、月、周、日六个层次的目标之中，最容易把握的是周目标与日目标。周目标与日目标的实现有赖于若干活动的进行，因此，管理者必须依据周目标及日目标分别编制每周工作计划表及每日工作计划表。

（3）每年年末作出下一年度工作规划，每季度季末作出下一季度工作规划，每月月末作出下月工作计划，每周周末作出下周工作计划。

（二）关注效率与效果

1. 提高时间管理的效率

效率是时间管理极其重要的组成部分，它是指输入与输出的关系。对于给定的输入，如果你能获得更多的输出，你就提高了效率。对于较少的输入，你能获得同样的输出，同样也提高了效率。因为管理者经营的输入资源是稀缺的，所以他们必须关注资源的有效利用。因此，管理就是要使资源成本最小化。每个人的时间资源都是十分有限的，提高时间效率，就是尽可能地以最小的时间输入获得更大的成果输出。

拖延是影响时间效率的主要因素之一。因此，要尽力克服拖延的习惯。克服拖延的方法，常用的有以下四种：

1）各个击破法

这种方法有时被比喻为"香肠切片法"。意大利香肠在切片之前因它巨大无比且其貌不扬，所以有令人难以下咽的感觉。但在切成薄片之后，因形状及色调改变则能引起食欲。令人不愉快或令人感到困难的事，若能细分为许多件小事，且每次只处理其中的一件，则这种处理事情的方法将不至于令人感到困难。

采取各个击破法以对付拖延的作风时，有两点必须特别加以注意：

（1）每一个行动步骤都要非常简单，而且很快即可做好。可能的话，应使每一个步骤在几分钟之内能处理完毕。

（2）每一个行动步骤都必须以书面列明，因为如不这样做，就可能永远不会针对拖延的事情采取行动。

2）平衡表法

这也是一种书面分析法。在纸的左边列出拖延的理由，在纸的右边则列出避免拖延事情的潜在好处。结果，出人意料的是，左边通常只有一两个情绪上的借口，如"可能导致尴尬的局面""可能令管理者感到厌烦"等；右边则有许多的好处，其中的一项可能是"将讨厌的事做好，轻松了许多"。平衡表法足以令有拖延恶习的人在冷漠与逃避的心态中觉醒，并面对现实。

3）思维方式改变法

拖延可以说是深植于内心的一种思维方式所造成的结果。这种思维方式是这样的："这种任务必须履行，但是它令人感到不愉快，因此管理者将尽量予以拖延"；倘若管理者能将以上的思维方式改为："这种任务是令人感到不愉快的，但是必须完成它，因此管理者将立即做完它以便尽早忘掉它"。如此，拖延恶习将有望获得矫正。

4）避免过分追求尽善尽美法

由于真、善、美在管理者的价值尺度中向来被视为一种圭臬，因此，在制定决策时，管理者往往趋于过分小心、过分理想化，以至于非到资料齐全或有确切把握时不敢随便进行。这说明了管理者为什么一遇到重大事件便会犹豫徘徊，也说明了求好心切的作家老是无法写完书的第一章。对那些因过分追求完美、迟疑不决的管理者来说，下面的两剂药方相信是有益的。

（1）决策环境本身若具风险性，即具有不确定性，因此想获得完备的决策资料是不可能的。管理者应在已搜集了大多数的关键性资料，即进一步再获得资料所产生的好处不大时，立刻进行决策。

（2）管理者若能及早进行决策，则当决策显示出错误的迹象时，他才有时间采取补救或善后措施。一旦管理者将决策拖延到期限届满时才予以制定，那么，不出错则已，一出错，则永远无法挽回。

2. 注重时间管理的效果

时间管理仅仅有效率是不够的，还必须使活动实现预定的目标，即追求活动的效果。举一个很简单的例子1998年，法国世界杯足球赛，最后一场比赛是上届冠军巴西队对东道主法国队，结果是法国队获胜。下面是一个法国记者第二天采访巴西队的谈话记录："昨天那场球赛踢得怎么样？""哎呀，那是一场世纪大赛，我踢掉一颗门牙，我同伴还踢断一根肋骨，非常精彩！""结果呢？""输了，输了。"法国记者接着问："那你怎样看待你们的对手法国队呢？""那个法国队走狗屎运，有个家伙吃口香糖站在球门旁边，一个球滚过来，他一脚踢过去，进了，好笑。"法国记者就讲："饭桶，还敢跟我说自己踢掉了门牙，踢断了肋骨，人家吃口香糖都能进球，你也不知道羞愧。"这个故事给人很大感触，在足球赛场上什么都是废话，射门最重要。从头跑到尾，这表面上看来很有效率，然而关键问题是进球了没有？进球才叫作效果。因此，效率涉及的是活动的结果。进行时间管理不仅要使活动实现目标，即有结果，而且要做得尽可能有效。

一个单位或一个人做任何事情，既有效率又有效果当然最好，如果迫不得已非要放弃一项，那么宁可放慢节奏，也要保证效果，有时片面追求高效率往往不一定产生好的效果。生产企业有的员工工作效率看起来虽高，但是忽视产品质量，导致返工件或废品增多，不仅自己返工，还要连累别人干无用的工作，加大成本投入，这种没有效果的高效率是不可取的。没有效果的效率是徒劳的。

（三）掌握二八法则（帕累托原则）

案例讨论6-5

穆尔的成功

穆尔于1939年大学毕业后，在哥利登油漆公司找到做业务员的工作。当时的月薪是160美元，但满怀雄心壮志的他仍拟定了一个月薪1 000美元的目标。当穆尔逐渐对工作感到得心应手后，他立即拿出客户资料以及销售图表，以确认大部分的业绩来自哪些客户。他发现80%的业绩都来自20%的客户。同时，他还发现不管客户购买量的大小，他花在每个客户身上的时间都是一样的。于是，穆尔下一步的工作就是将其中购买量最小的36个客户退回公司，然后全力服务其余20%的客户。

结果：第一年，他就实现了月薪1 000美元的目标；第二年，便轻易地超越了这个目标，成为美国西海岸数一数二的油漆销售商。最后还当了凯利穆尔油漆公司的董事长。

穆尔的成功对你有哪些启发？

这个故事除了告诉我们树立正确目标的重要性，还体现了帕累托原则（也称80/20原理）的重要性，总结果的80%是由总消耗时间中的20%形成的。19世纪意大利经济学家帕累托提出了帕累托原则，其核心内容是生活中80%的结果几乎源于20%的活动。比如，20%的客户给你带来了80%的业绩；世界上80%的财富是被20%的人掌握着；世界上80%的人只分享了20%的财富。

按事情的重要程度编排行事优先次序的准则是建立在"重要的少数与琐碎的多数"的原理基础上的。比如80%的销售额是源自20%的顾客，80%的电话是来自20%的朋友，80%的总产量来自20%的产品，80%的财富集中在20%的人手中……

80/20原理对我们的一个重要启示便是：避免将时间花在琐碎的多数问题上，因为就算你花了80%的时间，你也只能取得20%的成效。所以，你应该将时间花在重要的少数问题上，因为掌握了这些重要的少数问题，你只需花20%的时间，即可取得80%的成效。

掌握重点可以让你的工作计划不致偏差。一旦一项工作计划成为危机时，犯错的概率就会增加。我们很容易陷在日常琐碎的事情中；但是有效进行时间管理的人，总是确保最关键的20%的活动具有最高的优先级。

（四）二象限工作法

1. 时间消耗的类型

时间主要消耗在4类活动上，按照所做事情的重要性和紧迫性，将花费时间的事情可分成4类。重要的和紧急的这两个词存在着很大的不同，重要的是指有意义的和可以带来一定后果的事情，或者对我们期望的执行目标具有重要性。紧急的则是指需要即刻做出反应的事情。

按照这两个变量，我们将时间花费分为4种不同情况，如表6-1所示。

表6-1 时间消耗的4种情况

项目	紧 急	不 紧 急
重要	第一象限：又紧急又重要	第二象限：重要但不紧急
	突发的危机事件	制订计划、未雨绸缪的工作
	有时间要求的工作计划	改进流程、挖掘机会、关注变化
	事关大局的急迫问题	学习、健康、家庭、休闲
不重要	第三象限：紧急但不重要	第四象限：不重要又不紧急
	下属的请示汇报	某些烦琐的事
	不速之客	某些应付差事的会议
	某些会议、电话、信件、邮件	某些推销或闲聊的拜访或电话
	某些宴会、论坛、演讲	有趣但无意义的活动

1）紧急并且重要

这是执行中的危机和必须尽快处理的事项。这些事情的处理不仅具有重要意义或产生重要后果，而且必须现在就去做，没有多余的反应时间。我们看到很多管理者将大量时间用在这里，但是所获得的绩效却不足 20%。

2）重要但不紧急

这是很容易被推迟到明天完成的事情，因为即使今天我们没有做也不会产生立刻的反应。这些事情可以带来长期的结果，目前不是很紧迫，但是经常被推迟，就会对组织的长远发展产生不良后果。

3）紧急但不重要

这些事情容易吸引你的注意力，但是对于实现目标和目前的执行事务并不重要。这类事情是经常发生的，你要能够妥善处理。

4）不紧急并且不重要

平常的琐事总是要浪费时间的，如果这些事情对于完成的目标没有任何帮助甚至有消极作用的话，就尽量不去做，或者尽量少做。

2. 时间花费集中在二象限

将时间投入不同的象限，你就会成为不同的人，事实上，所谓成功或失败也因此而来。

偏重第一象限事务的人是"救火队长"式的高压人，他们由于方法不当，缺乏规划和计划，抓不住工作重点，不善于科学授权，因而在工作中漏洞百出，整天陷入似乎既紧急又重要的事务之中。这些人压力巨大，超负荷运转，但工作成效却微乎其微，即使取得了一些工作业绩，也是用自己的精神压力、身体健康或家庭幸福换来的。

偏重第三、第四象限的人不是一个失败者就是一个平庸无为的人。这些人急功近利，缺乏自制和自律，对工作乃至自己的生命不负责任，随波逐流，偷懒耍滑。要么整日忙碌一些琐碎而且毫无意义的事，有苦劳但没有功劳；要么得过且过，碌碌无为。

要想成为一个优秀的职业人，最需要做的是第二象限的工作。有效地计划时间管理不是让你做更多紧迫的事情，而是将花费在一、三、四象限上面的时间最小化，而将更多的时间投入第二象限——对目标执行真正重要的事情上面。第二象限的事情尽管很重要，但是往往不紧急，可它们却是我们生命中的大石块，我们经常会忽略它们或是不断被拖延，比如，关心家庭、孝顺父母、制订计划、坚持学习、提升能力、锻炼身体、休闲娱乐等。

课堂练习

急迫性指数测验

选出你最可能做出的反应行为或态度（A = 从不；B = 有时候；C = 常常）。

（1）我在压力之下表现最好。（　　　）

（2）我常归咎于外在环境太匆忙或紧张，以至于无法作深入的自我反省。（　　　）

（3）我常因周围的人或事动作太慢而不耐烦，我讨厌等待或排队。（　　　）

（4）我休息时会觉得不安。（　　　）

（5）我似乎永远在赶时间。（　　　）

（6）我常为了完成某项事情而拒人于千里之外。（　　　）

（7）我只要片刻没和办公室的同事联系就觉得不安。（　　　）

（8）我在做一件事时常会想到另一件事。（　　　）

（9）我处理危机时表现最好。（　　）

（10）处理突发状况的兴奋感，似乎比慢工出细活更让我觉得有成就。（　　）

（11）我常为了处理突发状况牺牲和亲友共处的时间。（　　）

（12）当我为了处理突发状况，必须取消约会或中途离开时，我认为别人应该能谅解。（　　）

（13）我觉得处理突发状况让一天的生活更有意义。（　　）

（14）我常边工作边吃饭。（　　）

（15）我一直认为总有一天能做我真正想做的事情。（　　）

（16）一天下来，办公桌上的已办文件如果堆得高高的，我会很有成就感。（　　）

评分标准：

A＝0分；B＝2分；C＝4分。

0～25分属于低度急迫性心态；

26～45分属于强烈急迫性心态；

46分以上已经到了严重急迫性的程度。

（五）时间管理的四则运算法则

时间的加减乘除：

加（＋）：找出隐藏时间。

减（－）：减少无谓的时间浪费。

乘（×）：提高工作效率。

除（÷）：根除浪费时间的习惯。

1. 时间管理的加法

时间管理上的加法就是找出隐藏的时间，可以通过下面几种方式去寻找：

1）善于利用等候和空当时间

很多时候，我们的时间都存在空档。比较保守地估计，如果每天有10分钟的时间花在上下班的路上，一个月就是300多分钟，也就是5小时的时间。你可以利用上下班在路上的这10分钟时间，构思一下一天工作的细节，规划每日计划应该做哪些事情。这样，一上班就可以立刻投入工作。还可以利用上下班路上的时间，用录音机来学英语、背单词。一个月下来，也会学到不少东西。

参加聚会、出席会议、与人约会、观看戏剧或运动竞赛等，应在约定时间前半小时之内到达目的地。提前到达，可到咖啡厅或其他安静的休闲场所，做一些工作上的准备、处理杂务、看看书、思考新构想等，如能这样活用时间，会有两个好处：

（1）提前出门，万一遇到交通拥挤等状况时，仍能在约定时间前到达目的地，不会产生让对方空等的尴尬。

（2）提早到达目的地，心情将较为悠闲轻松，可以自在地利用这段空档时间。

2）创造时间区

一家集团公司的老板，每天8点上班，比普通的员工还要早到一个小时，为什么呢？他是这样回答的："早到一个小时，我便很容易地找到一个离公司近一点的停车位（因为在美国停车位非常难找），而且可以利用早到的一个小时处理信件、邮件和文件，效率非常高。"

你也可以比大家早到一个小时，或者晚走一个小时，在这一个小时里没有人打扰，可以静下心来仔细考虑一些事情，这就是创造时间区。

3）逆势操作

逆势操作就是别人干这件事的时候你偏不去干，等没人干的时候你再去干，这个方法确实非常好。比如，午餐时间，餐厅里挤满了人，晚去半个小时，会发现人非常少，然而，晚去半个小时，并不比大家晚回来。

4）背包原则

有个笑话说，两个人去搬砖，其中一个人说对方："你多懒呀，一次就搬一块砖。"对方说道："我觉得你才懒，你一次搬四块砖，比我少走三趟！"这就是背包原则，其实如果利用背包原则的话，可以节省不少时间。

5）注意平时积累素材

不要每次都从头开始，注意平时积累素材，等到用的时候，将积累的素材拿出来就可以。

6）地理上的批量处理

去办公室或收发室，取传真件和送邮件同时进行，这样就不用跑来跑去，节约了不少时间，这是地理上的批量处理。

7）时间上的批量处理

比如，邮件收发，既可以定时收发，也可以随时收发。但定时收发可以集中时间处理，比较从容，可以节约不少时间。

2. 时间管理的减法

减法就是要减少时间的浪费。你的时间很可能都是在犹犹豫豫、反复思考的过程中浪费掉的。因此，首先要改正无意义的思考及行动的习惯，如果任由时间流逝，无所事事，那么，你一天、一个月甚至一年，都将一事无成。以即将参加会考的学生为例，他们常每天摆出苦读的架势，事实上，却什么也没念，等到会考接近时，才想到临时抱佛脚，可是已经来不及了。这类例子屡见不鲜，值得警惕。要管理好时间，提高效率，增加价值，就要减少这类时间的浪费。

曾经引起"水平思考"风潮的思考心理学家狄伯诺提出"五分钟思考法"的原则，就是遇到小事情，不要犹犹豫豫，不要反复去思考，只要花五分钟就可以解决问题。

这五分钟是这样分配的：第一分钟先来决定目标和课题，究竟要做什么，达到什么目的；接下来的两分钟是思考的扩张及探求，要达到这个目标，需要准备哪些条件，可不可行；最后两分钟整理思路，做出结论。

如此严格地限制时间，你就能精神集中，更有助于解决问题。

再以担任经营顾问的王先生为例，他在写计划时必定会测量时间，如果中途思路受阻，就马上换另一个案子来写——这种方式和"五分钟思考法"有异曲同工之妙，都能有效防止时间浪费。

3. 时间管理的乘法

时间管理的乘法，就是怎样提高工作效率。对于完成计划所需要的时间，应该有一个合理的预计，这样才会提高工作效率。在提高工作效率方面，介绍以下一些小方法。

1）物归其所、物归原处

比如，办公桌上堆放的杂物不堪入目，文件到处都是。这样会妨碍你的注意力，导致你情绪紧张，压力增大，又增加了许多查找时间。因而要养成物归其所、物归原处的习惯。

2）建立有效的工作环境

办公桌上物件的摆放次序应该遵循两个原则：一是方便；二是固定。比如，你的电话可以放在左边，这样可以用左手拿起电话；每件东西拿出后要放回原处，这样你就不必再花很多时间去考虑这件东西到底放在哪里，可以减少不必要的时间浪费。

3）处理文件

要善用文件夹，建立文件处理原则

要建立一套文件处理系统，哪些是待送出的文件，哪些文件是处理完的。处理完了的文件要归档，电脑中的文件目录和邮件要归类，这样查找起来一目了然，非常方便。

4. 时间管理的除法

除法就是根除浪费时间的习惯。浪费时间的习惯主要是指拖延时间，比如说上班总是迟到，交代的事情今天不办，拖到明天办。对付拖延时间的办法只有一个——当机立断。

采取逐个击破的方式来改变拖延时间的习惯，就是把大事情划分成小事情，从容易的事情做起。

1）调整思维方式

往往觉得事情越难办就越往后拖，不妨反过来想一想，如果先把这件难办的事情做完，以后就不需要想这件事情了。调整了思维方式，你会变得更加主动，很乐意去做这件事情，那么事情就往往不会像你想的那么难了。

2）避免过分追求尽善尽美

有的人往往把问题想得非常透彻后才去动手做，那么，由于你考虑问题过细，就没有时间去做了。有时可能开始动手做时，灵感随之而来，进展很顺利。应该先想好大框架，然后动手去做，以避免过分追求尽善尽美。

技能训练一　你的学期学习计划

【实训目标】

1. 培养学生制订计划的能力。

2. 提高学生对时间的把握能力。

【实训内容和方法】

1. 每个学生编制一份学期学习计划。

2. 分小组对学期学习计划进行讨论。

3. 班级选取代表发言，老师讲评。

技能训练二　克服拖拉习惯

【实训目标】

1. 正确认识拖拉的危害。

2. 克服拖拉的坏习惯。

【实训内容和方法】

1. 请就以下三个问题写一份简单的报告：

（1）请列出你有哪些拖拉的习惯？

（2）拖拉的坏习惯对你造成了哪些不良影响？

（3）如何去客服个人拖拉的习惯？

2. 分小组对报告进行讨论。

3. 班级选取代表发言，老师讲评。

项目七　语言表达能力

 学习目标

知识点：

1. 了解语言表达能力的内涵和作用。
2. 了解大学生语言表达能力的现状。
3. 掌握大学生提高语言表达能力的常用方法。
4. 掌握常用的口头语言表达技巧。
5. 掌握常用的书面语言（应用文）表达技巧。

技能点：

1. 培养大学生的口语交流技巧。
2. 培养大学生的口头演讲技巧。
3. 培养大学生的口头汇报技巧。
4. 培养大学生的口头指挥技巧。
5. 培养大学生求职面试的口语技巧。
6. 培养大学生起草常用应用文的能力，掌握计划、通知、请示、报告、总结、建议书、自主管理成果报告书的书面表达技巧。

任务一　对语言表达能力的正确认识

 一、语言表达能力概述

（一）语言表达能力的内涵

语言是心灵的声音，是交流思想情感的工具。在人的各种智力中，语言智力被列为第一种智力。事实表明：语言在人的一生中占据着重要地位，是人们发展智力和社交能力的核心因素。

在社会交际中，如何应用语言既是一门学问，也是一门艺术。美的语言能够使人与人之间以礼相待、真诚相见。准确地把握语言并能灵活地使用语言是体现大学生素质能力的重要方面。大学生拥有人生最美好的青春，他们的学习、生活、工作有无限的可能，而美好的明天和成功离不开语言表达，所以，学习和提高语言表达能力是刻不容缓的。

语言表达能力是指在运用口头语言（说话、演讲等）及书面语言（回答问题、写文章）的过程中对字、词、句、段的把握能力。

语言表达能力具体指用词准确、语意明白、结构妥帖、语句简洁、文理贯通、语言平易、合乎规范，能把客观概念表述得清晰、准确、连贯、得体，没有语病。语言表达能力要求我们不仅要会说会写，而且要说得好写得好。

良好的语言表达能力可以把难事办好，使事业成功，使人际关系和谐，使个人发展顺利，使生活愉快、家庭和睦、朋友增多、爱情美满。也就是说，说话能力确实是成功人士必须具备的一项最基本和最重要的能力。

善表达可以使难事好办

深圳某公司要引进国外某公司的一种先进设备，对方漫天要价，谈判陷入僵局。为了缓和气氛，也为了展示实力，对方邀请深圳公司的负责人参观他们的工厂，在参观后的座谈会上，深圳公司负责人说了这样的话："中国是文明古国，我们的祖先早在一千多年前就将他们的四大发明——指南针、造纸、印刷术和火药的生产技术无条件地贡献给人类，而他们的子孙后代，从来没有认为他们不要专利权是一种愚蠢的行为，相反，却称赞祖先为世界科学的进步作出了杰出贡献，现在，中国在与各国的经济活动中，并不要求各国无条件让出专利，只要价格合理，我们一分钱也不少给……"

这番话打动了与会者，引来了热烈的掌声，最终使生意以合理的价格成交，话说得真诚、得体，双方感觉都好，事情就取得了成功。

该案例对我们有哪些启发？

（二）语言表达能力的作用

在现代社会，由于经济的迅猛发展，人们之间的交往日益频繁，语言表达能力的重要性也日益增强，好口才也成为现代人必备的能力。

1. 语言表达能力是现代人才必备的基本素质之一

作为现代人，我们不仅要有新的思想和见解，还要在别人面前很好地表达出来；不仅要用自己的行为对社会作贡献，还要用自己的语言去感染、说服别人。

就职业而言，现代社会从事各行各业的人都需要口才。在人们的日常交往中，具有好口才的人能把平淡的话题讲得非常吸引人，而口笨嘴拙的人就算他讲的话题内容很好，人们听起来也是索然无味。有些建议，口才好的人一说就通过了，而口才不好的人即使说很多次，还是无法获得通过。

总之，语言能力是我们提高素质、开发潜力的主要途径，是我们驾驭人生、改造生活、追求事业成功的无价之宝，是通往成功之路的必要途径。

东北某汽车制造厂的一位推销员，当他刚刚走进宾馆的房间时，发现已经有一个人先

到，正躺在床上看书。推销员问了一声："你到了多久了？"对方回答："刚到。"推销员又问："你是哪里人？"对方答："大同人。"推销员说："哦，我有一位亲戚在大同，我也去过大同，很漂亮、很干净。"然后，推销员谈起了大同的物产和风土人情，两人越谈越投机，没过多久，二人就约定共进晚餐，再后来，东北推销员从大同人那里采购到廉价的煤炭，大同人从东北人那里买到了一批价格优惠的汽车。

该案例对我们有哪些启发？

2. 语言表达能力是愉快生活的润滑剂

谈天、沟通、排解纠纷、发布工作指令、协调人际关系、安慰人、批评人而又不至于伤人、谈判、教学等这些日常生活，无一不关系到口语表达。表达得好，人们便说某人口才好；表达得不好，人们就认为他口才不好。

案例讨论7-3

一位朋友的长辈去世，朋友去吊唁，朋友如此安慰他的亲人："我们和我们的亲人好像是被邀请到一个无限期的宴席里来，因为他们比我们早一点入席，所以他们比我们先行离开一步，我们和他们不会那么凑巧地同时入席，但我们知道迟早有那么一天，我们也会和他们一样离开这个欢乐的宴席，所以，我们不要感到过分的悲哀。"

该案例给我们哪些启示？

3. 语言表达能力是增长知识的重要途径

口才表现为口语交际和口语表达。通过口语交际，我们可以从他人那里学到许多知识，听君一席话，胜读十年书；通过口语交际，可以增强对社会的理解，增强对人的理解。通过口语交际，我们可以在社会的大环境中去处理人与人之间的关系，去获得知识。

4. 语言表达能力是展现自我的理想渠道

在生活中，人才未必有口才，但有口才的人一定是人才。在大庭广众之中，能条理清楚、逻辑分明地表达自己的观点，让人信服，让人动情，让社会、让领导、让同事发现自己，你就不会怀才不遇，你就不会牢骚满腹。

5. 口才是个人的一项重要资本

口才就是日常口语交谈，是口语表达方面的艺术和技巧。一个具有卓越口才的人，往往同时会具有敏捷的思维、清晰的思路、渊博的知识、出众的智慧、机警的反应，特别是具有良好的心理素质。口才在社会发展和人的自身发展中发挥的作用是不容置疑的。有句古话说得好："一人之辩，重于九鼎之宝；三寸之舌，强于百万之师"。在漫长的社会发展进程中，口才作为一门艺术，使天下学者、志士沉醉于其中。从而涌现了无数著名的演说家，也留下了许多脍炙人口的千古佳话。在西方社会，演说更是成为各国社会名人的一个重要特征。像马克思、列宁、林肯、丘吉尔、戴高乐等，还有我国的孙中山、毛泽东、周恩来、鲁迅、闻一多等都是当时非常杰出的演讲家，留下了许多令后人反复传诵的佳作。

二、大学生语言表达能力现状分析

（一）大学生语言表达能力现状

目前，在校大学生普遍存在着语言表达能力不足的缺陷。这种状况和大学生应当具备的基本素质与能力要求不相适应或有一定的差距。大学生语言表达能力不足突出地表现在以下几个方面。

1. 语言表达不精确引起误解

这主要是指大学生的语言表达不够准确、妥帖，使人感到没有完全表达清楚，有语意未尽之感；或总是抓不住重点和中心，甚至让人感到费解。特别是对比较复杂的现象、事理和情感的表达，让人丈二和尚摸不着头脑，具体表现在以下几点：

（1）语言缺乏严密的逻辑推理，甚至矛盾。

（2）语句不符合语言表达的语法规范，显得生硬。

（3）语句或词语前后颠倒，显得混乱。

（4）缺乏语言的连贯性，显得结结巴巴。

（5）用词不当或用语跳跃，使语句不够通顺。

（6）还有的似乎是急于表达或过于紧张，使表达不流畅、不通顺。

2. 语言表达不清晰、不到位

语言表达不清，主要反映在对语言表达的内容方面。有的学生想要表达自己的认识、思想或情感等，但不能清楚明白地表达出来，甚至让人感到费解。这种表达不清而让对方猜测的现象还是较普遍的。

3. 语言表达不规范，带有浓重的地方方言

语言表达不规范，主要是说学生的语言表达不标准、不准确，特别是口头语言表达。很多学生语言表达带有浓厚的地方语言特色（方言），或普通话的音调不标准，与人沟通交流时，造成一定的心理障碍。

（二）影响大学生语言表达力不足的原因

1. 传统文化对说话表达能力的影响

我国的儒家传统文化审美观念崇尚"君子欲讷于言而敏于行"，反对"巧语令色"，以含蓄讷言为美德，视舌粲莲花为世故，加上历史上经常有"祸发齿牙""祸从口出"的故事，于是，遇事三缄其口、洁身自好便成为人们的习惯，这也潜移默化地影响了学生，使他们就错过了很多说话锻炼的机会。

2. 传统单一的教学模式

在传统教育理念的影响下，学生学习就是为了考试。教师是主体，学生是客体。课堂教学成为"一言堂"。教学以考试为中心，以学生复制标准答案为使命。以学生为主的培育，就像流水线上的现代化出产，是一种标准化作业课，于是，就呈现出初中生上课举手寥寥，高中生上课无人举手，大学生上课懒得启齿的局面。

3. 说话教学固有的缺失

学生的说和写是一种言语的输出，听和读是言语的输入。两者相辅相成，互相促进。

而我们的教学往往呈现的情形是：注重写，轻视说，导致学生呈现出近似于"茶壶里装汤团——倒不出"的现象。

4. 相关课程资源的贫乏

课程教学是培养和提高学生语言表达能力的一个非常重要的环节。而相关的课程在高校的课程设置中并没有得到充分的重视。一般高校中，类似于"普通话训练""口才训练""口语交际"这一类的课程往往只是零星地出现在学校公选课中，甚至处于一种"可开可不开"或"看人开课"的境地。

课堂练习

小测验：测试你的语商（LQ）

语商（LQ）是指一个人学习、认识、掌握运用语言能力的商数。具体地说，它是指一个人语言的思辨能力、说话的表达能力和在语言交流中的应变能力。

下面的测试题，请你根据自己的情况选择答案。

1. 你觉得会说话对人一生的影响（　　）。

A. 重要

B. 一般

C. 不重要

2. 你和很多人在一起交谈时，你会（　　）。

A. 有时插上几句

B. 让别人说，自己只是旁听者

C. 善用言谈来增加别人对你的好感

3. 在公共场合，你的表现是（　　）。

A. 很善于言辞

B. 不善言辞

C. 羞于言谈

4. 假如一个依赖性很强的朋友打电话与你聊天，而你没有时间陪他的时候，你会（　　）。

A. 问他是否有重要的事，如没有，回头再打给他

B. 告诉他你很忙，不能和他聊天

C. 不接电话

5. 因为一次语言失误，在同事间产生了不好的影响，你会（　　）。

A. 一样地多说话

B. 以良好言行尽力寻找机会挽回影响

C. 害怕说话

6. 有人告诉你某某说过你的坏话，你会（　　）。

A. 处处提防他

B. 也说他的坏话

C. 主动与他交谈

7. 在朋友的生日宴会上，你结识了朋友的同学，当你再次看见他时，你会（　　　）。

A. 匆匆打个招呼就过去了

B. 一张口就叫出他的名字，并热情地与之交谈

C. 聊了几句，并留下新的联系方式

8. 你说话被别人误解后，你会（　　　）。

A. 多给予谅解

B. 忽略这个问题

C. 不再搭理人

计分标准：

1. 选 A，2 分；选 B，1 分；选 C，0 分。

2. 选 A，1 分；选 B，0 分；选 C，2 分。

3. 选 A，2 分；选 B，1 分；选 C，0 分。

4. 选 A，2 分；选 B，1 分；选 C，0 分。

5. 选 A，0 分；选 B，2 分；选 C，1 分。

6. 选 A，1 分；选 B，0 分；选 C，2 分。

7. 选 A，0 分；选 B，2 分；选 C，1 分。

8. 选 A，2 分；选 B，1 分；选 C，0 分。

测试分析：

得分在 0~5 分，表明你的语商较低，语言表达能力和语言沟通能力还很欠缺。如果你的性格太内向，这会阻碍你的语言表达能力的提高，你应该尽量改变这种状况，跳出自己的小圈子，多与外界人接触，寻找一些与别人进行语言交流的机会，努力培养自己的说话能力。只有这样，你才有希望成为一个受欢迎的人。

得分在 6~11 分，表明你的语商良好，语言表达能力和语言沟通能力一般。如果再加把劲儿，你就可以很自如地与人交流了，提高你的语言表达能力的法宝是主动出击，这样，可以使你在语言交流中赢得主动权，你的语商能力自然会迈上一个新的台阶。

得分在 12~16 分，表明你的语商很高，你清楚怎样表达自己的情感和思想，能够很好地理解和支持别人，不论同事还是朋友、上级还是下级，你都能和他们保持良好的言谈关系，值得注意的是，千万不要炫耀自己的这种沟通和交流能力，那样会被人认为你是故意讨好别人，是十分虚伪的表现，尤其是对那种不善于与人沟通的人，更要十分注意。要做到用你的真诚去打动别人，只有这样，你才能长久地维持你的好人缘，你的语商才能表现得更高。

以上测试对我们有哪些启发？

 三、大学生提高语言表达能力的方法

提高语言表达能力的方法有很多，基本上是要多听、多读、多写、多说。

（一）多听

听是说的基础，要想会说，建议你养成爱听、多听、会听的好习惯。例如，在与别人

交流的时候，多听别人的说话方式，从中学习其好的说话技巧，从而提高自己的语言表达能力；再如听新闻联播，学习其对时事的报道性、概括性、新闻性的语言。

（二）多读

多读就是要多读好书，培养好的阅读习惯，从书中汲取语言表达的方式方法和技巧，知识会增加语言的素材，增加一个人的气质涵养，多读也是为多写做准备，而读的时候也和听的时候一样，一方面增加素材，另一方面读的时候要有侧重点，可多读《人民日报》的社论，学习其对时事评价、分析的表述方法和语言。

（三）多写

平日养成多动笔的习惯，把日常的观察、心得以各种形式记录下来，定期进行思维加工和整理，日积月累，提高写作技巧，在平时的写作练习中，提高自己的表达能力。

（四）多说

说是语言表达能力的最高体现，只有多说，你的语言表达能力才会迅速提高。当然，多说并不是逮住什么说什么，乱说一气，而是有准备、有计划、有条理地去说，或者是介绍，或者是演讲，要说得好、说得精彩，必须有充分的准备，而这一准备过程和实际说的过程，也就是在练习语言表达能力的过程。

任务二　口头表达能力的提升

一、提高口语交流的技巧

口语交流就是交谈，通过交谈布置工作，通过交谈了解心声，通过交谈征求意见，通过交谈协调关系。这种交谈是维系生产和生活的纽带，其形式主要有谈话和谈心两种。

（一）谈话的技巧

谈话是日常工作中交流信息、交换意见、了解情况、协调关系、商谈工作的一种方式。要想使谈话达到预期的目的，就需要注意以下几点：

1. 态度真诚，平等待人

谈话的态度比内容更重要。从某种程度上说，谈话的态度决定谈话的效果。如李某最近因工作和家事所累，脾气有时不好，领导找其谈话，如果这样说："最近有人说你脾气大，跟你合作怎么那么难呀，还给别人脸色看……"或这样说："我知道你工作最近很忙，你家里也有困难，还能坚持工作，不容易呀，有什么难处就说出来，需要大家帮忙的，就说，我们一定尽力……工作时要能再愉快一些就更好了……"两种不同的谈话态度，自然会收到不同的效果。

2. 注意倾听

你注重在别人的谈话中挖掘有用的信息吗？你是否在别人没有讲完话前就下了结论，你会不会装着在听别人的讲话，而内心在做着自己的打算？我们真的听懂别人的讲话了吗？了解他们的真实想法吗？上面这些问题都是对我们倾听能力的考验，我们只有从真正的倾听中才能找到答案。

3. 先扬后抑

用积极的口气说话，肯定总在否定前。没有人不喜欢表扬、不喜欢鼓励，积极的口气能有效激发人的兴趣、能力和自信心。

4. 紧扣主题

谈话的内容不要偏离主题。今天我要谈什么？是为了解决工作问题，还是为了了解职工的想法？围绕着想达到的目的交流，谈话会更有用。

（二）谈心的技巧

1. 谈心的特点

交谈是最常见的生活现象，家人之间、亲朋之间、同事之间。在林荫小路、茶楼酒馆，谈笑风生，轻松愉快。它还是我们工作时的一种交际手段，通过交谈，可交流思想、沟通感情、消除误会、加深友谊、促进工作。

交谈包括生活中的聊天、工作中的谈心及生活与工作中的劝导。谈心是心灵与心灵的撞击，是人与人之间加深了解、增进友谊的手段。谈心的双方以诚实和坦荡的态度阐明自己的见解，抒发自己的情怀，从而达到相互间的理解与信任。谈心就是相互交换意见。它能消除人的心理压力，调节人际关系。

2. 谈心的方法

1）充分了解对方的情况，如爱好、家庭、情绪等

对年纪大的，可以谈孩子；对年纪中等的，可以谈工作；对年纪小的，可以谈爱好，了解了对方的情况，可以找到谈心的有效切入点，消除彼此之间的隔阂。

2）以情开路，以理服人

先要沟通感情，通情才能达理。不能空谈大道理，关心班组成员的成就，让同事知道你倚重他、在意他，把理解摆在前，措施摆在中，要求摆在后。

3）讲究方法，讲究语言

对长辈尊重、对平辈亲近、对晚辈关心。

案例讨论7-4

抽烟的三大"好处"

一个工厂的班长在动员大家戒烟时说了这样一段话："关于抽烟的问题，我想了很久，为什么害处尽人皆知，烟民却与日俱增呢？那是因为抽烟有三大好处：一是抽烟的人不遭狗咬；二是抽烟的人家里永远安全，不招小偷；三是抽烟的人永远年轻，不会变得老态龙钟。大家可能要问：为什么？因为：一是抽烟的人多驼背，狗一见他躬背弯腰的样子，准以为要捡石头打它。二是抽烟的人总是咳嗽，睡觉少，小偷以为他还没有睡呢，哪里敢贸然进屋偷东西。三是抽烟的人寿命短，所以永远年轻。"

本来一些人听说戒烟就很反感，听了他的话，不由得哈哈大笑，一场本来可能产生对立情绪的谈话，就这样被班长的幽默化解了。

该案例对你有哪些启示?

二、提高口头演讲的技巧

"当众讲话是我最发怵而又非常需要的一项工作。"一位大学生由衷地发出感叹,"想表达一下自己的观点,一方面,不敢说,怕人家笑话我没水平;另一方面,又不知道怎么说才能吸引别人的注意,让别人重视。"这恐怕是很多大学生的心声。口头演讲是当众讲话的主要形式,它的确需要勇气和自信。但这也是当代大学生必须磨炼掌握的基本能力之一,不论是在校园学习、寻找工作还是在工作中,在不同的时间、地点,为了不同的主题,我们都需要口头演讲。

课堂练习

演说技能自我评估

1. 评价标准:

非常不同意、非常不符合(1分);

不同意、不符合(2分);

比较不同意、比较不符合(3分);

比较同意、比较符合(4分);

同意、符合(5分)。

2. 测试问题:

(1)我在整个演讲过程中眼神同听众保持接触。( )

(2)我的身体姿态很自然,没有因为紧张而做作。( )

(3)我能运用基本的手势来强调我的要点。( )

(4)我运用停顿、重复和总结来强调我的观点。( )

(5)我每次演说前都会确定具体的目标。( )

(6)我会对听众的需求、忧虑、态度和立场进行分析。( )

(7)在组织思路时,我会先写下几个主要的论点。( )

(8)我会特意准备一个颇具吸引力的开场白。( )

(9)我演讲的结尾会呼应开头,且必要时能要求听众采取行动。( )

(10)我制作的投影片简明扼要,有助于表现演讲目标。( )

(11)我的论点、论据之间有内在的逻辑联系,有助于支持我的观点。( )

(12)我会把紧张、焦虑转换为热情和动力。( )

(13)我会清楚地叙述我的观点对听众的好处与利益。( )

(14)我会热切、强烈地讲述我的观点。( )

(15)我会事先演练,以免过分地依赖讲稿,而集中注意听众的反应。( )

(16)我的演讲稿只写关键词,以免照本宣科。( )

(17)我会预测听众可能会提的问题,并且准备相应的回答。( )

(18)我的声音清楚,语速适中,富有感染力。( )

（19）我会有意识地运用语音、声调和语速来表示强调。（　　）

（20）演讲前我会检查场地及相应的设施。（　　）

（21）准备演讲时，我会估计将会遭到的反对意见。（　　）

（22）在整个演讲过程中我会充满自信。（　　）

（23）演讲前我会检查我的衣着打扮是否得体。（　　）

3. 测试结果：

如果你的总分是：

105～115 分，表示你具有优秀演讲者的素质；

98～104 分，表示你略高于平均水平，有些地方尚需要提高；

98 以下分，表示你需要严格地训练你的演说技能。

选择得分最低的 6 项，作为本部分技能学习提高的重点。

以上测试对你有哪些启发？你的优势是什么？劣势是什么？怎样提升？

（一）口头演讲的准备

1. 选择适当的演讲题材

工作中的演讲要选择自己熟悉的题材，如自己的工作技能、自己的管理理念、自己的工作成效、自己的爱好兴趣等，个人的体验比理论更重要。演讲者只有选择自己最熟悉、最了解、最清楚的内容，讲起来才会生动。

2. 了解你的听众

了解听众的知识水平等特征，讲解听众能够了解的、感兴趣的内容，才会有好的效果。演讲者应把共同关注的话题作为开场白，通过开场白，把演讲的内容告诉听众，让他们知道你打算讲什么，然后一步步展开演讲。

3. 主题明确

演讲的内容、论据应围绕主要观点展开。

4. 投入情感

表现出强烈的自信心和高涨的情绪，能感染听众。

5. 反复预讲、彩排

可以把它录下来，或者在一些朋友面前进行预讲。

（二）口头演讲的技巧

每一场演讲，都应尽量做到开场要有相声般的幽默，中间要有小说般的形象，高潮要有戏剧般的冲突，结尾要有朗诵般的激情。具体要注意以下几个方面：

（1）演讲时引用相关的故事、案例或笑话来补充演讲内容，会使听众感到形象、轻松，或者做一个戏剧性的手势，以引起他们的注意。

（2）在演讲时多使用"我们""咱们"等第一人称，可以拉近与听众的距离。

（3）与听众进行眼神交流，以亲切的目光直视他们。

（4）用丰富的声调作演讲，改变声调或语速，以强调重点。

（5）用诸如"但是""然而"等转折词提醒听众注意演讲者要谈到一个新的观点。

（6）直接向观众提问题，以引起他们更多地投入、积极地参与。

（7）用总结主要思想、观点或论据的方法作结尾。

（8）最好能留出一些时间解答问题、交流想法和信息。

（9）除掉口头语。

注意，最好不要把讲稿、概要在演讲之前发给听众，否则，听众将只注意讲稿，而不听你的演讲。

三、提高口头汇报的技巧

柳传志说："光说不练是假把式，光练不说是傻把式，又说又练才是真把式。"干得好还要说得好。大学生不论在校园的学习生活中还是在社会实际的工作中，口头汇报是必须掌握的语言表达能力。

（一）口头汇报的好处

1. 口头汇报直接面对上级，没有过多的时间做充分的文字加工或书面修饰

它源于实际工作中的真知灼见，很直接，也很直白，"水分"少，"干货"多，上级很容易了解个人或团队的真实工作状况和问题。

2. 工作上有利于真抓实干，减少投机取巧的行为

"只要汇报好，其他不重要。"这曾经是颇为流行的说法。有些人认为，迎接上级检查，只要写好汇报材料，让人听着高兴就行。其实，这是一种误解上级要求口头汇报，受检单位深知心中无货、汇报卡壳的苦衷。因此，只有静下心来认真工作、认真学习，学会在实践中摸索规律、总结经验，汇报起来才能讲出自己的东西。

3. 大学生个人的语言表达能力和文字水平会得到提高

有些大学生在思想意识上总是停留在"只会做，不会说"的"假把式"上，一遇到诸如写总结、写汇报时，就由他人代劳。口头汇报则有利于大学生多动脑筋、想问题，在准备汇报时，可以先打腹稿、多练习，或者自己先列个汇报提纲之类的书面材料，这无形中为提高其语言表达能力和文字水平起到了很好的促进作用。

（二）口头汇报的技巧

口头汇报是运用语言向上级领导汇报工作、反映情况、提出意见或建议。这就要求汇报者注意以下几点技巧。

（1）对上级做口头汇报，语气上要自然大方，谦虚谨慎，不卑不亢；语调要亲切、自然、诚恳；用词要简洁、精练、准确，使领导听得有兴趣。

（2）汇报的内容要实事求是、重点突出、观点明确、思路清晰、层次清楚、数据准确。汇报时不夸大成绩或弱化缺点，对领导不了解或关注的问题要详尽地展开说。

（3）对领导在汇报中的插话、提问、结论等，应当认真记录。对重大问题的汇报请示，事先要和相关部门沟通，取得有关部门的理解和支持。

（4）重要事项的汇报，应当附有书面材料，在口头汇报前，呈送领导及相关部门。

（5）汇报时要注意时间的分配，先将重点、难点的问题汇报给领导，若时间充足，可逐步展开论述。

在实际工作中，大学生一定要注意掌握工作职责范围内的全面情况，并不断利用机会锻炼自己的口头汇报能力，而不要总让他人替代。否则，关键时刻就会出现尴尬场面。

善表达可以把难事办好

某校一个大三学生利用周末在当地一家有一定影响力且规模较大的农家乐兼职餐饮区副领班一职已两年，最近该农家乐要参加该市旅游节指定接待点的检查工作，要求听该学生口头汇报餐饮区的准备情况和管理状况。

如果你是那个大学生，你该如何准备口头汇报呢？

四、提高口头指挥的技巧

口头指挥大多是在布置工作、任务时使用，是一种最常用的语言形式。对大学生而言似乎用处很少，我们刚刚步入职场，一般是接受指挥比较多。但实际上并非如此，我们在担任学生干部时，在社会实践中，包括进入正式的工作岗位，我们都会和团队合作，我们会承担不同角色，其中负责人的角色必不可少，我们必须掌握口头指挥的语言技巧。

（一）口头指挥的形式

（1）面对面地下达命令，指挥工作。

（2）通过电话下达命令，指挥工作。

（3）通过他人转达命令，指挥工作。

（4）通过一些现代通信工具做补充指挥，如通过QQ、E-mail等指挥工作。

（二）口头指挥的技巧

1. 口头指挥的要求

（1）要明确任务的接受者是谁，即任务是什么、目标是什么、要求是什么、时限多长及相应的责任权利范围等等，这些都要落实到具体的人身上。

（2）指挥时的语言必须明确、肯定、有力，带有指令性。

2. 正确运用口头指挥

（1）命令要简洁、准确，尽可能使用专业语言，不能产生误会。

（2）指挥要及时，避免延误，且一般要限定执行时间、完成时限，并留有余地。

（3）指令必须是可执行的，并具有可操作性。

（4）对一件事情多次的指挥命令，要确保前后一致，不要自相矛盾。

（5）上级部门要统一指挥、步调一致、口径一致。避免越级指挥、多头指挥，使下级无所适从。

（6）口头指挥也要注意及时形成文字性的材料，以确保工作顺利进行。

（7）指挥要讲明完成工作任务的意义及对各方面的影响，使班组成员体会到责任重大，有紧迫感和高度的责任感。

（8）要指出工作中应注意的问题。

五、提高求职面试的口语技巧

求职面试的口语技巧一般包括竞职演讲和竞职答辩两个环节。

（一）竞职演讲口语技巧

对于竞职演讲，我们要从以下七个方面重点把握。

1. 目标的明确性

目标的明确性，是竞职演讲区别于其他演讲的主要特征。演讲者一上台，就要鲜明地展示自己所要竞职的目标，所选用的一切材料和运用的一切手法也都是为了一个目标——使自己竞职成功（使听众能投自己一票）。

（1）一般说来，在竞职演讲时，竞职者应向评审人员及听众讲清自己的应聘条件，突出自己的优势，并且这种优势足以完成应承担的职务和工作。

（2）要回答若在其位，如何谋其政，要在有限的答辩时间内完成上述工作。

（3）演讲的总体内容应始终围绕一个目标——岗位职务工作进行，做到目标明确，语不离宗，不可开口千言，离题万里。

2. 内容的竞争性

（1）一般演讲忌讳毫不客气地为自己"评功摆好"。但竞职演讲则不同，它的全过程都是听众在候选人之间进行比较、筛选，竞职者如果谦虚、不好意思说自己的长处，表示自己一般般，就不能战胜对手。

（2）演讲者必须"八仙过海，各显其能"，也就是说，演讲者无论是讲自身所具备的条件，还是讲自己施政的构想，都要尽最大可能地显出"人无我有，人有我强，人强我新"的胜他人一筹的优势"来。

（3）巧妙地说明"他不行，我行"或"他行，我更行"。当然，自我推销要有艺术性，切忌为了竞争而贬低对手，所遵循的原则是"唯真唯实，具体可信"。

（4）有时，甚至还要把本来是劣势的东西换一个角度讲成优势。

比如，在一次竞职厂长的演讲中，一个年轻工人在介绍自己时这样说："我一没有党票，二没有金灿灿的大学文凭，三没有丰富的阅历。我只是一个初涉人世的25岁的小伙子。你们有百分之百的理由怀疑我是否能担得起化肥厂厂长的重任。然而，同志们，朋友们，请你们仔细地想想，我们化肥厂长期处于瘫痪的状态，难道是因为历届的厂长没有党票、没有文凭、没有阅历吗？"接下来，他又讲了听众心中有而口中无的改革措施，最后竟以大多数票获胜。

3. 主题的集中性

所谓主题的集中，是指所表达的意思单一，不枝不蔓，重点突出。这就是说，在表达意思时，必须突出一个重点、围绕一个中心，而不要搞多重点、多中心，不能企图在一篇演讲稿中解决和说明很多问题。

4. 材料的实用性

实用性，是指所选材料既是符合实际的，又是对自己竞争有利的，也就是说，无论讲自己所具备的条件还是谈任职后的构想，都要从自我出发、从实际情况出发。

竞职演讲是竞争，但并非比赛谁能"吹"，谁能用嘴皮子"甜"人。听众边听你的演讲，边在掂量你的话是否能在现实中发挥作用并取得效果。比如，在讲措施时，那种凭空喊"我上台后如何给大家涨工资，如何给大家建楼房"的演讲者，听众一般是不买账的，而那种发自肺腑讲实际措施的人才是听众最欢迎的。

5. 思路的程序性

竞职演讲者的思维不能像一般演讲那么自由，它除了题目和称呼外，一般分为以下几步：

（1）开门见山地讲自己所竞职的职务和竞职的缘由。

（2）简洁地介绍自己的情况，包括年龄、政治面貌、学历、现任职务等。

（3）摆出自己优于他人的竞职条件，如政治素质、业务水平、工作能力等。既要有概括的论述，又要有服人的论据。比如，讲自己的业务能力时，可用一些获得的成果和业绩来证明。

（4）提出假设自己任职后的施政措施。这一步是重点，应该讲得具体翔实，切实可行。简洁地表明自己的决心和请求。

当然，以上几步也只是简单的模式，实际演讲中，演讲者还可根据实际需要稍有变化。

6. 措施的条理性

演讲者在讲措施时一定要注意条理清楚、主次分明。不要像漫坡放羊那样，讲到哪儿算哪儿，让人听了如一团乱麻。

7. 语言的准确性

准确，一般是指要恰如其分地表情达意。但竞职演讲中的准确除此以外，还有另外两层意思：

（1）所谈事实和所用材料、数字都要求真求实，准确无误，比如，介绍经历时，是大专毕业生，就不能说是大学毕业；在谈业绩时，三次获奖，就不能虚说曾多次获奖（最好把在什么时间、什么范围、获什么奖项说得清楚明白），如涉及数字，也要尽量具体。

（2）要注意分寸，因为竞职演讲的角度基本上是以我为核心，如掌握不好分寸，夸大其词，就会让人产生逆反心理，从而使自己的演讲失败。

（二）竞职答辩口语技巧

1. 竞职答辩的形式

竞职答辩一般采取现场答辩，各个企业基于自己的实际情况，具体形式可能不同。

1）自由发挥式

提前告知几个宽泛的题目，竞职者预先准备。这种方式给予竞职者广泛的发挥空间，但是容易导致趋同。

2）现场抽题式

为每个竞职职位设计多个有针对性的题目，竞职者现场抽题，给 10～20 分钟的准备时间，然后答辩。这种方式重点考查竞职者的应变能力、平时的思考和知识技能储备、演讲水平、心理素质等，更能准确考查竞职者的综合素质，得到了更为广泛的应用。

2. 竞职答辩注意事项

（1）带上自己的资料和笔记本。

（2）注意开场白、结束语的礼仪。

（3）坦然镇定，声音要大而准确，使在场的所有人都能听到。

（4）听取答辩小组成员的提问，精神要高度集中，同时，将提问的问题记在本上。

（5）对提出的问题，要在短时间内迅速做出反应，以自信而流畅的语言、肯定的语气，不慌不忙地回答每个问题。

（6）对提出的疑问，要审慎地回答，对有把握的问题要回答或辩解、申明理由；对拿不准的问题，可不进行辩解，而实事求是地回答，态度要谦虚。

3. 竞职常问问题

（1）你为什么来竞聘这个职位？

（2）你有没有信心胜出这次的竞职？

（3）你认为你有什么卖点来胜出这一次的竞职？

（4）你认为与那些刚入职场的年轻大学生相比，你竞职的优势是什么？

（5）如果你失败，你会怎样去面对这一次的竞职？

（6）你认为你应怎样去做好党委书记？

（7）你这么大的年纪，还能与时俱进吗？

（8）你都快要预退了，还有信心来竞职吗？

（9）你的演讲稿好熟悉，好像是抄别人的？

（10）你对你的工作，（软、硬）环境有什么要求？

（11）你认为要怎样处理你与领导之间的关系？

（12）你认为应如何与其他同事、领导、客户沟通？

（13）你对过去一年自己工作的看法是什么？

（14）你怎样面对挫折？遇到挫折时，你怎样处理？

（三）求职面试口语五忌

1. 忌信口开河、杂乱无章

竞职者必须在事前对要争取的职位作大量的调查研究。

2. 忌狂妄自大、目空一切

有的竞职者过高地估计了自己的能力，海市蜃楼般地高谈阔论，极易引起听众的反感。

3. 忌妄自菲薄、过分谦虚

要求竞职者客观公正地评价自己的竞争优势，大胆发表行之有效的施政纲领，而不要过分谦虚。

4. 忌吐字不清、含混模糊

竞职演讲一般时间有限，要言简意赅地向听众娓娓道来。避免连珠炮式地将整个演讲一气呵成，或因吐字不清，或语速过快，使听众不知所云。

5. 忌服饰华丽、求新求异

登台演讲，服饰是一个人思想品德、内在修养的外在表现和自然流露。所以，服饰要正式、自然，忌华丽奇异。

任务三　书面语言表达能力的提升

一、掌握计划的书写技巧

计划是人们对一定时期的工作目标或要达到的某种目的，事前拟订出的具体措施和安排部署并形成的书面材料。计划的种类很多，如安排、打算、意见、要点、方案等，都属于计划范畴。常用的计划一般以工作计划、生产计划和学习计划为主，但不论是哪种计划，都必须具备目标、措施、步骤三要素，其特点都具有目的性、预见性、可行性、可变性和约束性。

计划书写的形式有表格式、文件式、表格文件结合式三种。

（一）计划的书写格式

1. 标题

标题是计划的名称，一般由制订计划的单位名称、计划时限、计划内容、计划性质和文种共同组成，例如：《××系×专业×班 2010 年团支部工作计划》。

2. 正文

正文包括前言、主体内容、结束语三部分。

（1）前言即计划的导语，主要说明计划的指导思想或上级的要求、基本情况、提出本计划的依据、计划的总体目标和要求。

（2）主体部分包括目的任务、措施指标、步骤及完成时间，也就是讲清楚做什么、怎么做、如何做，所有内容逐项写清，详略得当，文字简练通俗。

（3）结束语主要写计划的辅助条件和补充部分，也可强调计划的重点和主要环节以及计划实施过程中可能出现的问题。根据具体情况，结束语也可以不写。

3. 落款

落款写订立计划的单位或个人，以及订立计划的时间，如有附表、附图等，可一并附上。

（二）写作计划应注意的事项

计划是一个统称，我们常说的安排、打算、设想、意见、要点、方案等，从本质上看，都属于计划范畴，都适用计划的写作方法。

1. 计划的广泛性

制订计划是一件严肃的事情，涉及集体的计划，要集思广益，广泛征求群众意见。要结合单位工作实际，措施具体，责任清楚。

2. 计划的可行性

制订计划要充分考虑计划的可行性，要有预见性。计划实施过程中难免出现意想不到的情况，因此，制订计划既要考虑先进的一面，又要适当留有余地，把预防措施想得更加周全一些。

3. 计划的明确性

制订计划的依据要明确，重点突出，兼顾一般，要有量化的指标，便于执行和检查。如产量、能耗、物耗等要尽量具体化。

 案例讨论7-5

一份企业班组的工作计划

企业班组工作计划，分为综合计划和单项计划两种。综合计划一般是指年度工作计划，也可再细分为半年计划、季计划、月计划。单项计划一般是指为完成某项工作任务或者为参与某项活动而制订的计划。企业班组工作计划是实现班组工作目标和班组管理思想的手段。

下面是某制药厂一个班组写的参加劳动竞赛的计划。

班组工作计划：

1. 班组的任务：如何提高成品率？

2. 时间安排：一个月。

3. 人员：6人。

4. 所需部门：原材料仓库、动力部、质量部。

5. 奖惩制度：颁发证书、奖金。

请你看一看，这份计划存在什么问题？如何修改？

（三）计划能力训练指南

单项计划比较简单，如果是综合计划，如年度工作计划，则内容比较多，要写明各项任务、分解指标；完成这些任务、指标的措施、步骤；需要的外部条件；单位自身建设工作等。

无论是单项计划还是综合计划，都要注意以下几点：

（1）计划要为落实各级任务服务。

（2）计划一般由单位负责人执笔，但制订之前，一定要经过全体成员充分讨论，集思广益，统一思想，明确目标任务，使全体成员心中有数。

（3）计划要结合本单位的实际情况，在总结以往经验、借鉴兄弟单位成绩的基础上，改进管理工作，提高工作绩效。

（4）计划要有本单位的特色。

二、掌握通知的书写技巧

通知就是把事情告诉别人，让有关的人知道。通知是一种下行文，是规定性、告知性的公文，是公文使用范围最广、使用频率最高的文种。具有应用广泛、使用面宽和内容单一、行文简便以及告知性强、具有执行力等特点。通知讲究时效性，是告知立即办理、执行或周知的事项。

（一）通知的种类

1. 指示性通知

上级机关对下级机关某项工作有所指示和安排，而按公文内容又不适于用命令或指示发布的，使用指示性通知。

2. 批转性通知

批转下级机关的报告、请示、意见，转发上级机关、同级机关和不相隶属机关的公文，印发本机关的工作计划、工作总结、领导讲话、会议纪要或其他文件、资料以及工作简报、内部刊物中的有关文章，发布条例、规定、办法、制度等行政法规、规章等，都可以用批转性通知。在党政机关、企事业单位和社会团体的公文中，批转、转发性公文数量较多。

3. 事项性通知

事项性通知是指为要求下级机关办理某一具体事项而发出的通知。常见的有以下两种：

1）会议通知

指上级领导机关要召开比较重要的会议，不宜用电话等方式发布通知时，在会议召开前所发出的书面通知。

2）处理具体公务的通知

指各级机关、企事业单位及其职能部门处理日常公务时所发出的通知。用于催促下级部门或单位报送工作总结、计划、典型材料、统计报表、有关会议原始记录、有关物品，要求上缴某种款项、告知某项经费开支范围、某项工作开展情况。

4. 告知性通知

上级机关告知下级机关某项事情，而且一般不要求办理和执行时，使用告知性通知。这类通知的作用是知照意图和情况，如成立、调整、撤销或合并某机构，启用或作废某单位印章，任免干部，更正文件差错，变更机关名称、工作地址、电话号码、邮政编码、作息时间等。

（二）通知的书写格式

通知的格式，包括标题、称呼、正文、落款。

1. 标题

标题写在第一行正中，可只写"通知"二字，如果事情重要或紧急，也可写"重要通知"或"紧急通知"，以引起注意。有的在"通知"前面写上发通知的单位名称，还有的写上通知的主要内容。

2. 称呼

写被通知者的姓名或职称或单位名称。在第二行顶格写。有时，因通知事项简短，内容单一，书写时略去称呼，直起正文。

3. 正文

另起一行，空两格写正文，正文因内容而异。开会的通知要写清开会的时间、地点、参加会议的对象以及会议内容，还要写清要求。布置工作的通知，要写清所通知事件的目的、意义以及具体要求和做法。

4. 落款

分两行写在正文右下方,一行署名,一行写日期。写通知一般采用条款式行文,可以简明扼要,使被通知者能一目了然,便于遵照执行。

补充材料

通　　知

各分公司各厂:

为贯彻市政府安全工作会议精神,研究落实我公司安全生产事宜,总公司决定召开×××年度安全生产工作会议,现将有关事项通知如下:

1. 参加会议人员:各车队队长,修理厂厂长。

2. 会议时间:×月×日,会期×天。

3. 报到时间:×月×日至×月×日上午×时前。

4. 报到地点:第二招待所×××号房间,联系人:×××。

5. 各单位报送的经验材料,请打印××份,于×月×日前报公司技安科。

特此通知!

×× 总公司

××××年××月××日

三、掌握请示的书写技巧

(一) 请示的情况

请示用于下级机关就有关问题向上级机关请求指示和批准。其内容比较单一,一般为一文一事。在工作中,需要向上级请示的情况一般有以下几种:

(1) 上级明文规定必须请示的事项。

(2) 对上级的决定和措施有不明确或不同意的地方。

(3) 工作中遇到无章可循的新问题,自己无力解决时等情况。

撰写请示时,应该把请求办理的事情、需要办理的原因、拟如何办理、请上级批准或批转等问题交代清楚。

(二) 请示的书写格式

1. 标题

标题由发文机关、事由、文种三部分构成。发文机关写全称或规范化的简称,如果是本单位一般性的工作请示,可不用写发文机关,直接写成《关于×××的请示》。事由是把所请示的主要事项摘要写出,使上级一看标题就清楚请示的问题。文种必须写明"请示",不能写成"请示报告"或"报告"。

2. 主送机关

主送机关只能写一个,且必须是主送能够主管回复请示的上级机关,同时注意一般不能越级请示。

3. 正文

正文一般由请示的理由、请示的事项和结尾三部分组成。理由是概述所请示的原因或根据。事项要写所请示的具体问题，必须简明扼要，清晰具体，不能含有歧义，特别是政策性请示，更需要规范性用语。结尾是请示的结束语，一般用"妥否，请指示""妥否，请审批""请予批复"等。

4. 落款

落款在正文右下方，一般性请示写明发文机关和成文时间。向上级机关重要的请示须加盖印章。

（三）请示写作注意事项

（1）请示的理由和依据要充分。如果理由不充分，依据不恰当，就很难得到上级的批准。

（2）事项要明确。对所请示的事项要写明具体的意见和方案措施，以便上级机关研究后给予明确的指示。

（3）请求的事项要单一。一份请示只能请示一件事情，遵循一文一事原则。

（4）文种要正确。

（5）请示只能主送主管上级机关，不要多头请示。

（6）请示的主体应写单位而非个人。

（7）一般应逐级请示，不能越级请示。

案例讨论7-6

关于调人的请示

王厂长：

李主任：

上周我们班有一名大学生调走了，下半年更会闹人荒，班里的人无法休年假，可能还会影响生产，情况很严重，希望厂里尽快为我们班增加人员，以保证生产正常进行。

另外，我们班的赵洪刚在前天当班时，成功地避免了一次意外停车，为厂里避免了重大损失，希望厂里给予奖励。

非常感谢！

催化二班　常鹏

2010 年 5 月 28 日

这份请示有什么问题吗？如何修改？

（四）请示能力训练指南

1. 写请示要把握好时机

比如遇到下面两种情况，就要请求。

（1）对企业、车间的决定和措施有不明确或不同意的地方。

（2）工作中遇到无章可循的新问题、班组无力解决，需要动用的资源超出班组支配权限等情况，需要向上级请示。

2. 写请示要注意"四要"

（1）理由要真实、具体、充分；

（2）标题要简明、准确，一目了然；

（3）抬头要单一；

（4）要提前请求，给领导决策预留出时间。

四、掌握报告的书写技巧

（一）报告常识

报告是下级机关向上级机关或主管部门汇报工作、反映情况、提出意见和建议、答复上级机关询问的上行文，或是在会议上向群众所作的正式陈述和系统的讲述。

通常下级机关在做正常的工作汇报、提出某些工作建议、完成上级布置的任务、工作中遇到特殊情况或重大问题等状况时，需要向上级机关提交报告。

报告通常分为综合报告、专题报告和答复报告三大类。

报告的写法和要求根据其类型不同，有一些差别。

（1）综合报告要注意突出重点、做好分析、点面结合。

（2）专题报告需要就某一专题的具体做法写清楚。

（3）检查报告则要说明被检查的项目是如何处理的以及处理原因等。

（二）报告的书写格式

1. 综合报告的写法

1）标题

标题由事由加文种组成，如《关于2013年上半年工作情况的报告》；或由报告单位、事由加文种组成，如《东北师范大学教务处关于2013年度工作情况的报告》。

2）正文

（1）开头，概括说明全文主旨，开门见山，起名立意。将一定时间内各方面工作的总情况，如依据、目的，对整个工作的估计、评价等作概述，以点明主旨。

（2）主体，内容要丰富充实。作为正文的核心，将工作的主要情况、主要做法，取得的经验、效果等，分段加以表述，要以数据和材料说话，内容力求既翔实又概括。

（3）结尾，要具体切实。写工作上存在的问题，提出下一步工作的具体意见。最后可用"请审阅"或"特此报告"等语作结。

2. 专题报告的写法

1）标题

标题由事由和文种组成，如《关于招商工作有关政策的报告》。有的报告标题也可标明发文机关，标题要明显反映报告专题事由，突出其专一性。

2）正文

正文可采用"三段式"结构法。

（1）以反映情况为主的专题工作报告主要写情况、存在的问题、今后的打算和意见。

（2）以总结经验为主的专题工作报告主要写情况、经验，有的还可略写不足之处和改进措施。

（3）因工作失误向上级写的检查报告主要写错误的事实、产生错误的主客观原因、造成错误的责任、处理意见及改进措施等。结尾通常以"请审核""请审示"等语作结。

3. 答复报告的写法

1）标题

标题与前两种报告大体相同。

2）正文

正文根据上级机关或领导的查询、提问，有针对性地作出报告，要突出专一性、时效性。

（三）报告的写作要求

（1）写综合报告应注意抓住重点，突出主要矛盾和矛盾的主要方面。在此基础上列出若干观点，分层次阐述。说明观点的材料要详略得当，以观点统领材料。

（2）专题报告，要一事一报，体现其专一性，切忌在同一专题报告中反映几件各不相干的事项和问题。

（3）切忌将报告提出的建议或意见当做请示，要求上级指示或批准。

报告与请示的区别

1. 行文的目的不同。

请示需要上级答复，报告重点在于情况汇报，不需要上级答复。

2. 行文的时间不同。

请示一般在工作开展之前提出，报告一般在工作结束或阶段性结束之后提交。

3. 内容和结构不同。

请示的内容单一，报告的内容较为广泛；请示的行文结构较稳定，报告可因事而异，因文而异，可凝重、可精彩。

关于开展强化免疫活动消灭脊髓灰质炎的报告

国务院：

脊髓灰质炎（俗称小儿麻痹）是一种不能有效治疗，却可用疫苗彻底预防的急性传染病。为实现《九十年代中国儿童发展规划纲要》规定的一九九五年消灭脊髓灰质炎的目标，国家决定开展强化免疫活动。现将有关情况报告如下：

一、自我国开展计划免疫工作以来，脊髓灰质炎疫苗接种率提高，发病率显著下降，取得了可喜的战绩。

二、在冬季，脊髓灰质炎病毒传播能力最弱。为此，决定从现在起至一九九五年一月期间，每年的十二月五日和一月五日，对全国四岁以下儿童各加服一次疫苗。

以上意见如无不妥，请批转各地区、各部门执行。

卫生部

一九九三十月二日

这份报告规范吗？属于哪种类型的报告？

五、掌握总结的书写技巧

总结，就是把某一时期已经做过的工作，进行一次全面系统的总检查、总评价，进行一次具体的总分析、总研究；也就是看看取得了哪些成绩，存在哪些缺点和不足，有什么经验和提高。

（一）一般总结的主要内容

1. 情况叙述

总结必须有情况的概述和叙述，有的比较简单，有的比较详细。这部分内容主要是对工作的主客观条件、有利和不利条件以及工作的环境和基础等进行分析。

2. 成绩和缺点

这是总结的中心，总结的目的就是要肯定成绩，找出缺点。成绩有哪些，有多大，表现在哪些方面，是怎样取得的；缺点有多少，表现在哪些方面，是什么性质的，怎样产生的，都应讲清楚。

3. 经验和教训

做过一件事，总会有经验和教训。为便于今后的工作，须对以往工作的经验和教训进行分析、研究、概括、集中，并上升到理论的高度来认识。

4. 今后的打算

根据今后的工作任务和要求，吸取前一时期工作的经验和教训，明确努力方向，提出改进措施等。

（二）常见总结的写作格式

常见总结分为综合总结和单项总结两种。

综合总结一般是指年度工作总结，也可再细分为半年总结、季总结、月总结。单项总结一般是指完成某项工作任务或者参与某项活动之后写的总结。工作总结是分析问题、积累经验、推动工作进步的手段。

1. 综合性总结的写作格式

1）标题

标题可采用陈述式、论断式和概括式。一般写明单位、时间、事由、文种等，也可适当省略。比如,《××学校 2010 年教学工作总结》。

2) 正文

正文一般包括基本的情况、取得的成绩、取得的经验、存在的问题和今后的方向五个方面的内容。一般包括开头、主体和结束语。

(1) 开头可以是概述式的,也可以是论述式的或结论式的,不宜过长。

(2) 主体是重点,一般内容是描述在什么基础上开展的工作、采取了哪些措施和方法、取得了什么成绩和效果、遇到过什么样的问题、如何解决的、经验教训及体会有哪些等。

(3) 结尾一般写明今后的工作和努力的方向,提出切实有效的改进措施。

3) 落款

包括单位或个人署名及日期。

2. 专题性总结写作格式

专题性总结与综合性总结格式相同,区别在于正文中。专题性总结要以突出成绩、典型经验或带倾向性的问题为主,要以不同于常规的新做法、新体会、新经验为写作的重点内容。比如,《××班组 2015 年技术革新工作的总结》。

(三) 写总结需要注意的问题

1. 有明确的目的和指导思想

总结的内容要真实,要如实反映情况,实事求是,切忌弄虚作假。

2. 将材料和观点统一起来

总结要新颖、独特,注重分析,善于抓住新事物、新经验和典型事例,选用的材料要能印证归纳的观点,切忌写成流水账或文不对题。写出特色,切忌平庸。总结写作要新颖、独特,反映出特色,善于发现各种新事物和新经验,研究新问题。

3. 语言要准确、简明、生动

要将概况与规律、感性认识和理性认识结合起来,文理清晰,既要有理论的高度,又要有感人的事例;既要能反映自身特色,又能使人从中受到启发和教育。

 案例讨论7-8

××班 2010 年上半年工作总结

2010 上半年,在公司的关怀下,在我们厂的正确领导下,在车间的指导帮助下,我们班团结一致、克服困难,圆满完成各项任务,取得了好成绩,成绩是主要的,缺点和不足也不能忽视。

1. 我们班的杨明诚在夜班当班期间,正确判断,果断操作,避免了一起停车事故,为企业挽回巨大损失,受到领导嘉奖。

2. 职工家属生病住院期间,车间组织职工前往医院探视,使职工深受感动,工作干劲更大了。

3. 有一名职工被评为技师。

4. 完成了车间下达的生产任务。

5. 劳动纪律存在问题。

6. 全班人员团结一致，克服困难，保证生产正常进行。

7. 积极提出合理化建议，为安全生产献计献策。

8. 加强班组学习，提高技能水平。

成绩是全班共同努力的结果，下半年要再接再厉，争取更大成绩。

2010 年 7 月 4 日

请你看一看，这份总结存在什么问题？如何修改？

（四）总结能力训练指南

单项工作总结是对某项工作或某项活动的总结，内容和结构比综合总结简单一些。无论是综合总结还是单项总结，都要注意以下几个问题：

（1）总结的内容要有特色，要突出重点，避免面面俱到，报流水账。

（2）要实事求是地对工作进行全面总结。既总结经验与成绩，也要分析问题与不足。只有这样，才能发挥积累经验教训，启发今后工作的作用。

（3）工作很多，写总结时要对这些工作进行归纳、提炼，从中找出具有代表性、规律性的东西。

（4）好的总结应该叙议结合，以叙反映基本事实，以议体现管理思路。叙是肌体，议是灵魂。

六、掌握建议书的书写技巧

建议书是机关单位、团体或个人向有关单位提出建设性建议时使用的一种文体，机关单位、团体的建议书也可称意见书。建议书一般情况下是个人写给有关单位或上级机关的。

（一）建议书与倡议书的区别

二者同属书信类，文体大致相同，但有着明显的区别：

（1）建议的对象不同。倡议书带有普遍性的鼓动号召，可用不同的方式公布；建议书没有号召性，一般只向一个单位或部门提出建议。

（2）倡议书的要求一般具有自发性并需立即办理，建议书的内容要等到有关上级部门批准后才能实施。

（二）建议书的书写格式

1. 标题

建议书的标题有两种写法：

（1）将建议的主要内容概括写进标题，如《关于××××的建议》。

（2）将建议涉及的某个方面或实施该建议的目的、意义写进标题，如《关于加强×××××，提高×××××的几点建议》。

2. 正文

正文一般分三个部分；一是建议要反映的问题和情况；二是认真分析问题和情况产生的各种原因以及影响；三是提出解决这些问题和情况的具体建议和方案。

3. 落款

署上建议的单位名称或个人姓名，及建议成文的时间。

（三）建议书写作注意事项

（1）反映的情况和问题必须真实，建议的内容必须明确具体。

（2）所提建议是否对解决问题和情况具有指导性和可行性。

（3）建议书的措辞用语要准确、慎重，切忌模棱两可。

七、掌握自主管理成果报告书的书写技巧

自主管理活动是企业职工以团队或岗位为主要阵地，自选课题，自定创新目标，职工自由组合，课题报经领导同意，自我创新，提高群众性的技术改进活动。自主管理成果是职工开展各种活动，通过在生产、管理岗位进行小革新、小改进、小窍门、小发明、小会诊"五小"活动，取得的群众性科技创新成果。

（一）自主管理成果报告书的书写格书

1. 标题

写明课题名称。如《××××年优秀自主管理成果报告书》整个报告就像一本书一样，最好设置一个封面，封面上包括标题、课题名称、实施单位、实施时间。

2. 正文

一般正文分八个部分：

1）小组简介

包括小组成立时间，成果实施的起止时间，小组成员的姓名、性别、年龄、文化程度、职务职称。

2）课题选择及目标制定

课题选择简要叙述课题提出的原因和课题的难度；目标制定即分析现状、提出预期将要达到的目标或技术经济指标。

3）原因分析

经过认真分析，找出影响预期目标的原因。其中包括对人的因数、设备因数、物料因数、工艺因数等因数的分析，找出影响的主要原因，可附表。

4）制定对策

针对主要因数和现状，制定对策表，提出解决的措施，确定各项措施的负责人，可附表。

5）对策实施

列表简要叙述各项对策实施的办法和过程情况。

6）效果检查

简要叙述各项改进措施取得的成效或指标。

7）经济效益

简述改进前的状况和改进后的效果。按照有关标准计算出一年的经济效益（经济效益＝改进后新增效益－改进所用的全部投入），有社会效益的，可列出有关社会效益。

8）下一步目标

针对已解决的问题提出巩固措施和今后的目标。

（二）自主管理成果报告书写作注意事项

（1）成果报告书不同于成果鉴定书，成果报告书必须使用通俗易懂的语言，简明扼要，一目了然，尽量避免生僻的技术术语。

（2）涉及的技术秘密和有关重要资料要注意保密。

（3）成果产生的经济效益须经本单位有关部门审定确认，涉及外单位时，还需要成果受益单位出具相关的证明。

技能训练一　看望生病的朋友

【实训目标】

1. 增强对口头语言表达能力的感性认识。

2. 在实践中提高口头语言表达能力。

【实训内容和方法】

1. 请阅读案例，思考问题。

如果你有一位朋友生病住院，经过医生诊断，刚刚得知病情。现在正躺在病床上。请问，你去看望他，应该说什么？你朋友的病情分别是急性阑尾、意外怀孕、癌症。

2. 请同学分三组进行情景模拟，开展对话。

3. 本案例给你哪些启示？以小组为单位进行课堂讨论，每组派一名代表对刚才三组的情景模拟进行评论，提出建议。

技能训练二　"校园周末跳蚤市场"的相关应用文写作

【实训目标】

1. 加深对应用文写作的理解。

2. 结合实际，练习对计划、通知、请示、报告、总结的书写。

【实训内容和方法】

许多大学生参加了创业意识培训"GYB"后，激情澎湃，希望找个地方体验和感受创业，学校也支持学生在课余多参加社会实践。现学生会创业部准备在我校篮球场每周五、周六、周日下午16：00—19：00开设"校园周末跳蚤市场"，请你完成下列工作。

1. 起草创建"校园周末跳蚤市场"的计划书。

2. 向学校领导起草请示报告。

3. 学校领导批复后，请起草招商通知。

4. 起草一份运行一个月后的书面报告。

5. 起草一份运行一学期后的总结。

项目八 团队合作能力

任务一 认识团队与团队合作

 一、团队的含义及其特点

（一）团队的含义

1. 团队的概念

团队是由一些因共同目标而结合起来、需要相互支持、相互协作的个体组成的。团队的组成基于实现一个共同的目标，从而被赋予必要的技术组合、信息、决策范围和适当的酬劳。他们为实现共同目标而相互协力工作并着眼于取得工作成果。

2. 团队的含义

团队具有三层含义：

（1）达成共识，目标一致。

（2）清楚的角色认知和分工。

（3）合作精神。

一个团队的力量一定是方方面面的人合作产生的合力，而且合力大于所有参与人的力量总和，即 $1+1>2$。

3. 团队与群体

团队与群体是有区别的。任何由若干人聚集在一起的集合体都可以叫群体，都可以称为团体，如旅游团、观看球赛的人群、在同一单位工作的一群人。

1）群体的特征：

（1）没有共同目标。

（2）个体间没有利益关系。

（3）没有严格的、共同的规范。

2）团队的特征

（1）具有共同的愿望与目标。

（2）和谐、相互依赖的关系。

（3）具有共同的规范与方法。

（二）团队的构成要素

团队的构成要素可总结为"5P"，即目标（Purpose）、人（People）、定位（Place）、权限（Power）、计划（Plan）。

1. 目标（Purpose）

团队应该有一个既定的目标，为团队成员导航，知道要向何处去，没有目标，这个团队就没有存在的价值。团队的目标必须跟组织的目标一致，此外还可以把大目标分成小目标，具体分到团队成员身上，大家合力实现这个共同的目标。同时，目标还应该有效地向大众传播，让团队内外的成员都知道这些目标，有时甚至可以把目标贴在团队成员的办公桌上或团队会议室里，以此激励所有的人为这个目标去工作。

2. 人（People）

人是构成团队最核心的力量，两个（包含两个）以上的人就可以构成团队。目标是通过人员实现的，所以人员的选择是团队中非常重要的部分。在一个团队中可能需要有人出主意，有人制订计划，有人实施，有人协调不同的人一起去工作，还有人去监督团队工作的进展，评价团队最终的贡献。不同的人通过分工来共同完成团队的目标，在人员选择方面要考虑人员的能力如何、技能是否互补、人员的经验如何。

3. 定位（Place）

团队的定位包含两层意思：

（1）团队的定位，包括团队在企业中处于什么位置、由谁选择和决定团队的成员、团队最终应对谁负责、团队采取什么方式激励下属。

（2）个体的定位，包括作为成员在团队中扮演什么角色、是制订计划还是具体实施或评估。

4. 权限（Power）

团队当中领导人的权力大小与团队的发展阶段相关。一般来说，团队越成熟，领导者所拥有的权力相应越小，在团队发展的初期阶段，领导权相对比较集中。团队权限关系到两个方面：

（1）整个团队在组织中拥有什么样的决定权。比方说财务决定权、人事决定权、信息决定权。

（2）组织的基本特征。比如组织规模的大小、团队数量的多少、组织对于团队授权的大小以及业务类型。

5. 计划（Plan）

计划包含以下两层含义：

（1）目标最终的实现，需要一系列具体的行动方案，可以把计划理解成目标的具体工作程序。

（2）提前按计划进行，可以保证团队的顺利进行。只有按计划操作，团队才会一步一步地贴近目标，从而最终实现目标。

（三）优秀团队的特点

1. 明确的目标

成功的团队会把他们的共同目标转变成具体的、可衡量的、现实可行的绩效目标。

2. 共同的承诺

每个人都清楚他或她的贡献怎样与目标相联系，团队成员愿意承诺为目标作出贡献，这会给团队带来极大的推动力。

3. 坦诚的沟通

团队的每个成员需要充分了解与目标相关的信息，了解现存的问题，了解决策改变的原因。团队内部的沟通越通畅，团队合作的气氛就会越浓厚。

4. 相关的能力、技术和知识

团队的每个成员都应具有一定的自我管理素质，对自己和团队都具有高度的负责精神。

5. 相互信任、支持和协作

为了顺利完成各自的任务，融众人所长，团队成员之间的相互合作是必不可少的。

6. 适当的领导及负责任的自我领导管理

一个成功的团队与一个好的领导密不可分。团队需要一个掌握技术的领导核心为团队指明方向、制定决策。

7. 不断寻求发展

团队成员应不断地提高自身能力以实现既定目标。

二、团队发展阶段

团队的发展一般分五个阶段。

（一）形成期

这是从混乱中理顺头绪的阶段，是团队组建的初期。

1. 主要特征

团队成员由具有不同动机、需求与特性的人组成，此阶段缺乏共同的目标，彼此之间的关系也尚未建立起来，人与人的了解与信赖不足，尚在磨合之中。整个团队还没建立规范，或者对于规矩尚未形成共同看法，这时矛盾很多，内耗很多，一致性很少，花很多力气，产生不了效果。人员流动性大，情绪不稳定，沟通不顺畅，执行力大打折扣。

2. 发展目标

立即掌握团队，快速让成员进入状态，降低不稳定的风险，确保事情顺利进行。

3. 管理方法

此阶段的领导风格要采取控制型，不能放任，目标由领导者设立（但要合理），清晰直接地告知员工自己的想法与目的，不能让成员自己想象或猜测，否则容易走样。

（二）凝聚期

这是团队成员开始产生共识并积极参与的阶段，初步形成集体荣誉感与目标共同感。团队成员归属感渐渐形成。

1. 主要特征

经过一段时间的努力，团队成员逐渐了解领导者的想法与组织的目标，相互之间也经由熟悉而产生默契，对于组织的规矩也渐渐了解，违规的事项逐渐减少。这时日常事务都能正常运作，领导者不必特别费心，也能维持一定的生产力。但是组织对领导者的依赖很重，主要的决策与问题，需要领导者的指示才能进行，领导者一般非常辛苦，如有其他繁忙事务，极有可能耽误决策的进度。

此时，在形成期暴露出的问题正在逐步改善，不过还有很多问题需要继续深入解决。这是一个团队成长的最关键时期。打个比方，相当于黎明前的黑暗。挺过去，大片光明。不过有很多团队都是死在黎明前的黑暗当中。

2. 发展目标

挑选核心成员，培养核心成员的能力，建立更广泛的授权与更清晰的权责划分。

3. 管理方法

此时期的领导重点是在可掌握的情况下，对于较为短期的目标与日常事务，能够授权部属直接进行。只要定期检查，维持必要的监督。在成员能接受的范围内，提出善意的建议，如果有新人员进入，必须尽快使其融入团队之中。在逐渐授权的过程中，要同时维持控制，权力不能一下子放得太多，否则回收权力时会导致士气受挫，配合培训是此时期很重要的事情。

（三）激化期

这是团队成员可以公开表达不同意见的阶段。激化期是以民主为基础的，和一个团队的氛围有很大的关系。有些团队不会经历这个时期，这与团队的历史、团队形成的文化有关。激化期有助于促进团队效率的提高，有助于良好团队氛围的形成。

1. 主要特征

借由领导者的努力，建立开放的氛围，允许成员提出不同的意见与看法，甚至鼓励具有建设性的讨论。目标由领导者制定，转变为团队成员的共同愿景；团队关系从保持距离、客客气气变成互相信赖，坦诚相见；规范由外在限制变成内在承诺。此时团队成员成为一体，愿意为团队奉献，智慧与创意源源不断。

2. 发展目标

建立愿景，形成自主化团队，调和差异，运用创造力。

3. 管理方法

这时领导者必须创造参与的环境，并以身作则，容许差异或不同建议。初期会有一阵子的混乱，许多领导者害怕混乱，又重新加以控制，会导致不良的后果。

（四）收割期

这又叫成熟期，是品尝甜美果实的阶段。

1. 主要特征

借由过去的努力，组织形成强而有力的团队，所有人都有强烈的团体感，组织爆发出前所未有的潜能，创造出非凡的成果，并且能以合理的成本，高度满足客户的需求。高效、稳定是这个时期团队的最大特色。

2. 发展目标

保持成长的动力，避免老化。

3. 管理方法

运用系统思考，纵观全局，并保持危机意识，持续学习；持续成长。

（五）解散期

这时团队绩效下滑，人员观念老化，思维方式僵化。团队成员情绪开始波动，人员变动大。解散期是一个团队的结束，也可能是一个新旧更替、新鲜血液注入的过程。团队会走向新的开始或者解散。

任务二　培养个人的团队精神

相传佛教创始人释迦牟尼曾问他的弟子："一滴水怎样才能不干涸？"弟子们面面相觑，无法回答。释迦牟尼说："把它放到大海里去。"对人类而言，这个"大海"就是社会。人类生活的重要特性是社会性，这就意味着人不能孤立地生活，他必然是在一个团队中生活。

在篓子里放一只螃蟹，这只螃蟹很快就爬出去了，但如果放进一群螃蟹，就算没有盖子，这群螃蟹也爬不出去，因为只要有一只往上爬，其他的螃蟹便会攀附在它身上，把它拉下来，这就是"螃蟹效应"。在一个团队里，如果成员之间像这些螃蟹一样，为各自利益而互相打压，这个团队永远也不可能前进。有团队就有团队精神。

所谓团队精神，是指团队成员为了团队利益和目标而相互协作、尽心尽力的意愿和作风，是大局意识、协作精神和服务精神的集中体现，是一个组织、一个集体、一个单位的精神支柱，是组织文化的一部分。团队精神的前提是建立团队成员之间的相互信任，基础是尊重个人的兴趣和成就，核心是协同合作，最高境界是全体成员的向心力、凝聚力；反映的是个体利益和整体利益的统一，并进而保证组织的高效运转。

一、团队精神的作用

想一想

团队精神和个人能力哪一个重要?

（一）团队具有神奇力量

1. 个人离不开团队

一个人要具有团队精神，就一定要了解团队的神奇力量，没有完美的个人，只有完美的团队。团队是由一群有缺点的人构成的，因为没有哪一个个体是完美的，只有总体搭配起来，才能够发挥出团队中的最大力量，各种不同人才的搭配，才会实现一个完美的团队，所以每一个人都应该明确，在团队中应该扮演一个什么样的角色，你在这个团队中能够起到多大的作用。

大雁南飞的时候，如果只有一只大雁，想飞到另外一个地方，基本上是不可能的，中途可能就会失去生命。它可能忍受不了飞行的孤独，也可能忍受不了寒风的侵袭，只有形成一个完美的团队，才能保证每一个成员都可以完成南迁的飞行目标。当大雁的团队降落的时候，有的寻找食物，有的负责站岗放哨，每只大雁都有不同的分工，所以团队能够产生一个神奇的力量，分力之和大于合力。

2. 个人与团队的思想和观念保持一致时，会有一个上升的效果

当一只大雁悄然离开这个团队的时候，所有的成员就要寻找它，这就会影响到团队的整体进度，导致团队放慢速度。所以要尽可能地使个体和整体保持一致，当保持一致时，团队力量就会发挥得很好。

个体要与团队整体实现很好的配合，便会使团队力量上升，否则便会降低团队力量。所以每个队员的行为和动作都要和团队保持一致，有一种观念，叫作团队精神，组织无我。当你应该具备团队精神的时候，每个人应该把个体忘掉。迪士尼的老板讲过一句话，他说:"你来到迪士尼公司，要么做迪士尼，要么做你自己。"

（二）为一个团队而付出

每个人都会对团队有一种要求，就是个体从团队中能得到些什么，这也很重要。有一句话叫作舍得，就是只有先去舍弃，才能得到。你先愿意付出，才会有回报。肯尼迪总统讲过一句话，"这个国家能给予你什么，你要去想到底我能为这个国家做些什么。"

人总要求有自己独立的空间，同时又要求希望获得团队的同感，希望在团队当中找到友谊，希望在团队当中发挥最大的价值，这是人类的一种现象。

案例讨论8-1

麦当劳的老板说过一句话:当你把我的职业经理人的血管割开的时候，流出来的不是血液而是番茄酱。这就是说，企业的文化已经深深地植入每个职业经理人的头脑和灵魂深处，团队精神的运作对企业以及个人会产生多么深刻的影响。

请你仔细体会这句话的含义，并写下感想。

（三）团队每个成员都非常重要

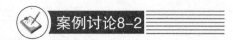 案例讨论8-2

球队成功的功劳归谁？

一个球队在篮球比赛中获得了成功，是谁的功劳呢？是投球人的功劳吗？是，那么，大家来看一下，传球的人有没有功劳，当然也有功劳。教练也有非常大的功劳，甚至于帮这个球队改善伙食的人，都有自己的一份功劳，因为团队是由不同的人群所构成的，每个人群都在发挥自己独特的优势。团队当中的每一个人都是至关重要的，没有能力不够好的人，只有位置不合适，如果把人才摆对位置，他就会发挥出最大的绩效。

就像人的5个手指，每一个都有各自的特点和优势，可是单独地拿出每一根手指来做一件事情的话，就会显得非常笨拙，只有5个手指团结起来，才会将手的作用发挥好。所以团队的成员也是一样，重要的是让他做他最擅长的事情，而且不要轻视任何一个人的力量。

那么，球队获胜的功劳应归功于谁？

团队成员都非常重要，但不是跟每个人打交道都要花相同的时间。团队成员也有分类，其中，一等人创造环境；二等人跟随环境；三等人抱怨环境。

企业当中也永远有三种人：

（1）发电的人，就是可以实现一个很好的自我激励，而且去激励这个团队的人。

（2）用电的人，就是可以通过公司传达下来的东西，为自己所用，为他的团队所使用，产生更大的绩效。

（3）耗电的人，每天不做事情，是在耗费组织能量的人。

认真地分析团队的每一个成员，他到底是你团队的资产，还是你团队的累赘。而且要去评价一下自己，自己在团队中到底是一等创造环境的人？还是二等跟随的人，还是做三等抱怨环境的人？

 案例讨论8-3

想想你属于哪类人？

公司的苗苗小姐和同事艳芳说，明天早晨一定要早到公司一会儿，因为明天的早会非常重要，所以我们也要早到，提前把音乐放好，让每一个人的情绪达到最佳状态，帮助每一个人在明天早晨有一个很好的积极的情绪，让大家产生一个很好的绩效。苗苗就是一等人，因为她为公司早会创造了一个很好的环境。那艳芳呢？艳芳是二等人，她表示支持，共同把这个环境营造出来。同事阿丽说："哎呀，算了，我觉得一大清早为什么去那么早啊，难道公司就我们去那么早吗？我明天不想早来上班。"阿丽就是三等人。每个人都应思考你在团体中是创造环境、跟随环境，还是在抱怨环境。

想想你属于哪类人？

如果你的团队中有抱怨环境的三等人存在，你如何帮助他改变，使你的团队整体得到提升？

（四）创造价值是集体的协作活动

个人创业，在多数情况下会失败，可以想象一下，如果一个人和一个团队做一场斗争的话，个人会赢还是团队会赢呢？一个人去对付一个团体，大多数情况下，会失败。所以，千万不要去尝试着一个人去对付一个团体。21世纪，要么自己打造出一个团队来，要么就很快融入一个团队当中，变成团队中重要的一分子，发挥出你最大的绩效。

任何一个企业中都有投资者、经营者和雇员，投资者负责投资，经营者负责企业的正常运营；投资者负责从企业外观察这个企业的投资行为，运作行为是否正常，还会由不同的专家构成的非常有指挥力的团队。那这个团队需要些什么样的人呢？那就是需要非常优秀、非常努力的雇员，他们肩负着日常大量的工作和活动，各自都有不同的职能划分，组成了一个完美的团队。

应该注意的是，如果你没有拿出时间来提升你身边的人，没有把你的所学分享给更多的人，没有让团队成员同你一起成长，纵使有一天，你登上了成功的顶峰，你一样会觉得非常孤独，你甚至于会非常讨厌这种感觉。为什么有的人会做出破坏的行为，就是他感觉到了那种孤独，有一句话叫"人在高处不胜寒"，你在前进的同时，一定要去提升你伙伴的品质和能力，让他能够跟你一起共同学习、共同成长，这是非常重要的。

 课堂练习

如何提高自己在团队中的价值？

_____

_____

_____

 二、提高团队精神

（一）建立团队成员之间的相互信任

信任是团队精神建设的基石，信任是连接同事间友谊的纽带，真诚是同事间相处共事的基础，我们在任何一个团队中，要建设一个有凝聚力并且高效的团队，首要的任务是建立起团队成员之间的信任。同事之间相处具有相近性、长期性、固定性，彼此都有比较全面深刻的了解。要特别注意的真诚相待，才可以赢得同事的信任。

（1）在组建团队时，要挑选那些认可团队价值观的成员，为建立起相互的信任打下良好的基础。

（2）在团队建设的过程中，团队成员尤其是领导者要承认自己的不足，勇于向团队成员坦承自己的弱点。

（二）尊重每个人的兴趣和成就

单丝不成线，独木难成林。同在一家公司或一个办公室工作，你与同事之间会存在某些差异，知识、能力、经历造成每个人在对待和处理工作时，会产生不同的想法。在这种合作中，个人有个人的兴趣与愿望，团结协作并不否定个人和个性，需要运用不同的激励手段来尽可能地满足团队成员合理的愿望和需求。一个成功的团队，不但需要有卓越的领导班子，确定团队的共同价值取向和奋斗目标，建立有效的运行和沟通交流机制；还需要拥有一支凝聚力强、战斗力强的员工队伍。两者相辅相成，在协同完成团队目标的同时，实现个体的人生价值。

（三）增强全体成员的凝聚力

培养团队精神的终极目的是提高团队每个成员的工作效率，从而高质高效地完成团队工作。章义伍先生曾写过一篇文章《把信带给杨元庆——谈联想与麦当劳的文化差距》，其中提出的观点很值得思考。他认为，联想与麦当劳在人力资源上的差别主要体现在领导团队建设、干部选拔、培训机制、人员激励四个方面。联想的总裁几乎无人不晓，但麦当劳中国的总裁是谁，恐怕就很少有人知道了。联想很强调企业家和个人的贡献，而麦当劳强调的是管理团队；联想班子的优秀主要体现在以杨元庆为首的高层以及中层的事业部和部门经理，相较之下，却没有麦当劳那么理想；联想大部分中高层人才是内部提拔的，而麦当劳永远是 60% 左右的中高层人员从内部招聘，40% 从外部引进，确保管理层的内外融合。由此看出，一个企业不仅需要高层那么几个英雄人物，更需要形成中层强有力的团队，也需要普通员工的团队精神，增强团队成员的凝聚力，高效完成团队的工作。

三、提高团队合作技巧，提升团队合作能力

沟通是构建团队精神的桥梁。团队发展离不开团队成员的合作，要实现密切的合作，首先要进行充分的沟通。作为团队中的一员，固然应该以你的思想感情、学识修养、道德品质、处世态度、举止风度来赢得团队其他成员的尊重，但也可以通过运用一些团队合作技巧，与其他同事融洽相处，提升团队合作能力。

（一）团队成员间要善于沟通协调，建立起良好的人际关系

曾经有人说，如果世界上的人都能够很好地进行沟通，那么就不会引起误解，就不会发生战争。事实上，世界历史上战争几乎不曾中断过，这说明了沟通的困难程度。

耕柱的故事

春秋战国时期，耕柱是一代宗师墨子的得意门生，不过，他老是挨墨子的责骂。有一次，墨子又责备了耕柱，耕柱觉得自己真是非常委屈，因为在许多门生之中，自己是被公认的最优秀的人，但又偏偏常遭到墨子指责，让他感觉很没面子。一天，耕柱愤愤不平地问墨子："老师，难道在这么多学生当中，我竟是如此差劲，以至于要时常遭到您老人家的责骂吗？"墨子听后反问道："假设我现在要上太行山，依你看，我应该用良马来拉车，还是用老牛来拖车？"耕柱回答说："再笨的人也知道要用良马来拉车。"墨子又问："那么，为什么不用老牛呢？"耕柱回答说："理由非常简单，因为良马足以担负重任，值得驱

遣。"墨子说："你答得一点也没有错，我之所以时常责骂你，是因为你能够担负重任，值得我一再地教导与匡正。"

这个故事对我们有哪些启发？

（1）对于团队领导来说，目标管理是进行有效沟通的一种办法。在目标管理中，团队领导和团队成员讨论目标、计划、对象、问题和解决方案。由于整个团队都着眼于完成目标，这就使沟通有了一个共同的基础，彼此能够更好地相互了解。

（2）善于利用各种机会，加强团队成员的日常交流与沟通。不时地安排一些聚会或者组织素质拓展训练，一起吃饭、打球，组织一些文艺演出，让员工与公司进行感情上的沟通，都是很好的加强团队成员交流的方法。团队成员的日常交流可以让他们更加亲近，从而使他们在工作中更容易进行合作。如果平时他们之间就有默契的话，在工作时的绩效就更容易提高。

（3）组织经常性的座谈会，或者以意见箱的形式，让员工有机会反映对企业的一些看法、观点，以及有益的建议。部门之间也要进行沟通，不要因沟通不足造成彼此的隔阂而影响工作。

（二）低调处理自己在团队中的位置

卡耐基有一段关于为人处世的妙论："你有什么可以值得炫耀的吗？你知道是什么原因使你成为白痴吗？其实不是什么了不起的东西，只不过是你甲状腺中的碘而已，价值并不高，才五分钱。如果别人割开你颈部的甲状腺，取出一点点的碘，你就变成一个白痴了。在药房里五分钱就可以买到这些碘，这就是使你没有住在疯人院的东西——价值五分钱的东西，有什么好谈的呢？"处事低调的人心里清楚：个人的知识和能力是有限的，依靠和利用团队成员的知识、经验和能力共同完成项目是明智的选择。当让员工表现得比领导者还优秀时，他们就会有一种被肯定的感觉；反之，他们就会产生一种自卑感，甚至对领导者产生敌视情绪。因为谁都在自觉不自觉地强烈维护着自己的形象和尊严。所以，对自己要轻描淡写，要学会谦虚谨慎，只有这样，才会永远受到别人的欢迎。

案例讨论8-5

相互取暖的刺猬

寒冷的时候，刺猬们就会开始聚集到一起取暖。但因为它们浑身都长满了尖刺，如果靠得太近，反而会伤了彼此；离得太远，又达不到相互取暖的效果，于是，刺猬们就微妙地保持着一个安全距离，有了这个距离的存在，它们既不会扎到对方，又能达到取暖的目的，非常神奇。

这个故事对我们有哪些启发？

（三）善于化解团队中的矛盾，构建和谐团队

一般而言，与同事有点小想法、小摩擦、小隔阂，是很正常的事。新组装的机器，各零件之间尚有不适应的问题，通过一定时期的使用，把摩擦面上的加工痕迹磨光而更加密合，这就是磨合效应。但千万不要把这种"小不快"演变成"大对立"，甚至成为敌对关

系。对别人的行动和成就表示真正的关心，是一种表达尊重与欣赏的方式，也是化敌为友的纽带。

研究表明：一个团队如果冲突太少，则会使团队成员之间冷漠、互不关心，缺乏创意，从而使团队墨守成规，停滞不前，对革新没有反应，工作效率降低。如果团队有适量的冲突，则会提高团队的成员的兴奋度，激发团队成员的工作热情，提高团队的凝聚力和竞争力。如果同事对你的错误大加抨击，即使带有强烈的感情色彩，也不要与之争论不休，而要从积极的方面来理解他的抨击。这样，不但对你改正错误有帮助，也避免了语言敌对场面的出现。

案例讨论8-6

"孙老虎" 没发威

孙犁是一家公司的副总，做起事来雷厉风行，绝不拖泥带水，手下人都很怕他，背地里叫他"孙老虎"。一次，孙犁给下属小李打了一个电话，布置了一项重要且复杂的任务，并要求小李三天后给出结果。对于孙犁的指示，小李自然是唯唯诺诺，满口答应了下来，可一挂电话，他就开始嘟囔起来："孙犁还真是个孙扒皮，这个任务怎么可能三天就做完，真不是人做的，简直是个神经病。"刚嘟囔完，小李一转头，突然发现孙犁就站在自己背后看着自己，原来孙犁刚才布置完任务之后，觉得有些细节说得不够清楚，于是就想直接过来当面给小李嘱咐几句，结果刚好碰上小李抱怨。小李心里顿时感觉像腊月里被浇了一桶冰水，呆呆地看着孙犁。不料，孙犁只是对他笑了笑："小李，我刚才电话里没法讲得特别细，这里刚好有我以前研究过的一些材料，你拿去看看，有什么问题再来找我。"说完，孙犁转身进了办公室。小李并未对孙犁的不表示感到庆幸，而是担心孙犁记恨在心，不由得忧心忡忡。三天后，小李因为整体处在担忧的状态，并没能很好地完成任务，而孙犁并没有像他想象中那样找他麻烦，只是指出了其中的几个问题，让他继续完善。一段时间后，小李明白孙犁并不打算计较那次背后的咒骂，才恢复了状态。

这个故事对我们有哪些启发？

(四) 平等对人、真诚待人

无论是老员工还是新员工，既然是同事，老员工有经验，新员工有朝气，大家都是工作链上的一个环节，很多工作，以一个人的力量，谁都无法完成，那么在工作中员工就要平等相处。同时，作为领导者，每天都会跟自己的员工打交道，你真心待人，员工也就会真心待你，你所"取"如何，就看你所"予"如何。施米特定理认为，成功的上司不一定是专权的人，也不一定是放任的人，而应该是在具体情况下善于考虑各种因素，采取最恰当行动的人。"爱人者，人恒爱之；敬人者，人恒敬之。"别人不爱你不敬你，你不要责怪别人，请先问问自己是否爱别人敬别人。人们常说的"将心比心"，其实就是要我们在某些特定的时候进行换位思考，尤其是团队领导者在教导、批评团队成员时，一定要注意分寸，不可太重。太重了，别人承受不了，但也不能太轻，太轻了，起不到警醒作用。

伟大的彼得大帝

彼得大帝作为俄国王位的继承者，也是通过难以想象的艰苦努力才得到王位的。他比其他王室成员更经常地脱下宫廷服装，穿上工作服。他26岁的时候，放弃了自己享乐的生活，开始周游列国，向这些国家的优秀人才学习。在荷兰，他自愿当一位造船师的学徒；在英国，他在造纸厂、磨坊、制表厂和其他工厂工作。他不仅细心地揣摩学习，而且像普通工人一样干活、拿工资。在伊斯提亚铸铁厂，他用一个月的时间来学习冶炼金属，最后一天他铸造了十八普特的铁，把自己的名字铸在上面。那些陪同他出访的俄国贵族子弟，连想都没想过做这样的苦工，最后也不得不跟着他背煤块、拉风箱。当时一个普通铁匠铸一普特铁只能得到3个戈比的报酬，但是工头付给彼得大帝18个金币。彼得大帝说："我并没有比普通工人做更多的事，你给别人多少，就给我多少吧！我只想买一双鞋。"像彼得大帝这样伟大的人尚且以平常心对待工作，平等待人，我们更应该真诚待人，与团队成员和谐相处。

这个故事对我们有哪些启发？

任务三　如何成为团队中最受欢迎的人

如果你想成为优秀的人，你要做别人不愿意做的事情，要做别人做不到的事情，要做别人不敢做的事情，要想让自己成为优秀团队中的优秀人物，就要成为团队中最受欢迎的人。那么，怎样使自己成为团队中最受欢迎的人呢？

课堂练习

思考你所在的团队中哪些人威信较高？看看他们平时是怎么做的？有什么共同点？

一、出于真心，主动关心帮助别人

一个人可以拒绝别人的销售，拒绝别人的领导，却无法拒绝别人对你出于真心的关心，大多数人都在期望着别人对他的关心，所以你要做到别人做不到的事情，如果别人不肯去关心别人，那你要付出更多去关心别人。

二、谈论别人感兴趣的话题

每个人一生中都在寻找一种感觉，这种感觉是什么呢？那就是重要感。在和别人沟通时，你是一直不断地在讲，还是认真地在听他讲话？如果你认真地在听他讲话，同时你又问一些他感兴趣的话题，别人会对你非常感兴趣，因为人们都喜欢谈论自己，可是你愿意拿出时间来关心他感兴趣的话题，你愿意了解他所讲出来的他认为非常感兴趣的话题，那你一定会成为一个非常受欢迎的人。

如何让自己成为团队中受欢迎的人呢？就要去了解别人的兴趣所在，并且同别人去沟通他最感兴趣的话题，两个人之间总会有共同之处。

三、真心赞美周围的同事

赞美被称为语言的钻石，每个人一生都在寻找重要感，所以都希望得到别人的赞美。人们希望获得成长和成就感，如果团队能为成员提供空间，使他得以很好地成长的时候，成员大多数情况下都会留在团队，而且全力以赴，认真地为之付出。

不断地赞美、支持、鼓励周围的朋友和同事是有效的办法。每个人都有优点和其独特性，所以要找到每个人独特的优点去赞美他。比如，一个成员取得了一些成绩，当你希望这种成绩再一次被延伸的时候，就要去赞美他，这种结果则会再一次发生，受赞美的行为会持续不断地出现。如果有一名销售人员刚刚签了一份很大的合同，团队当中的每一个成员都应去赞美他，都应该认为他是团队当中的英雄，因为当他受到了这种赞美和鼓励，他会愿意再去采取同样的行为，为这个团队付出。

（一）团队成员相处的技巧

1. 不要批评，要提醒

可以去提醒别人而不是批评别人。比如，你觉得他哪里不够好，可以说："我想提醒你一下，你哪里还可以更好，因为你是非常有潜质的，所以我才拿出时间来跟你沟通，你介意吗？"

如果真的一定要批评，不妨采取"三明治"批评法。因为任何消极负面的东西都可以用积极正面来引导，然后采取积极正面的一个行动，就能达到积极正面的结果。

2. 多提建议，少提意见

意见是一种对现实的不满，可能会有一点点的抱怨，建议也是一种不满，但它是将不满转化为可以达到满意结果的过程。当你养成一个提建议而不是提意见的习惯的时候，你会发现，团队当中的人都愿意贡献出更多的建议出来，这种建议是非常有积极意义的，也是对团队帮助非常大的。

3. 不要抱怨，要采取行动

抱怨不会解决任何问题，只有去采取行动，才会产生结果。任何一件事情都不值得抱怨，因为抱怨会让这个结果在团队变得夸大，使每一个人都注意到这种事实，然后影响到每个人的心情，同时抱怨影响最大的人是自己，越抱怨，情绪越不好，产生的绩效越差。所以，把抱怨的行为变成另一个行为，才会产生好的结果。

团队成员相处应该不批评、不指责、不抱怨、不找借口，而要把问题转化成成功的理由。

案例讨论8-8

有一个儿子对母亲讲："我去过四星级和五星级饭店以及很多地方吃饭，可是母亲啊，我想告诉你一个很重要的消息，就是虽然我去过那么多的地方，可是我发现都没有你做的饭好吃，我还是最爱吃你给我做的饭啊。"母亲听完这句话非常高兴。

从上述事例中体会赞美的重要性，并试着赞美你的亲人或同事，看看他们有什么反应，是不是比以前更喜欢你？

（二）团队成员在团队中的六大感觉

每个人在团队当中，都期望得到一些感觉。

1. 感谢

当你真心地去感谢别人的时候，别人还会愿意再次帮助你。

2. 赞美

赞美被称为语言的钻石，每个人都希望获得重要感，所以都希望得到赞美。

3. 肯定

一个人做出成就时，非常希望得到别人的肯定。所以要习惯去肯定别人，为别人取得的成就而高兴。

4. 鼓励

不论多伟大的人，都有脆弱的时候，在别人脆弱的时候，鼓励他，这是非常关键的。所以要习惯去鼓励别人。

5. 主动付出

主动先付出别人想得到的东西，永远思考别人的利益点，别人所想要的到底是什么，站在他的角度，替他设身处地地着想，付出总有回报。

6. 关心

要对周围的同事所做的事情感兴趣，当你去关心别人的时候，别人也会开始关心你。

人的六大感觉都有一个敏捷度的递减，所以不能只用一个方式，要进行变换。

案例讨论8-9

一张小纸条的力量

一位总经理，一直用口头的方式赞美他的同事，他的下属公关部经理，做得非常优秀。一天下班之前，他写了一张小纸条放在公关部经理的桌子上，上面写着："你今天的工作表现非常好，尤其是你今天的行为，非常棒，我非常感谢你。"第二天早上，总经理的办公桌上也有了一张纸条，上面写着："我非常感谢你昨天给我的那张小纸条，你对我的支持，让我感觉到浑身充满了力量，我非常感谢你，你最勇敢的战士××一定跟你坚持奋斗到底。"总经理只是换了一种表达方式，可是让他的下级感觉到了他对他的重视程度和感谢程度，而他只是改变了一种方式而已。

这个故事对你有哪些启发？

四、为别人的成就感到高兴

为别人的成就感到高兴，并真心地予以祝贺。当你真心地祝福获得财富的人，也会慢慢地获得财富，因为你为财富而祝福。

当你去忌妒别人或者说当你开始为别人取得成就而感到不舒服的时候，那是因为你的梦想和格局没有放大。如果你的梦想和格局被放大，你会为别人取得的成就而感到高兴，并且衷心为他祝贺，因为你是一个对自己非常有自信的人，做一个能够为别人取得成就而祝福的人，你就会取得跟他一样的成就。

五、激发别人的潜力

人有很重要的一个能力，就是使别人发挥潜力，人际关系中最重要的就是要敢于去激发别人的潜力。

当你激发了别人的潜力，别人通过你的激发和鼓励取得成就时，他就会由衷地感谢你。所以你要有一种能力，就是去激发别人的能力，激励别人。每一个人都期望别人给他十足的动力，每个人都希望别人帮他做出人生的决定，所以你要去激发别人，使他产生梦想，让他拥有应该拥有的"企图心"，让他拥有应该拥有的上进心，激发出他最想要的结果，这就是一种获得成长的感觉。

 课堂练习

请回答下列问题，做一下自我分析。

1. 目前跟你一起工作的伙伴都有哪些？他们每个人的优点是什么？

_____

_____

2. 你应该如何与团队成员之间协调好关系，获得更大的绩效？

_____

_____

3. 你应该如何帮助团队的领导，强化你们团队的整体意识，实现一个快速稳步的发展？

_____

_____

4. 你现在要采取什么样的行动？

_____

_____

技能训练　讨论《西游记》中的团队合作能力

【实训目标】

1. 增强对团队和团队精神的感性认识。

2. 培养团队成员进行团队合作的初步能力。

【实训内容和方法】

1. 请阅读案例，思考问题。

《西游记》中的团队合作能力

《西游记》是大家熟悉的故事，唐僧的团队应该说是最好的团队；《三国演义》中刘备的团队是可遇不可求的团队。唐僧这个团队的使命感很强，就是到西天取经。唐僧这样的领导不一定要会说话，但以慈悲为怀，这样的领导很多企业都有。孙悟空的能力很强，品德很好，但是缺点也很明显，企业对这样的人是又爱又恨，这样的人才每个企业都有，而且有很多。猪八戒好吃懒做，一个企业没有猪八戒是不正常的。沙僧懦弱无能，挑担牵马，八小时工作制，这样的人更多。这是一个平凡的团队，然而就是这个平凡的团队，经过九九八十一难，取到了真经。

一个团队能支撑着走下去，靠的就是价值观与使命感。爱迪生发明电灯泡时说："要让天下亮起来。"于是致力于电灯泡发展的研究，最后他真的让电灯泡扬名天下；迪士尼乐园要让全世界的人开心起来，所以他们做的任何事，拍的任何片子都是逗人开心的；阿里巴巴的使命是让天下没有难做的生意，帮助客户成功，所以产品越做越简单；唐僧团队的使命感就是到西天取经。不过要管理好《西游记》中的这个团队，对领导的要求是很高的。一个领导者要有眼光、胸怀、实力三种素质，才能够成功带领团队。

(1)《西游记》成功的经验有哪些？

(2) 本案例给你哪些启示？

2. 先请同学阅读、分析案例，然后以小组为单位进行课堂讨论，最后各位同学写出书面分析报告。

项目九　提升开拓创新的能力

 学习目标

知识点：

1. 了解创新的内涵及其与创新相关的概念。

2. 认识创新思维的基本原理。

3. 清楚创新思维的类型。

4. 明确突破思维定式、克服创造障碍的意义。

5. 掌握创新的技法。

技能点：

1. 培养创新思维的品质。

2. 形成良好的思维习惯。

3. 能够较好地运用创新思维。

4. 学会创新思维的基本技能。

5. 善于在工作、生活中不断创新。

任务一　正确认识创新能力

一、正确认识创新的内涵

（一）创新的含义

创新一词在当今世界出现频率非常高，几乎所有的企业家、政府官员、大学教授都常常强调创新的重要性。同时，创新又是一个非常古老的词汇。在英文中，"Innovation"（创新）这个单词起源于拉丁语，它原意有三层含义：一是更新；二是创造新的东西；三是改变。但创新作为一种理论，首先是由美籍奥地利经济学家熊彼特在 1912 年德文版的《经济发展理论》一书中提出的。熊彼特认为，创新就是把生产要素和生产条件的新组合引入生产体系，即"建立一种新的生产函数"，其目的是获取潜在的利润。20 世纪 50 年代，美国著名管理大师彼得·德鲁克把创新引进管理领域，有了管理创新，他认为创新就是赋予资源以新的创造财富能力的行为。现在，创新两个字扩展到了社会的方方面面，有理论创新、制度创新、经营创新、技术创新、教育创新、分配创新等。

（二）创新的形式

1. 原始创新

原始创新是指前所未有的重大科学发现、技术发明、原理性主导技术等创新成果。原始性创新意味着在研究开发方面，特别是在基础研究和高技术研究领域取得独有的发现或发明。原始性创新是最根本的创新，是最能体现智慧的创新，是一个民族对人类文明进步作出贡献的重要体现。

2. 集成创新

集成创新是指通过对各种现有技术的有效集成，形成有市场竞争力的产品或者新兴产业。

3. 引进消化吸收再创新

引进消化吸收再创新是指在引进国内外先进技术的基础上，学习、分析、借鉴，并进行再创新，形成具有自主知识产权的新技术。

（三）与创新相关的几个概念

1. 发现与发明

发现是对客观规律、事物的正确认知。发现的结果原来是客观存在的，只是后来才被人们正确认识。

发明属于科技成果在某领域中的新创造，通常指人们做出前所未有的重大成果。两者的区别在于发现是认识世界，发明是改造世界。

2. 创造与创新

创造是人们为了实现前所未有的独创性成果目标，借助于灵感激发的高智能劳动，产生新的社会价值成果的活动。这个成果是指新概念、新设想、新理论，也可以指新产品，要求新颖、独特、有社会价值。

创新是新设想（或新概念）发展到实际和成功应用阶段。

创造与创新的区别在于，创造强调新颖性和独创性，着重指"首创"，从无到有，是一个具体结果；创新强调创造的某种社会实现，从有到成，更重经济性、社会性、渗透性。

创新过程需要发明，但发明不可预测，也不能计划，而创新可以预测，可以有计划地去做。有人把发明看得很重，而轻视创新。应该说，发明很重要，但发明只是第一步，真正要有作为，还需创新。据有关资料表明，几十年来，全球几百万项的发明专利中，真正有用的东西比例很低。

二、正确理解创新能力的内涵

（一）创新能力的内涵

创新能力是运用知识和理论，在科学、艺术、技术和各种实践活动中不断提供具有经济价值、社会价值、生态价值的新思想、新理论、新方法和新发明的能力。

个体创新能力的大小由自身的创新素养决定，从有利于开发培养的角度看，主要由四部分构成。

1. 创新个性品质

创新个性品质包括创新意识、意志、毅力、勤奋、自信力、活力、诚信、积极、乐观、胆识、团队精神以及创造型人才的思维特质，如知觉、潜意识和灵感等。研究表明，在智力水平相近的情况下，情商高的人创新能力更强。

2. 创新思维品质

这是指创新者能灵活掌握和运用各种创新思维方法，及时了解所需的信息、发现存在的问题和处理问题的思维能力品质。

3. 创新技法应用

这是指创新者能合理地选择和创造性地应用创造技法解决创造、创新活动中出现的问题的能力品质。创造、创新的技法非常多，并随着创造、创新活动的开展不断涌现。善创新者在创新活动中能及时学习和灵活应用新的技法。

4. 创新技能运用

这是指创新人才正确处理个人与社会的关系以促进创新价值实现的能力品质。这里的创新技能 除了一定的操作能力、完成能力外，更重要的是掌握应用新知识、新技术的学习能力、发现问题的能力、能够借他人优势的能力，以及抓机遇的能力、延伸大脑的能力、凭借信息的能力等。

（二）创新能力形成的基本原理

1. 创新能力形成的第一原理——遗传素质

遗传素质是形成人类创新能力的生理基础和必要的物质前提，它潜在地决定着个体创新能力未来发展的类型、速度和水平。遗传素质，又称天赋、禀赋或天资，是指个体与生俱来的生理特点。包括脑和神经系统的结构、机能特性、感觉器官和运动器官的机能，身体的结构和机能等。大脑是人的创新能力形成的物质基础，是人的创新能力发展的物质载体。离开了这个物质基础，人的创新能力的形成和发展就成了无源之水、无本之木。

人类创新能力的形成首先要遵循遗传规律，遗传素质是人类创新能力的物质基础。我们承认它，但不把它当作唯一，即"承认天赋，不唯天赋"。

2. 创新能力形成的第二原理——环境

环境是人的创新能力形成和提高的重要条件。环境优劣影响着个体创新能力发展的速度和水平。人是社会的人，人的创新实践并不是在真空中进行的，必然受到环境的影响。

环境包括自然环境和社会环境。社会环境包括家庭、学校和社会。社会上的各种教育培训机构等都是影响人的创新能力形成的重要因素。

3. 创新能力形成的第三原理——实践

实践是人的创新能力形成的唯一途径。实践也是检验创新能力水平和创新活动成果的尺度标准。创新能力只有在创新实践中才能得到施展发挥，实践是创新能力变成现实的唯一平台。

人改造社会的活动也就是创新活动。只有通过社会实践，才能把人的创新意识变成现实，而创新能力也必须通过实践才能形成，实践是创新能力形成的唯一途径。实践还是检验人的创新成果的唯一标准。

4. 创新能力形成的第四原理——创新思维

创新思维是人的创新能力形成的核心与关键。创新思维的一般规律是先发散而后集中，最后解决问题。创新能力与创新思维休戚相关。没有创新思维，就没有创新活动。创新思维是人的创新活动的灵魂和核心，创新思维能力是人的创新能力的灵魂和核心。

任务二 创新能力的培养训练

 一、思维方式决定行为结果

思维创新，是一切创新的基础和源泉。恩格斯曾经指出，当技术浪潮在四周汹涌澎湃的时候，最需要的是更新、更勇敢的头脑。

 二、创新思维的类型及其训练

（一）联想思维

 案例讨论9-1

深山藏古寺

相传，古时候有一位皇帝曾以"深山藏古寺"为题，召集天下画师作画。最后选出了三幅画：第一幅画在万木丛中显露出古寺的一角；第二幅画在景色秀丽的半山腰伸出一根幡；第三幅画只见一个老和尚从山下溪边挑水，沿着山路缓缓而上，而远处只见一片山林，根本无从寻觅寺庙的踪迹。

请你猜猜：最后皇帝选中了哪幅画？为什么？这个故事给了我们什么启发？

联想思维是指人脑记忆表象系统中，由于某种诱因导致不同表象之间发生联系的一种没有固定思维方向的自由思维活动。主要思维形式包括幻想、空想、玄想。其中，幻想，尤其是科学幻想，在人们的创造活动中具有重要的作用。

联想是客观事物之间的联系在人脑中的反映，它可以不断开拓人们的思路，升华人们的思想。但是联想思维能力不是天生的。它需要以知识和生活经验、工作经验为基础。那么，我们该如何提高联想思维能力呢？

1. 把握联想思维的一些基本规则

1）相似规则

指在人们的头脑可以根据事物之间在形状、结构、性质或作用等某一方面或某几方面的相似进行联想，从而引发出某种新设想来。

比如，目前世界上第一流的爆破技术，已能将一幢建筑物炸成粉末，而且不影响旁边的建筑。一些聪明的医生由此联想到人体内的多种结石都需要摧毁，在这一点上，它们是相似的，能不能也用"爆破"的办法将病人体内的结石炸碎呢？他们经过精确计算和实验终于获得成功，医学上叫微爆破技术。

2）相关规则

指在思考问题时，尽量根据事物之间在时间或空间等方面的彼此接近进行联想。由于世上万事万物都不是孤立存在的，在空间或时间上总是保持着一定的联系，因此灵活运用相关规则联想，常常也能打开思路，进行创新。

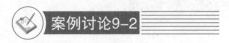

苏东坡建苏堤

苏东坡当年在杭州任地方官的时候，西湖的很多地段都已被泥沙淤积起来，成了当时所谓的"葑田"。苏东坡多次巡视西湖，反复考虑如何疏浚，再现西湖的秀美风景。他感到最难办的是从湖里挖出的淤泥无处堆放。有一天，他想到西湖有30里①长，要环湖走一圈，一天都走不过来。如果能把从湖里挖上来的淤泥堆成一条贯通南北的长堤，那不是很好吗？"则葑田去而行者便矣。"这时他又联想到："吴人种麦，春辄芟除，不遗寸草。"也就是联想到挖掉葑田之后可以招募农人来种麦，种麦获得的收益，便可以作为整治西湖的资金。这样一来，疏浚西湖有了钱；挖掘出来的淤泥有了去处；西湖附近的农人增加了收益；西湖还有了一条贯穿南北的通道，既便利来往的游客，又能增添西湖的景点和秀美。苏公妙计，一举多得，可谓高明。

该故事对你有哪些启发？

3）因果规则

客观事物之间具有一定的因果关系，人们可以由因到果，或由果到因进行联想，古诗云："问渠哪得清如许，为有源头活水来。""不识庐山真面目，只缘身在此山中。"这些是运用因果联想的例子。因果联想作用很大，牛顿的万有引力可谓因果联想的一个十分典型的例子。

2. 对自己进行强迫联想训练

一般人受习惯思维的影响，思想僵化，联想力极为有限。而一个经过强迫联想训练的人，则能激发想象力，触类旁通。拿碗的例子来说，碗—饭—饭桶—水桶—水—水库—风景……旅游。从碗很快就能联想到旅游。进行联想思维训练时要注意以下问题：

1）需要具有一个引起联想的依据

这个依据可以是具体的事物，或者是某段文字、音乐，或是某一个偶然的场景。它是联想思维活动的"一端"。由此而想到的相关事物，或者其他的东西，就是思维活动的"另一端"。

2）运用联想要合理、自然

关键在于准确而巧妙地捕捉两端之间的联系点。苏联心理学家哥洛万斯和斯塔林茨曾

———————————

① 1里＝500米。

用实验证明，一个经过强迫联想思维训练并对联想思维技巧已经娴熟的人，任何两个概念词语都可以在他的头脑里经过四五个步骤建立起关系。

比如，高山和镜子，是两个风马牛不相及的概念，但联想思维可以使它们之间发生联系，高山—平地—平面—镜面—镜子。进行强迫联想训练，其过程一定要有强制性，也就是在无关的事物之间进行硬性思考，非要想出一个名堂不可。无关的事物究竟能形成一种什么关系，强行联想下去才能思考出结果。可见，强迫联想态度一定要坚决，要有不达目的誓不罢休的精神。

课堂练习

1. 初夏在田野中漫步，看见麦浪，你联想到了什么？
2. 看见密集的雨丝，你联想到了什么？
3. 天气预报上的台风气旋让你联想到了什么？
4. 用下面词语组织成一段文字，字数不得少于 400 字，要求必须包含所有的词语。

词语：神经 错乱 科学 月刊 稀少 聪明 天空 消息 手语 树木 符号 卵
      石 太阳 模式 间谍 玻璃 池水 橱窗 暴风雨 波状 曲线 细胞

（二）灵感思维

案例讨论9-3

联合国的由来

由于德、意、日在世界范围内的侵略十分猖獗，1942 年，美、苏、英、中等国开始着手建立反法西斯联盟。为了名正言顺，决定起草一份宣言，但大家不知道应该给这份宣言起个什么名字。美国总统罗斯福和英国首相丘吉尔在一起研究了多次，也想过不少的名字，都因不恰如其分而放弃。

有一天大清早，突然，罗斯福从美、苏、英、中等国联合抗击世界法西斯的行动得到启示，刚起床便不顾身份地大叫："上帝！我终于想起来了！"他急匆匆去找邱吉儿，邱吉儿正在洗澡，罗斯福迫不及待地跨到浴室门前，高声喊道："亲爱的温斯顿，我想起来了，你看叫联合国怎么样？"邱吉儿从满是肥皂泡的浴缸里钻出来，孩子般地拍着白白胖胖的肚皮回答道："啊，太好了！"

这样，罗斯福的灵感解决了宣言命名的难题，这份宣言最后被定名为《联合国宣言》，1945 联合国成立时，也沿用这一名称，这就是联合国的由来。

该故事对你有哪些启发？

1. 灵感思维及其特点

灵感思维是指人脑在某种刺激的触发下，有意或无意地突然出现某种新的形象、新的思想，使一些长期思考、长久未能解决的问题突然得到启发或得以解决的一种思维方法。

现代科学研究表明，灵感是大脑的一种特殊技能，是思维发展到高级阶段的产物，是人脑的一种高级感知能力。

灵感思维有两种类型：一种是瞬间闪现，一下子便消失，永不再来的，这种灵感不可捉摸，难以用人类现有的知识加以理解；另一种是由于长期致力于某种研究或某类工作，在这之后突然产生的，这种灵感虽不能完全解释清楚，但至少可以察知它与此前的艰苦思考密切相关。从调查分析来看，后一种灵感思维出现的情况居多。灵感思维是在无意识的情况下产生的一种突发性的创造性思维活动。它与形象思维和抽象思维相比，主要有以下三个方面的特征：

1）突发性

灵感往往是在出其不意的刹那间出现的，使长期冥思苦想的问题突然得到解决。在时间上，它不期而至，突如其来；在效果上，突然领悟，意想不到。这是灵感思维最突出的特征。

2）偶然性

灵感在什么时间、什么地点，或在哪种条件下可以出现，都使人难以预测且带有很大的偶然性，往往给人以"有心栽花花不开，无意插柳柳成荫"之感。

3）模糊性

灵感的产生往往是闪现式的，而且稍纵即逝，它所产生的新线索、新结果或新结论使人感到模糊不清。要精确，还必须有形象思维和抽象思维辅佐。

灵感思维所表现出的这些特征，从根本上说都是来自它的无意识。形象思维、抽象思维都是有意识地进行的，而灵感思维则是在无意识中进行的，这是它们的根本区别所在。

2. 引发灵感时常用的基本方法

1）观察分析

在进行科技创新活动的过程中，自始至终都离不开观察分析。观察，不是一般地观看，而是有目的、有计划、有步骤、有选择地去观看和考察所要了解的事物。通过深入观察，可以从平常的现象中发现不平常的东西，可以从表面上貌似无关的东西中发现其联系。在观察的同时必须进行分析，只有在观察的基础上进行分析，才能引发灵感，形成创造性的认识。

2）启发联想

新认识是在已有认识的基础上发展起来的。旧与新或已知与未知的连接是产生新认识的关键。因此，要创新，就需要联想，以便从联想中受到启发，引发灵感，形成创造性的认识。

3）实践激发

实践是创造的阵地，是灵感产生的源泉。在实践激发中，既包括现实实践的激发，又包括过去实践体会的升华。各项科技成果的获得，都离不开实践的推动。在实践活动的过程中，迫切解决问题的需要，就促使人们去积极地思考问题，废寝忘食地去钻研探索。科学探索的逻辑起点是问题，因此，在实践中思考问题、提出问题、解决问题，是引发灵感的一种好方法。

4）激情冲动

激情能够调动全身心的巨大潜力去创造性地解决问题。在激情冲动的情况下，可以增强注意力、丰富想象力、提高记忆力、加深理解力。从而使人产生出一股强烈的、不可遏止的创造冲动，并且表现为自动地按照客观事物的规律行事。这种自动性，是建立在准备阶段里经过反复探索的基础之上的。这就是说，激情冲动，也可以引发灵感。

5）判断推理

判断与推理有着密切的联系，这种联系表现为推理由判断组成，而判断的形成又依赖于推理。推理是从现有判断中获得新判断的过程。因此，在科技创新活动中，对于新发现或新产生的物质的判断，也是引发灵感、形成创造性认识的过程。所以，判断推理也是引发灵感的一种方法。

（三）梦境思维

 案例讨论9-4

元素周期表的诞生

俄国化学家门捷列夫自1865年担任彼得堡大学的化学工程学代理教授以后，便开始着手撰写一本新的无机化学教材。他充分、仔细地研究了各种化学元素及其化合物的性质，在一段时间里，对各种元素的次序排列，产生了浓厚的兴趣。

他找了几张厚纸，在上面打上格子，分别写上化学元素的名称、原子量、化学性质等，并将他们剪成小卡片。他把这些卡片一会儿这样排列，一会儿那样排列，希望通过排列它们的顺序体现出元素之间的某种内在联系。

如此紧张地工作了三天三夜，仍然毫无结果。由于过度疲劳，他迷迷糊糊地睡着了。

在梦中，他竟见到了一张他日思夜想的元素表：每一横行都是按化学元素原子量的逐步增大而排列，同时又按照它们性质的相似性对应着排成几个纵列。

门捷列夫猛然醒来，立即记下了梦中出现的那张表。经过反复核算，他发现只有一处需要修改。门捷列夫兴奋地拿起铅笔在纸上写下了这样的标题：根据元素的原子及其化学近似性排列的元素表。

就这样，化学发展史上具有里程碑意义的元素周期表诞生了。

该故事对你有哪些启发？

在思维科学上，心理学家把通过梦境启发，进而思考解决人们在白天百思不得其解的难题的思考方式称为梦境思维。

1. 科学史上四个著名的梦

（1）1845年，美国人埃利亚斯豪发明的工业缝纫针；

（2）1864年，德国化学家凯库勒的苯环结构的发现；

（3）1865年，门捷列夫的"化学元素周期表"；

（4）1921年，奥地利生物学家洛伊发现的"神经冲动化学传递"获诺贝尔奖。

以色列神经专家阿维·卡尼证实：做梦能使学过的知识更容易记住。他甚至主张对某些难以解决的问题，"先做梦，明天再说。"梦境思维就像一座蕴藏大量宝藏的金矿，等待人们去开发。

2. 开发梦境思维的方法

（1）要全身心地投入到有待解决的问题中去。

（2）在思考问题的过程中入睡。

（3）做好梦中发现的记录。

（四）直觉思维

爱因斯坦的名句："我相信直觉和灵感。"这早已为世人所熟悉。直觉思维是人脑对于突然出现在其面前的新事物及其关系的一种迅速的识别，是对事物的本质理解和综合的整体判断活动。直觉思维的特征是：整体性、突发性、跨越性和局限性。没有渊博的知识、丰富的经验和深邃的洞察力与判断力，就不可能产生正确的直觉判断。

（五）发散思维

发散思维是从一个问题（信息）出发，突破原有的知识圈，充分发挥想象力，经不同途径、以不同角度去探索，重组眼前信息和记忆中的信息并产生新的信息，而最终使问题得到圆满解决的思维方法。发散思维是创新思维的最基本形式，是人们进行创新活动的最重要、最起码的看家本领。

发散思维亦称扩散思维、辐射思维、求异思维，表现方式为逆向思维、横向思维和颠倒思维。这是一种从不同角度、不同途径去设想，探求多种答案，最终力图使问题获得圆满解决的思维方法，就像从一点向四面八方作射线，作出的线越多越好，以产生尽可能多的创造性设想。

许多人可能知道哥伦布竖鸡蛋的故事，谁能把煮熟的鸡蛋竖起来呢？众人的求同思维——不打破蛋壳限制了他们。哥伦布实际上运用了求异思维——打破蛋壳，这不就很容易竖起来了吗？

发散思维是一种多方面、多角度、多层次的思维过程，具有大胆创新、不受现有知识和传统观念局限和束缚的特征，很可能从已知导向未知，获得创造成果。发散思维的多方向性使研究过程能够适时转变研究方向，孕育出新的发明和创造。

 案例讨论9-5

青霉素的发现

1928年9月15日，亚历山大·弗莱明发明了青霉素，这使他在全世界获得了25个名誉学位、15个城市的荣誉市民称号以及其他140多项荣誉，其中包括诺贝尔医学奖。美国细菌学家弗莱明发明青霉素，至少使全人类的平均寿命延长了10年。他从培养葡萄球菌转向杀死葡萄球菌的氯霉菌，运用发散思维，最终成功提炼出青霉素。

该故事对你有哪些启发？

发散思维的多角度性，使人们从惯常观察问题的角度发生根本转变。发散思维有流畅、变通、独特三个特性。

流畅性良好的发散思维能在短时间内较快地变换或选择较多的概念。变通性使发散思维不局限于单一方面；独特性使人以前所未有的新角度、新观点去认识事物，提出超乎寻常的新观念，在创造性思维中起着本质飞跃的作用。

（六）收敛思维

收敛思维（集中、辐合、求同、聚敛）指人们为了解决某一问题而调动已有的知识、经验和条件去寻找唯一答案的思维过程。收敛思维的特征是封闭性（集中性）、连续性

（程序性）、比较性。

收敛思维与发散思维各有优缺点，在创新思维中相辅相成，互为补充。只有发散，没有收敛，必然导致混乱；只有收敛，没有发散，必然导致呆板僵化，抑制思维的创新。因此，创新思维一般是先发散而后集中，在解决问题时要抓住问题的重点，即它的聚焦点。

收敛思维是成功者不可缺少的一种必备思维，不管你的思维放开到何种程度，也不能离开主题，最终都得有个思维的收敛点，才有助于我们为信息归类，树立一个个明确的"靶子"，才能成功地到达目的地。

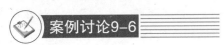

阵地上的一只猫

第一次世界大战期间，法国和德国交战时，法军的一个司令部在前线构筑了一座极其隐蔽的地下指挥部。指挥部的人员深居简出，十分诡秘。不幸的是，他们只注意了人员的隐蔽，而忽略了长官养的一只小猫。

德军的侦察人员在观察战场时发现，每天早上八九点钟左右，都有一只小猫在法军阵地后方的一座土包上晒太阳，德军依此判断：

1. 这只猫不是野猫，野猫白天不出来，更不会在炮火隆隆的阵地上出没；

2. 猫的栖身处就在土包附近，这很可能是一个地下指挥部，因为周围没有人家；

2 根据仔细观察，这只猫是相当名贵的波斯品种，在打仗时还有兴趣玩这种猫的，绝不会是普通的下级军官。

据此，他们判定那个土包一定是法军的高级指挥所。随后，德军集中六个炮兵营的火力，对那里实施猛烈袭击。事后查明，他们的判断完全正确，法军地下指挥所的人员全部阵亡。

该故事对你有哪些启发？

（七）变通思维

变通思维是指在思考问题时，当一条路走不通或者付出的机会成本太大时，不妨改变一下思路，从原有的思维框框中跳出来，进入一个新的思维框架中去思考的一种思维方法。

变通思维的主要特征是：新的思考路径与原有的思考路径基本上没有什么联系，是一种另起炉灶、因角度转换而形成的新思路。一般来说，变通思维用好了，就会起到一种"山重水复疑无路，柳暗花明又一村"的奇妙作用。

变通思维，关键就是要学会变，路走不通时要变，路不好走时也要变。

创新有时很简单

故事一：法国著名女高音歌唱家迪梅普莱有一个美丽的私人园林。每到周末，总会有人到她的园林里去摘花、采蘑菇，有的甚至搭起帐篷，在草地上野营、野餐，弄得园林一片狼藉，脏乱不堪。

管家曾让人在园林四周安上篱笆，并竖起"私人园林，禁止入内"的木牌，但均无济无事，园林依然不断遭到践踏和破坏。于是，管家只得向主人请示。迪梅普莱听了管家的汇报后，让管家做了几个大牌子立在各个路口，上面醒目地写明：如果在园林中被毒蛇咬伤，最近的医院距此15千米，驾车约半个小时才能到达。自此以后，再也没有人闯入她的园林了。

园林还是那个园林，只是变了一个思路，保护园林的难题就这样解决了。

故事二：高露洁牙膏当年投产上市后，一直销售不畅，惨淡经营。该公司的老板在绞尽脑汁仍无灵丹妙药后，不得不公开登报征求推销术。他刊登的征求广告内容大意如下：谁若能使高露洁牙膏的销路大增，即重酬10万美元。

这则广告连续登出一个月后，高露洁公司收到了成千上万张应征书。但绝大多数来信都是围绕着如何提高牙膏的质量、加强营销、增加广告等传统方法，提出如何增加销量的建议。高露洁公司的人看了觉得作用不大，均没有采纳。而在数千封来信中，有一封信很特别，他的思维方法与众不同，其提出的增加销量的建议仅仅两行字：只要把高露洁牙膏的管口放大50%，那么消费者每天在匆忙中所挤出的牙膏，自然会多出一半，牙膏的销路自然会激增。这个方法看似简单，但很实用。看到这封来信的人都拍手称好。于是此人中选了，得了10万美元奖金。

高露洁公司对牙膏的管口作了改变后，果然销售量大增。该公司顺着这个势头，大张旗鼓地进行广告宣传，使其销售市场的覆盖率也迅速扩大。不久，高露洁牙膏就成了世界名牌产品。

两则故事对你有哪些启发？

（八）逻辑思维

1. 认识逻辑思维

逻辑思维又称抽象思维，是思维的一种高级形式。其特点是以抽象的概念、判断和推理作为思维的基本形式，以分析、综合、比较、抽象、概括和具体化作为思维的基本过程，从而揭露事物的本质特征和规律性联系。

计算机是逻辑思考的一个典型例子，程序先定义问题，而在定义的过程中，已经暗含了考察这一问题的路径。然后，计算机运用无与伦比的逻辑和数字运算迅速地解答出问题。

运用逻辑的力量能由个别的道理推出一般的道理，人们的认识过程，总是从认识个别事物开始的，从个别中概括、推理出一般。

逻辑思维是人脑的一种理性活动，思维主体把感性认识阶段获得的对于事物认识的信息材料抽象成概念，运用概念进行判断，并按一定逻辑关系进行推理，从而产生新的认识。逻辑思维具有规范、严密、确定和可重复的特点。

同形象思维不同，它以抽象为特征，通过对感性材料的分析思考，通过事物的具体形象和个别属性，揭示出事物的本质特征，形成概念并运用概念进行判断和推理来概括地、间接地反映现实。社会实践是逻辑思维形成和发展的基础，社会实践的需要决定人们从哪个方面来把握事物的本质，确定逻辑思维的任务和方向。实践的发展有利于感性经验的增加，也使逻辑思维逐步深化和发展。逻辑思维是人脑对客观事物间接概括的反映，它凭借科学的抽象揭示事物的本质，具有自觉性、过程性、间接性和必然性的特点。逻辑思维的基本形式是概念、判断、推理。逻辑思维方法主要有归纳和演绎、分析和综合以及从具体上升到抽象等。

2. 逻辑思维的方法

1）分析与综合

分析是在思维中把对象分解为各个部分或因素，分别加以考察的逻辑方法。

综合是在思维中把对象的各个部分或因素结合成为一个统一体加以考察的逻辑方法。

2）分类与比较

根据事物的共同性与差异性可以给事物分类，具有相同属性的事物归入一类，具有不同属性的事物归入不同的类。

比较就是比较两个或两类事物的共同点和差异点，通过比较，就能更好地认识事物的本质。

分类是比较的后继过程，重要的是分类标准的选择，选择的好还可导致重要规律的发现。

3）归纳与演绎

归纳是从个别性的前提推出一般性的结论，前提与结论之间的联系是必然的。

演绎是从一般性的前提推出个别性的结论，前提与结论之间的联系是必然的。

4）抽象与概括

抽象就是运用思维的力量，从对象中抽取它本质的属性，抛开其他非本质的东西。

概括是在思维中从单独对象的属性推广到这一类事物的全体的思维方法。

抽象与概括的关系和分析与综合的关系一样，也是相互联系、不可分割的。

（九）辩证逻辑思维

所谓辩证逻辑思维，就是从看似对立、无法调和的两个事物之间，深刻认识它们的相互关系，从中寻找解决问题的有效途径。显然，这种思维方法是符合唯物辩证法的。

从对立中寻求转机或方案的辩证逻辑思维，其思维轨迹往往穿行于两个相互对立的事物之间。形成一条循环往复、螺旋上升的曲线。对立因素之间的联系，也是十分复杂的。对立双方的转化，往往是有条件的，只有当事物发展到一定阶段，对立双方确实具备转化的条件时，才可能促使其向着对立方向转化。这就是事物发展变化的转机。在这一思维过程中，关键在于能否把握对立双方的转化规律，及时捕捉转化时机，积极创造转化条件。

案例讨论9-8

澳大利亚墨尔本市的公共汽车司机因不满公司的待遇，与资方谈判不成，要举行罢工，但又担心影响民众的正常出行，引起民愤，一旦造成这种局面，资方的态度反而会更强硬，不但争取不到利益，还极有可能弄个里外不是人。工会的领导者们运用了辩证逻辑思维的方法，做到了既罢工又不罢工，从而取得了胜利。原来工会发明了一种与通常相反的"积极罢工"方式，他们照常出车，对乘客热情服务，笑脸相迎，笑脸相送，而且坚决不收乘客的车费。高兴得乘客奔走相告，司机们既在罢工，又在工作岗位上，哭都来不及的却是资方，运营成本一分不少，车钱一分也收不上来，不得不退让求和。当然，民众不会永远那么开心，等工会赢了以后，车费自然便会涨上去。这是运用辩证逻辑思维创新方法的绝妙案例。

该案例对你有哪些启发？

研究辩证思维，你可以发现事物之间的普遍联系；一切事物都在不断地运动、变化和发展，认识事物由此及彼、由表及里的发展变化，矛盾的对立统一，认识事物可由感性认识上升到理性认识，从量的积累到质的变化等。这些哲学原理，会让你知道如何分析问题和解决问题，如何去透过现象认识事物的本质，揭示规律；在人生道路上，该如何努力，发挥自己的主观能动性，从而无限趋近成功的目标。

案例讨论9-9

1. 英雄的选择

从前，有个国家的英雄不小心犯了法，定罪之后，关在一个特别设计的囚房里。这个囚房有两个门，都没有上锁。一个门是活门，如果他打开这个门，走出去，不但自由了，外边还有美女等他；另外一个门是死门，如果他打开这个门，走出去，他便完蛋了，因为，门外等他的是一群饥饿的狮子。囚房里有两个守卫：一个十分诚实，从不说假话；另一个则从不说实话。他们两个人，都知道哪一道门是活门，哪一道门是死门。

依据他们国家的法律规定，这位英雄囚犯在执刑之前，可以问这两个卫士每人一个问题。

如果你是那一位英雄囚犯，你需要问几个问题？如何问才能获得自由？

2. 12个乒乓球，形状一样，其中有一个不标准，但不知是轻是重，请你用天平称三次找出它。

任务三　突破创新思维障碍

创新思维障碍犹如排水沟积塞的一些污秽物，只有经过水冲洗之后，清除掉污秽物，才可以顺利地排水。同样，我们每个人都需要消除个人和环境的障碍，才可以使我们的创造力更为奔放，创造性思维更加畅通无阻。

一、创新思维障碍

（一）个人的障碍

1. 处理问题的态度不积极

缺乏创造力的一般特征，就是被动、不积极。他们只对发生的事物、情况做被动的反应，并不将自己带入一个新情境，创造一个新环境。他们常常认为创造会自己来敲门，如果他们不能创造，就会认为环境不好。却不了解或者拒绝承认，真正不能创造的原因是他们自己造成的。

2. 缺乏自知和自信

自知是心理健康和创造性的基础。心理学家罗杰斯从成千上万个接受心理治疗的患者身上得到一个结论：人们经常发现他只是为反应别人的需要而存在，他没有他自己，他只是照别人所认为的去做去想。自知还要防止以自我为中心。个人的思考以自我为中心，一个团体的思考习惯以本团体为中心，一个地区的人在思考时习惯以本地区为中心，一个国家或民族的人则习惯以本国或本民族为中心，而整个人类也同样跳不出"人类中心主义"的小圈子，这无疑会束缚人类的创新思维。

怀疑自己的能力，就是缺乏自信心的表现。例如，害怕与人比较、害怕自己显现愚蠢、怕犯错、怕失败等。用来恢复信心的好方法就是找出我们过去成功的事迹，用表列出来，不管是工作方面的或是个人生活方面的。

（1）描述你成功的事。

（2）为什么你会成功？

（3）在什么时候？

（4）在什么地方？

（5）有谁参加？

（6）有什么困难是你能克服的？

然后选四样你认为最重要的成就，问自己是否还想再做一次。如果现在再做，你能比上次做得更好吗？简短地写下你下一次所要的成功是什么。

3. 错误的成功观念

大部分的人都认为得到财富、势力、名誉就是成功。心理学家里拉·斯威尔对成功所下的定义是："成功就是自己对某种事物或经验的自我满足。可能是体能、社交、智力或美感的经验，任何可能使自己感觉有用、快乐、重要的事情，都是成功。"

4. 缺少正面的感觉和情绪

创造性思维的基本条件是要求主体具备心理安全和心理自由。所谓负面的影响，如愤怒、沮丧、害怕、卑屈、厌恶等，这些心理状况会分散我们的注意力，威胁我们的心理安全，减弱我们的创造能力，最好的方法是从事一些有建设性的活动。

5. 服从权威

人是教育的产物。我们从小就受到"必须做什么，应该做什么，不能做什么"等规则的教育，从而形成以下三种类型的人：

1）受人支配型

这种类型的人，事事依着别人的意见来判断事物，完全仰赖他人来做决定，总是模仿别人，凡事跟着规则走，完全丧失了自我。

2）多向选择型

这种类型的人，从外表看来仿佛很有主见，但事实上他为了省去麻烦，处处都依别人的意见办事。团体中，他是个被动的观察者，而非积极的参与者。

3）消极否定型

这种类型的人，什么事都反对，即使对的事也反对，他是因反对而反对，在团体中他是彻底的破坏者。

6. 从众与依赖

从理论上讲，从众思维定式是"个人服从群体，少数服从多数"准则的泛化。凡是人类，几乎都害怕单独行动，人们日常独处的时候，本能地会从事一些惯性的活动，而很少有人会主动单独地进行一些思维及创造性的活动。其实对有意义的创造性思维来说，单独自由的空间是必要的。

7. 妄想与恋旧

对某些人来说，生命是寄望于未来的，他们一直在计划将来会得到什么；而生活在过去的人，则总是抱怨时间走得太慢了，他们永远只是往后看。恋旧最典型的表现就是推崇经验。

（二）解决问题的障碍

1. 以偏概全

在解决问题时，只关注到局部的问题，并用局部的、片面的观点看待整体问题。

2. 过早下判断

丰泽丰雄说："为了拿出办法，先不要考虑办法的优劣，只需源源不断地提出想法，如果好的坏的一律不拿出来，怎么会有好主意呢？"

3. 只关心答案

心理学家诺曼·梅尔发现，人从关心答案到关心问题态度上的转变，使创造力从16%增加到32%。

4. 过分积极

有些人为了表现自己工作有效率，显得过分积极。这种急切的心态会导致两种与预期相反的结果；只想快速找到线索来解决问题，却轻易地放弃许多更新、更好的解决方法；不能全盘性地观察问题，也看不清个别因素之间的关联性，因而产生误导。

5. 钻牛角尖

有些人很爱钻牛角尖，思想固执，越钻越迷糊，以至于身心疲累，却未能把握住问题的核心。当我们面对问题百思不得其解时，不妨暂时把问题搁置一旁，经过一段时间的酝酿之后，再重新面对问题，这时可能就会产生一些创造性的方法。

6. 缺乏深思熟虑的能力

不能深思熟虑的人，往往不能很好地解决问题。但具有创造性思维能力的人，在面对问题时会有如下几种表现：

（1）思考各种可能解决问题的方法。

（2）衡量、过滤不同的、矛盾的观念、因素及参考事物等。

（3）锲而不舍地追根究底。

7. 没有目标与计划

每个人都会过于自我膨胀或高估自己的能力、知识及技术，更甚者还以枯坐幻想的方式等待目标降临，而不肯做必要的努力及训练。

（三）环境与组织的障碍

爱迪生说："社会完全不准备接受新的观念，任何新的观念都被拒绝，在我引进新观念给大家时，需要先花几年工夫。"创新创造必然会对现有的秩序和既定的一切发起冲击，如工业革命造成的短期内失业人口剧增的社会问题。社会分工越细，人与人之间的依赖感越重。例如，公司的职员经常被动地去接受命令，以保护他的饭碗，而不作创造性的思维。过分奔波忙碌，唯恐时间不够用，甚至连休息也无法放松自己，不能让自己获得充分的休息，根本无暇进行创造性的思维。

二、突破思维定式

（一）思维定式的概念

成功的第一要素是思路。为什么大多数人缺乏成功的正确思路呢？其原因不是别的，是人们头脑里的思维定式在作怪，满脑子清规戒律，"这也不行、那也不成"，致使思路被堵塞。

可见，不破除思维定式，成功就无从谈起。

所谓思维定式，指思维被固定或束缚在一个旧的框框中，不能自由发挥。心理学家把这种现象称为思维定式。思维定式在生活、学习、工作中到处可见。

（二）思维定式的负面影响

1. 做傻事浑然不觉，既害己又害人

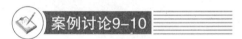
案例讨论9-10

观念与凉开水

这是一个下岗女工的家，她的家里有三个水瓶，女工很勤劳，也很节俭，平时，只要哪个水瓶没有水了，她总会及时去烧水，把那空着的水瓶注满水。女工的家一年四季没有断过开水，可是一家人一年四季都喝着凉开水，原因是什么呢？原来家人每次倒开水喝的时候，女工总是说："先喝先前烧的，这是花了煤气费的烧，在家不比单位，有公司出钱，凉了就倒掉。"家人便顺从地喝了凉开水，于是，女工家天天烧开水，天天喝凉开水，所以说："不改变观念，就只有天天喝凉开水，哪怕你再勤劳。"

该故事对你有哪些启示？

买回来一箱桃子，先吃烂的，以后几乎一直都是吃烂的；买来的新衣服挂在橱里，先穿旧的，以后老是穿旧的；买来的新东西藏起来，先用旧的，以后总是用旧的。这难道还不应该引起我们的深思吗？

2. 思想僵化，麻木不仁，机会出现了，也不敢相信

有一篇报道说，有个瞎子，托人买彩票，长达数年，什么奖也没中过。有一天，委托人告诉他中了大奖，而他的反应竟大大出乎委托人的意料。瞎子居然大怒，认为委托人是在要他，举起棍子就打，经年累月的不中奖，使他习惯了不中奖的状态，中奖这一原本他日夜祈盼的目标，变成事实以后，他竟然无法接受。可见，思维定式已经使人变得思想僵化，麻木不仁了。

类似这种被思维定式牢牢束缚的人，在我们的生活中到处可见，要指望他们取得什么大的成就，创造出什么非凡成绩来，这恐怕比登天还难。

（三）思维定式是成功的最大障碍

上面的一些事例告诉人们，思维定式对人的生活、工作、学习会带来负面影响，但这仅是初步的，通过进一步分析，大家应该明白，思维定式是成功的最大障碍。

思维定式阻碍科技的进一步发展。大量的事实说明，人们在进行科技创新时遇到的最大障碍，不是知识、经验，也不是财力、物力、环境，而是人头脑里的思维定式。只要破除思维定式，解放思想，科技就能得到迅速发展。

（四）思维定式的主要表现

1. 书本定式

书本知识对人类所起的积极作用确实是巨大的。在一般情况下，如能"读书破万卷"，往往就能做到"下笔如有神"。但是书本知识也和任何事物一样，知识也有弱点，即滞后性，用一句通俗的话来说，知识也会过时，旧知识只有被新知识所代替，它才能给人们带来巨大的帮助。

因此，我们的首要任务是要正确识别书本知识的有效性和无效性、知识的空间性和时效性、知识的局限性和可发展性、知识的方向性和定向性等。要学会用批判的眼光去接受知识，去活用知识，只有这样，才能在继承前人知识的基础上有所突破、有所开拓、有所创新。

案例讨论9-11

人类染色体的发现

20 世纪 50 年代，美籍华裔生物学家徐道觉的一位助手，在配制冲洗培养组织的平衡盐溶液时，由于不小心，错配成了低渗溶液。低渗溶液最容易使细胞胀破。当他将低渗溶液倒进胚胎组织时，在显微镜下无意中发现，染色体溢出时，铺展情况良好，染色体的数目清晰可见。这本来已使徐道觉找到了观察人类染色体数目的正确途径，他也意外地获得了发现人类染色体确切数目的大好良机，可是他盲目相信美国著名遗传学家潘特 20 年代初在其著作中提出的大猩猩、黑猩猩的染色体都是 48 个，为此也可以推断，人类的染色体也是 48 个。徐道觉因此而放弃了自己的独立研究，错失了一次本该属于他的重大发现，后来又过了几年，另一位美籍华裔生物学家蒋有兴，由于也采用低渗处理技术，才终于发现了人类的染色体不是 48 个，而是 46 个。

这个故事对我们有哪些启发？

2. 权威定式

有人群的地方总会有权威，权威是人类社会普遍存在的现象。人们对权威怀有尊崇之情，这本来是可以理解的，然而这种尊崇之情常常会演变为神化和迷信。

在思维领域，不少人习惯于引证权威的观点，不加思考地以权威的是非为是非；一旦发现与权威有相违背的观点或理论，便想当然地认为其必错无疑，并大肆鞭挞，这就是我们所说的权威定式。

在生活中的各行各业，几乎都有权威的存在，他们因为成就非凡而博得了人们的信任与敬仰。诚然，生活需要权威，科学需要权威，世界需要权威，但是迷信权威却是一种悲哀。

无数事实证明，众多学者因惧怕权威，迷信权威，竟连简单的事实也不敢承认。心理学家穆勒曾做过一个实验，他提出了一些问题，请100名学生作书面回答，答卷上交后，他作了简单讲评，谈到了某位学术权威对这些问题的见解，后来他又下发答卷，要学生进行修改，结果学生们都几乎不假思索地采取了专家权威的见解。

这便是心理学上著名的"权威暗示"的实验，证明人们普遍存在"相信权威胜于信自己"的心理。

2 + 2 = ?

英国哲学家罗素有一次来中国讲学，他向数百名社会科学工作者提了一个问题："2 + 2 = ?"虽然连没上学的小孩都知道这个问题的答案，但大家想，罗素是世界哲学权威，他提出这个问题必有深刻的道理，不会那么简单，于是众多学者面面相觑，无人作答，罗素只好自己作答"2 + 2 = 4嘛!"满堂先是愕然，继而哗然。可见，盲目崇尚权威给人们带来的毒害有多深。

这个故事对我们有哪些启发？你生活中有哪些类似经历？

3. 从众定式

从众就是服从众人，顺从大伙儿，随大流。在从众枷锁的诱导下，别人怎样想，我也怎样想；别人怎样做，我也怎样做。从众定式的最大危害就是使你不能分辨事物的真相。一位心理学家做过这样一个实验，让一个人跟着另外四个人一起进入实验室，给他们同时看A、B、C、D四条直线，然后问，直线A与直线B、C、D中的哪一条长度最相近？

前面的四个人都回答是C。最后一个人走上前去，经过仔细审视，看出应当是B，而实际上，B是对的，但当心理学家请他回答时，他经过再三思考，回答的仍然是C。这就是从众定式的危害。

巡回毛毛虫

有一种毛毛虫叫巡回毛毛虫，它们是群居动物，有一种强烈的从众倾向。科学家把十几只毛毛虫放在一个盘子边缘，盘子中央放一些它们爱吃的食物。仔细观察它们，结果发现它们一个紧跟着一个，头尾相连，沿着盘子排成一圈开始爬行，每一只都紧跟着自己前边的那一只，既害怕掉队，也不敢独自走新路。过一段时间再去看它们时，那些毛毛虫都死了，尽管盘子中央有它们最爱吃的食物。

为什么毛毛虫会死呢？这个故事给我们哪些启示？

4. 经验定式

前人的经验及自己总结的经验在给予我们极大帮助的同时，也经常会成为我们进一步发挥创造力的障碍。诚然，经验是我们处理问题的好帮手。但是在创新活动中，经验往往会妨碍创新思考，虽然总的来说，通过实践活动积累的经验，具有一定启发指导意义，是值得重视和借鉴的，它有助于人们在后来的实践活动中更好地认识事物、处理问题，但也必须认识到，经验只是人在实践活动中取得感性认识的初步概括和总结，并未充分反映出事物发展的本质和规律。不少经验只是某些表面现象的初步归纳，具有较大的偶然性。有的貌似理由充分，实际上却片面、偏颇；有的只是适用于某一时期、某一范围，在另一时期、另一范围内则并不适用。

（五）破除思维定式的方法

破除思维定式有两种方法：一种是就事论事法；另一种是全面出击法。

1. 就事论事法

什么是就事论事法呢？就是根据事情本身的情况来评判是非得失，采取相应的措施。比如：

书本定式形成了，要破除它，可以采取活用书本知识、新旧知识对照等方法加以解决。

权威定式形成了，要破除它，可以采取大胆怀疑权威、审视权威等方法加以解决。

从众定式形成了，要破除它，可以采取逆向行动、保持自我个性等方法加以解决。

经验定式形成了，要破除它，可以采取突破时空的狭隘性、突破经验的主体狭隘性等方法加以解决。

2. 全面出击法

思维定式一旦形成，就会变成一种相当可怕的力量。在这种情况下，我们单单靠一些"如果是这样，就应该那样"的原则性条条框框是不可能从根本上解决问题的。那么，能用来专门对付思维定式这个顽固堡垒的炸药是什么呢？就是本书要介绍的另一种破除思维定式的方法——全面出击法。

所谓全面出击法，就是指人们在追求成功时，采取多样化思维的方式，跳出平面思考的条条框框，对思考对象实施全方位、多角度、多层次、多形式的全面出击。多样化思维是一个总概念，发散思维、收敛思维、联想思维、创新思维、原点思维、均衡思维等凡一切能打破思维定式的思维方式都归属于它的门下。当有了多样化思维的利器后，我们在向思维定式这个老顽固发动进攻时，就可以把十八般武艺都用上，对其进行全面出击，直至把思维定式从我们脑子里彻底赶出去，这样就能换一种视野，发现原来在思维定式下发现不了的问题，找到原来找不到的成功机会，经过努力后最终圆成功之梦。

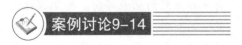
案例讨论9-14

滞销手帕变热销

前几年，上海有一家手帕厂生产的锦缎白手帕销售受阻，手帕积压20万条。更为严重的是，一般手帕总是用来擦手、揩汗的，它受到一次性餐巾纸消费的严重威胁，使生产几乎处于难以为继的状态。该厂的管理人员充分运用多样化思维，从发散思维、收敛思维……一直用到了艺术思维，想到了手帕除了实用的功能外，还有美化的艺术功能，而市场上没有一家手帕厂是以美化艺术功能进行定位的，这个发现让他们欣喜不已，他们对库存的 20 万条手帕重新进行加工，在上面印上图案，配上说明书，重新投放市场，结果深受消费者的欢迎，这批滞销商品竟一售而空。

这个故事对我们有哪些启发？

思维多样化犹如孙悟空有 72 变，它能随机应变，不断地施展法力，最后一定能将思维定式这个老顽固彻底打垮，让你闯荡、打拼出一个成功的新天地来。

任务四　创新技法训练

创新技法是从创造技法中套用过来的，是创造学家根据创造性思维发展规律和大量成功的创造与创新的实例总结出来的一些原理、技巧和方法。它的应用既可直接产生创造、创新成果，同时也可启发人的创新思维，可以提高人们的创造力、创新能力，提高创新成果的实现率。

一、设问检查法

设问检查法被誉为"创造技法之母"。发明、创造、创新的关键是能够发现问题、提出问题。设问法就是对任何事物都多问几个为什么。

（一）以提问的方式寻找发明的途径

设问检查法的首要特点是抓住事物带普遍意义的方面进行提问，所以它的应用范围很广，不仅可用于技术上的产品开发，还可用于改善管理等范畴。

（二）多角度探寻解决问题的方法

从不同的角度、多个方面来进行设问检查，思维变换灵活，利于突破条条框框。适用于各种类型与场合的创造活动，它能够帮助人们突破思维与心理上的障碍，从多方面、多角度引导创新思路，从而产生大量的创造性设想。

二、奥斯本检核表法

这是奥斯本提出来的一种创造方法。即根据需要解决的问题或创造的对象，列出有关问题，一个一个地核对、讨论，从中找到解决问题的方法或创造的设想。下面介绍奥斯本检核表法（也写作奥斯本核检表法）九个方面的提问。

（一）奥斯本检核表法应用示例

比如，对现有的事物有无他用的提问有以下九种：

1. 能否他用

保持不变能否扩大用途？稍加改变有无其他用途（包括思路扩展、原理扩展、应用扩展、技术扩展、功能扩展、材料扩展等）？现有的事物能否借用别的经验？能否模仿别的东西等？

2. 能否借用

过去有无类似的发明创造、创新？现有成果能否引入其他创新性设想？现有事物能否做些改变？

3. 能否改变

如意义、颜色、声音、味道、式样、花色、品种，改变后效果如何？现有事物能否扩大应用范围？能否增加使用功能？

4. 能否扩大

能否添加零部件？能否扩大或增加高度、强度、寿命、价值等？现有事物能否减少、缩小或省略某些部分，使其简单化？

5. 能否缩小

能否拆折化、自动化、省力化？能否微型化？能否短点、轻点、压缩、分割、简略？现有事物能否用其他材料、元件？

6. 能否代用

能否用其他能源或功能？能否用其他结构、动力或设备？能否用其他原理、方法或工艺？能否调整已知布局？能否调整既定程序？

7. 能否调整

能否调整日程计划？能否调整规格？能否调整因果关系？能否从相反方向考虑？

8. 能否颠倒

作用能否颠倒？位置（上下、正反）能否颠倒？现有事物能否组合？

9. 能否组合

能否进行原理组合、方案组合、功能组合？能否进行形状组合、材料组合、部件组合？

（二）奥斯本检核表法的优点

奥斯本检核表法是一种具有较强启发创新思维的方法。这是因为它强制人去思考，有利于突破一些人不愿提问题或不善于提问题的心理障碍。提问，尤其是提出有创新性的新问题本身就是一种创新，它又是一种多向发散的思考，使人的思维角度、思维目标更丰富。另外，检核思考提供了创新活动最基本的思路，可以使创新者尽快集中精力，朝提示的目标方向去构想、去创造、去创新。

（三）使用奥斯本检核表法应注意的问题

（1）一条一条地进行检核，不要有遗漏。

（2）多检核几遍，效果会更好，或许会更准确地选择出所需创造、创新或发明的方面。

（3）在检核每项内容时，要尽可能地发挥自己的想象力和创新能力，产生更多的创造性设想。

（4）检核方式可根据需要有所不同，一人检核也可以，3～8人共同检核也可以。集体检核可以互相激励，产生头脑风暴，更有希望创新。

三、设问法——5W1H（6W2H）法

（一）6W2H 法的内涵

美国陆军部提出 5W1H 法，我国著名教育家陶行知先生提出 6W2H 法，他把这种提问模式叫作教人聪明的"八大贤人"。为此他写了一首小诗："我有几位好朋友，曾把万事指导我，你若想问真姓名，名字不同都姓何：何事、何故、何人、何如、何时、何地、何去，还有一个西洋名，姓名颠倒叫几何。若向八贤常请教，虽是笨人不会错。"

（1）Why：为什么需要创新？

（2）What：创新的对象是什么？

（3）Where：从什么地方着手？

（4）Who：谁来承担创新任务？

（5）When：什么时候完成？

（6）How：怎样实施 6W2H？

（7）How much：达到怎样的水平？

（8）Which：选哪一个方案？

（二）设问法的应用

1. 为什么（Why）

为什么采用这个技术参数？为什么不能有响声？为什么停用？为什么变成红色？为什么要做成这个形状？为什么采用机器代替人力？为什么产品的制造要经过这么多环节？为什么非做不可？

2. 做什么（What）

条件是什么？哪一部分工作要做？目的是什么？重点是什么？与什么有关系？功能是什么？规范是什么？工作对象是什么？

3. 谁（Who）

谁来办最方便？谁会生产？谁可以办？谁是顾客？谁被忽略了？谁是决策人？谁会受益？

4. 何时（When）

何时要完成？何时安装？何时销售？何时是最佳营业时间？何时工作人员容易疲劳？何时产量最高？何时完成最为适宜？需要几天才算合理？

5. 何地（Where）

何地最适宜某物生长？何处生产最经济？从何处买？还有什么地方可以作销售点？安装在什么地方最合适？何地有资源？

6. 怎样（How to）

怎样省力？怎样最快？怎样做效率最高？怎样改进？怎样得到？怎样避免失败？怎样求发展？怎样增加销路？怎样达到效率？怎样才能使产品更加美观大方？怎样使产品用起来方便？

7. 多少（How Much）

功能指标达到多少？销售多少？成本多少？输出功率是多少？效率多高？尺寸多少？重量多少？

8. 几何（Which）

哪种方案最省时？哪种决策可使利润最大化？哪种生产技术更适用？

四、组合技法

（一）组合技法的内涵

这是指按照一定的技术原理或功能目的将现有事物的原理、方法或物品作适当组合而产生出新技术、新方法、新产品的创新技法。

1. 创新组合的特点

（1）由多个特征组合在一起。

（2）所有特征相互支持、补充，共同为改善、强化同一目的。

（3）一定要产生新效果，达到 $1 + 1 > 2$ 的飞跃。

2. 组合的基本类型

组合法通常可分为以下三种：

（1）非切割的组合。

（2）切割后的组合。

（3）飞跃性的组合。

（二）组合技法的方式

1. 同物组合

同物组合也称同物自组，就是若干相同事物的组合。其特点如下：

（1）组合对象是两个或两个以上同一事物。

（2）参与组合的对象在组合前后基本原理和结构一般没有根本的变化。

（3）往往具有组合的对称性或一致性的趋向，如子母灯、双向拉锁等。

2. 异类组合

两种或两种以上不同领域的技术思想组合，两种或两种以上不同功能的物质产品的组合，都属异类组合。其特点如下：

（1）组合对象（技术思想或产品）来自不同的方面，一般无主次关系。

（2）参与组合的对象从意义、原子、构造、成分、功能等任一方面和多方面互相渗透，整体变化显著。

异类组合是异类求同的创新，创新性很强。如台表圆珠笔、花瓶台灯、电冰箱、电视机、计算机、音响等的组合。

3. 重组组合

在事物的不同层次分解原来的组合，然后再按新的目的重新安排，此即重组组合。其特点如下：

（1）组合在一件事物上实施。

（2）组合过程中，一般不增加新的东西。

（3）重组主要是改变事物各组成部分之间的相互关系。

如过去电话送话器和听筒是分别安装的，将送话器与听筒连为一体，就是现在的电话机。

重组作为手段，可以更有效地挖掘和发挥现有技术的潜力。如飞机的螺旋桨装在尾部就是喷气式飞机，装在顶部为直升机。如积木，组合拆装模型，都有利于儿童建立重组意识，培养重组能力。

4. 共享与补代组合

共享是指不同的或相同的事物共享同一原理、同一装置等的组合。如吹风机、卷发器、梳子共用同一带插销的手柄。补代即是对某事物的要素进行取舍、补充、替代的组合方式。如拨号式电话改为键盘式，银行卡代替存折等。

5. 概念组合

这是指以命题和词类进行的组合。如绿色营销、音乐餐厅、裴多菲俱乐部等。

6. 综合

综合可视为一种更高层次的组合。如爱因斯坦综合了物理、数学知识提出相对论；邓小平的中国特色社会主义理论等。

（三）组合技法的种类

1. 主体附加法

1）方法介绍

以某一特定的对象为主体，通过置换或插入其他技术或增加新的附件而导致发明或创新的方法。其特点是：以原有的设想和原有的产品为主体附加，设想只起完善补充和利用主体设想的作用；附加物可以是已有的产品，也可以是根据主体特点为主体专门设计的附带装置。如洗衣机、电风扇、助力车等。

2）主体附加法实施步骤

（1）有目的、有选择地确定一个主体，运用缺点列举法全面分析主体的缺点。

（2）运用希望点列举法对主体提出希望，考虑能否在不变或稍变主体的前提下，通过增加附属物来克服或弥补主体的缺陷。

（3）考虑能否利用或借助于主体的某种功能，附加一种别的东西使其发挥作用。例如，电扇加定时器、电冰箱加温度显示器等。

2. 焦点组合法

焦点组合法是组合技法的典型代表，它以一个事物为出发点（即焦点），联想其他事物并与之组合，形成新创意。如玻璃纤维和塑料结合，可以制成耐高温、高强度的玻璃钢。很多复合材料，都是利用这种技法制成的。

3. 形态分析法

每一个事物（技术装置）都可以分解成若干的子系统，直至分解成不能再分的要素。这些要素重新排列组合，就会产生很多新的功能、方法或装置。

1）形态分析法的特点

（1）具有全解系性质。

（2）具有形式化性质，它需要的主要不是发明者的直觉和想象，而是依靠发明者认真、细致、严谨的工作及精通与发明课题有关的专门知识。

（3）该法有较高的实用价值，它不仅运用于发明创造，而且也适用于管理决策、科学研究等方面，从而引起人们的普遍重视。

2）形态分析法的步骤

（1）确定发明对象。准确表述所要解决的课题，包括该课题所要达到的目的及属于何类原理、技术系统等。

（2）基本因素分析。即确定创新、发明对象的主要组成部分（基本因素），编制形态特征表。确定的基本因素在功能上应是相对独立的，在数量上应以 3 个为宜，数量大，会使系统过大，使下一步工作难度增加；数量太多，组合时过于繁杂，很不方便。

（3）形态分析。要揭示每一形态特征的可能变量、技术手段，应充分发挥横向思维能力，尽可能列出无论是本专业领域的还是其他专业领域的所有具有这种功能特征的各种技术手段、方法。

（4）形态组合。根据对发明对象的总体功能要求，分别把各因素的形态一一加以排列组合，以获得所有可能的组合设想。

（5）评价选择最合理的具体方案。选出少数较好的设想后，通过进一步具体化，最后选出最佳方案。

 五、逆向转换型技法

（一）逆向反转法

这是逆向转换技法的一种方法。逆向反转法的"逆"可以是方向、位置、过程、功能、原因、结果、优缺点、破（旧）、立（新）矛盾的两个方面等诸方面的逆转。

1）原理相反

制冷与制热、电动机与发电机、压缩机与鼓风机。

2）功能相反

保温瓶（保热）装冰（保冷）。

3）过程相反

吹尘与吸尘。

4）位置相反

野生动物园的人和动物的位置。

5）因果相反

原因结果互相反转，即由果到因。如数学运算中从结果倒推回来以检查运算是否正确。因果相反就是把通常的"因为—所以"的思维方式用"应该—但是"的逆向思维代替。

6）程序相反

科学假设与实验验证等。

7）观念相反

大而全到专门化、以产定销到以销定产等。

（二）缺点逆用法

事物具有两重性，缺点和有问题的一面可以向有利和好的方面转化。利用事物的缺点，以毒攻毒、化弊为利，就称为缺点逆用法。例如，造纸少放了一种原料，成了废品，利用这一点做成吸墨纸。

六、分析列举型技法

（一）分析列举型技法的内涵

分析列举法就是把与创新有关的方面一一列举出来，然后探讨能否改革，怎样改革，最后实现改革。

分析列举法的运用有助于克服感、知觉不敏锐的障碍，把思维从僵化、麻木的状态下解放出来；可促使人们全面感知事物，防止遗漏；有利于克服感情障碍；是改进老产品、开发新产品的非常实用的方法。

（二）分析列举型技法的类别

列举法通常分为特性列举法、缺点列举法与希望点列举法、成对列举法。

1. 特性列举法

这是指通过对需要革新改进的对象做观察分析，尽量列举该事物的各种不同的特征或属性，后确立改善的方向及如何实施。其实施步骤如下：

（1）选择明确的创新对象，宜小不宜大。

（2）把创新对象的特性一一列举出来。

（3）把事物特性用名词、形容词、动词表现出来。

①名词特性，如整体、部分、材料等。

②形容词特性，如大小、形状、颜色、性质等。

③动词特性，如功能、机理、作用等。

2. 缺点列举法

这是指通过挖掘设想或产品的缺点而进行创新的方法。

例如尽可能多地列举出玻璃杯的缺点：容易碎；比较滑；盛开水后手摸上去很烫手；容易沾上脏物；有了小缺口会划破手；容易翻倒；活动时带在身边不方便；倒上热水后很容易凉；成套的玻璃杯花色相同，喝水的人稍微不注意就分不清自己所用的杯子；有些鼻子较高的人用普通玻璃杯喝水，杯沿压着鼻子会感到不舒服等。

3. 希望点列举法

希望点列举法是指通过把提出来的种种希望经过归纳，确定发明目标的创造技法。例如开发一种新型雨伞，可以提出以下多个希望点：

（1）我希望有一把伞，和朋友一起走时，能变大些；自己走时，能变小些。

（2）能搞出像空气那样的东西，围裹着身体，不让淋湿才好。

（3）淋湿了马上就干也不错。

（4）有什么东西，在头顶上把雨水都吸收了就好。

（5）最好有一种像隧道一样的东西向前延伸着，淋不到雨。

如此种种，把大家的意见集中起来，设计出一种新伞。

希望点列举法与缺点列举法一样，都是列举的点越多越好，甚至空想、幻想也可以。这需要发散思维和想象力。希望点列举法既可以个人进行，也可以团体进行。

4. 成对列举法

这是指把任意选择的两个事项结合起来，或把某一范围的事物——列举出来，依次成对组合，寻求创新。其原则如下：

（1）明确所要解决的问题。

（2）把所列举的事物、因素的所有组合均加以研究。

例如设计新式多功能家具。

七、头脑风暴法

头脑风暴法是美国创造学之父奥斯本在 20 世纪 30 年代创立的。在《韦氏国际大字典》中被定义为：一组人员通过开会的方式对某一个特定的问题出谋献策，群策群力解决问题。

（一）运用头脑风暴法的规则

1. 延迟或不给予观点评判

观点的提出应该作为解决方法，也可以作为找到解决方法的基础。记录下所有的观点，不暗示某个想法有无作用或者有无积极与消极的影响。在进行会议时避免讨论已产生的观点，因为它必然会导致两种后果：批评或称赞。这里没有糟糕的想法，表面上愚蠢的想法甚至可能引起好的想法。所有的想法都有成为好的观点的潜力，所以要到头脑风暴过程之后才能评判这些观点。

2. 鼓励狂热的和夸张的观点

驯服一个狂热的想法的概率比先想出一个立即生效的观点要容易得多。没有荒谬的观点界限，观点越疯狂越好，可以把观点夸张到极限，鼓励大家说出奇异的和不可行的观点，看看它们会引出什么。

3. 观点的数量重于观点的质量

此时要追求观点的数量，最后再浓缩观点清单。简要保存每个观点，仅仅抓住它的本质，不详细地描述它，只需要进行必要的简短阐述。快速思考，稍后反思。所有活动应该注意在给定的时间内提炼出尽可能多的观点，供选择的观点越有创造性越好。如果头脑风暴会议结束时有大量的观点，那就更有可能发现一个非常好的观点。

4. 在他人提出的观点之上建立新观点

有创造力的人也是好的听众。使用他人的观点来激发自己，尝试把另外的思想加入每个观点之中。结合一些提出的观点来探索新的可能性，采纳和改进他人的观点，跟生成新观点一样有价值。

5. 每个人的每个观点都有相等的价值

每个人对情形和解决方法都有独特的视角并产生有效的观点。在一次头脑风暴会议里，要尽量提出观点来激发他人，而不仅是作为最终观点的发言人。呈现出来的每个观点都属于团体，而不属于说出这个观点的人。所有参与者能够自由地和自信地贡献观点，是这个团队有能力进行头脑风暴的成熟表现。

（二）头脑风暴法的实施要求

1. 组织形式

参加人数一般为 5～10 人，最好由不同专业或不同岗位的工作人员组成；会议时间控制在 1 小时左右；设主持人一名，主持人只主持会议，对设想不作评论；设记录员 1～2 人，要求认真地将与会者的每一个设想，不论好坏都完整地记录下来。

2. 会议类型

1）设想开发型

这是为获取大量的设想、为课题寻找多种解题思路而召开的会议，因此，要求参与者要善于想象，语言表达能力要强。

2）设想论证型

这是为将众多的设想归纳转换成实用型方案召开的会议，要求与会者善于归纳、善于分析判断。

3. 会前准备工作

1）会议主题要明确

会议主题要提前通报给与会人员，让与会者有一定准备。

2）选好主持人

主持人要熟悉并掌握该技法的要点和操作要素，摸清主题现状和发展趋势。

3）参与者要有一定基础

参与者要有一定的训练基础，懂得该会议提倡的原则和方法。

4）会前可进行柔化训练

即对缺乏创新的思维者进行打破常规思考、转变思维角度的训练活动，以减少思维惯性，从单调的紧张工作环境中解放出来，以饱满的创造热情投入激励设想活动。

4. 会议实施步骤

1）会前准备

参与者、主持人和课题任务要三落实，必要时可进行柔性训练。

2）设想开发

由主持人公布会议主题并介绍与主题相关的参考情况；突破思维惯性，大胆进行联想；主持人控制好时间，力争在有限的时间内获得尽可能多的创意性设想。

3）设想的分类与整理

一般分为实用型和幻想型两类。前者是指目前技术工艺可以实现的设想，后者指目前的技术工艺还不能完成的设想。

4）完善实用型设想

对实用型设想，再用脑力激荡法去进行论证、进行二次开发，进一步扩大设想的实现范围。

5）幻想型设想再开发

对幻想型设想，再用脑力激荡法进行开发，通过进一步开发，就有可能将创意的萌芽转化为成熟的实用型设想。这是脑力激荡法的一个关键步骤，也是该方法质量高低的明显标志。

技能训练　创新故事

【实训目标】

1. 对自己的创新能力有正确认识。
2. 培养自己的创新能力。

【实训内容和方法】

1. 你有创新的愿望吗？你做过什么样的努力？
2. 请讲出一个关于创新的故事。

项目十　职业形象与城市轨道交通客运礼仪

 学习目标

> **知识点：**
> 1. 正确认识职业形象与礼仪的关系。
> 2. 掌握礼仪知识，塑造职业形象。
> 3. 避免礼仪方面的错误，提高自身竞争力。
> 4. 运用专业城市轨道交通客运礼仪知识推动事业成功。
>
> **技能点：**
> 1. 懂得如何塑造自己的外在形象。
> 2. 熟记职场礼仪规范及礼仪禁忌，熟悉尊卑顺序，能在职业场合中正确、灵活地运用职场礼仪。

 任务一　认识职业形象

一、职业形象概述

（一）职业形象的内涵

1. 形象的内涵

从心理学的角度来看，形象就是人们通过视觉、听觉、触觉、味觉等各种感觉器官在大脑中形成的关于某种事物的整体印象，简言之，就是知觉，即各种感觉的再现。有一点认识非常重要：形象不是事物本身，而是人们对事物的感知，不同的人对同一事物的感知不会完全相同，因而其正确性受到人的意识和认知过程的影响。由于意识具有主观能动性，因此，事物在人们头脑中形成的不同形象会对人的行为产生不同的影响。

2. 职业形象的内涵

职业形象是指你在职场公众面前树立的形象，具体包括外在形象、品德修养、专业能力和沟通能力四个方面。它是通过衣着打扮、言行举止反映你的个性及在公众面前所树立起来的形象。职业形象是大学生在踏入社会后，在职业理想、追求抱负、个人价值和人生

观等方面综合形象。职业形象，是一种无声的语言。有一个好的职业形象，将加强你的专业形象，改善你与顾客或同事之间的关系，有助于树立公司的形象，并且也是你的社会地位和才能的反映。在即将踏入社会之前，每一位大学生都应该对自己的职业形象有一个基本设想。

职业形象包括多种因素：外表形象、专业能力、品德修养、沟通能力等。如果把职业形象比作一个大厦的话，外表形象好比大厦外表上的马赛克，专业能力就是地基，品德修养是大厦的钢筋骨架，沟通能力则是连接大厦内部以及大厦与外界的通道。

实际上，不管你愿意与否，你时刻带给别人的都是关于你的形象的一种直接印象。当你进入一个陌生的房间时，即使这个房间里面没有人认识你，房间里面的人也可以通过对你的第一印象得出关于你的结论：经济、文化水平如何；可信任程度，是否值得依赖；社会地位如何；老练程度如何；你的家庭教养的情况等。调查结果显示，两个人初次见面的时候，第一印象中的55%是来自你的外表，包括你的衣着、发型等；第一印象中的38%来自于一个人的仪态，包括你举手投足之间传达出来的气质，说话的声音、语调等；而只有7%的内容来源于简单的交谈。也就是说，第一印象中的93%都是你的外表形象传递出来的。

（二）职业形象和个人的职业发展有着密切的关系

1. 个人的性格特征通过形象表达，并且容易形成令人难忘的第一印象

第一印象在个人求职、社交活动中会起到很关键的作用。特别是许多企业的人力资源部门在招聘员工时，对应聘者职业形象的关注程度要远远高于我们的估计。因为他们认定，那些职业形象不合格、职业气质差的员工不可能在同事和客户面前获得高度认可，极有可能令工作效果大打折扣。

2. 职业形象强烈影响个人业绩

俗话说："人靠衣装马靠鞍。"商业心理学的研究告诉人们，人与人之间的沟通所产生的影响力和信任度来自语言、语调和形象三个方面。它们的重要性所占比例分别是：语言占7%，语调占38，视觉（即形象）占55%，由此可见形象的重要性。而服装作为形象塑造中的第一外表，成为众人关注的焦点。

你的形象就是你自己的未来，在当今竞争激烈的社会中，一个人的形象远比人们想象的更为重要。一个人的形象应该为自己增辉，当你的形象成为有效的沟通工具时，那么塑造和维护个人的形象就成了一种投资，长期持续下去，会带来丰厚的回报，让美的价值积累，让个人价值增值。没有什么比一个人许多内在的东西都没有机会展示，还没领到通行证就被拒之门外的损失更大了。

3. 职业形象会影响个人晋升概率

获得上司的认可是晋升的核心要素之一，如果因为在上司面前职业形象问题导致误会、尴尬甚至引发上司厌恶，业绩再好，也难有出头之日。如果在同事、同级层面上因为职业形象问题导致离群、被孤立或被排斥，那么晋升机会会大大降低。美国一位形象设计专家对美国财富排行榜前300位中的100人进行过调查，调查的结果是：97%的人认为，如果一个人具有非常有魅力的外表，那么他在公司里会有很多升迁的机会；92%的人认为，他们不会挑选不懂得穿着的人做自己的秘书；93%的人认为，他们会因为求职者在面试时的穿着不得体而不予录用。

4. 职业形象影响组织的发展

作为一个企业，员工的职业形象在很大程度上影响着企业的成败。只有当一个人真正意识到了个人形象与修养的重要性，才能体会到个人形象给你带来的机遇有多大。同时要注意交往的对象，在与大众传播、广告或是设计之类等需要天马行空般灵感的行业人士交往时，个人形象方面可以活泼、时髦些；而在与金融保险业的人或是律师等人士交往时，则尽量以简单稳重的造型为佳。如果你注意到了这一点，那么你已经成功了一半。

总之，交往中需要表现给上司、同事、商务伙伴以及客户以专业稳重的个人印象是至关重要的，因此在出门上班前，正确地选择服装、发式，注意自身的言谈举止，对你的工作绝对有加分的效果。

 二、影响大学生职业形象的因素

（一）影响大学生职业形象的因素

1. 家庭因素

家庭充满关爱和无边的容纳，家人经常鼓励你、关心你、支持你，给你信心，有利于良好职业形象的塑造，反之，则对职业形象的塑造产生负面的影响。一个和谐有序、充满温馨的家庭会对大学生的成长产生潜移默化的深远影响，而在个体的成长过程中无疑会对良好的个人职业形象的塑造有着重要意义。

2. 人际交往因素

大学生身处象牙塔之中，在与老师、同学及朋友的交往过程中，他们容易对自己形成不同的心理印象。如果交往中出现困惑甚至失败，那么自己会对自己的交往失去信心，进一步会影响自己的形象，对自己产生怀疑。反之，广泛的交往、开心的交流、成功的表现则会使自己更加充满力量与自信，树立自己良好的个人形象。

3. 仪容仪表等因素

当今，最受推崇的个人特征就是外表的吸引力。每年各家厂商都会花费几百万元的广告费试图说服人们购买衣饰和化妆品来让自己变得吸引人，这是在传达一个信息：如果一个人外表好看，他就会有好的自我感觉；如果一个人达不到这样的社会标准，他就会有被排斥的感觉。

（二）大学生职业形象的塑造

1. 注意语言

语言是人类交往沟通活动的基本工具。人们靠语言交流思想、传递信息、表达感情，文明的语言树立文明的形象，雄辩的语言树立雄辩的形象，幽默的语言树立幽默的形象，虚伪的语言树立虚伪的形象。人际关系的融洽，离不开交流的技巧。

2. 注意风度

风度是指一个人的风貌仪表和举止态度，同时也是一个人精神、气质、品格的外在表现。因此风度实际包括精神状态、仪表礼节、行为态度和言辞谈吐。它反映出一个人的道德品格、性格气质、学识修养、处世态度等。有人说："高雅的风度是通向朋友心灵的畅通无阻的护照。"这是每位渴望择业成功的大学生都值得拥有的"护照"。

3. 注意仪表

仪表是大学生职业形象的重要方面。仪表形象主要是指一个人的仪容和体形。它是由个体生理特征和服饰共同构成的一种直观的外在形象，仪表之美是人类的天然美，具有仪表美的人为自己赢得了获取成功的最初机会，因为现代社会中人们习惯用美的标准来评价人、选择人。不合时宜的穿着、不彰显气质的发型、孩子气的面容，会给面试官增加主观排斥的印象，甚至在你刚踏进办公室的第一步，就被认为是难以胜任的参与者。

4. 注意具体行为

在招聘时，大学生的求职形象如何，看起来似乎是主观的东西，是招聘人的主观印象，实际上是客观的，是大学生的行为产生的效果。从生理学角度说，行为就是包括脸部在内的身体各部位做出的动作，这些动作可以是有意识的，也可以是无意识的。人们的举手投足、一颦一笑，都会给人持久的印象，并产生意想不到的效果，行为动作对个人形象的影响是不可忽视的。

注重职业形象，不仅要把自己美丽的气质烘托出来，而且要使自己的形象与应聘的职位、公司文化相协调。你的内在能力固然重要，而形象是走在能力前面的，一个良好、出众、得体的形象将对我们的择业、交友、公关起到推动的作用。不要在起步时就因为形象的不得体而失去了与别人竞争职场的先机。要让别人感觉到你充满信心，使他们相信你确实能干好这份工作；要让别人很快对你产生信任，使他们在你通往事业成功的道路上不为难你。

完美的形象可以使人在社会的激流中搏击前进，健康的姿态可以让我们在广阔的天空中翱翔，时代赋予大学生新的使命，新的使命要求新的素质、新的形象。所以，大学生要相信自己，战胜一切，塑造自己完美的职业形象，在自信中开辟成功。

三、大学生职业形象的内涵

大学生职业形象的内涵包括"五有"：有爱心、有气质、有修养、有内涵、有自信。

（一）有爱心

爱使整个世界充满了阳光，若没有爱心，则没有阳光，整个世界也将陷入一片黑暗之中，看不到希望和未来。同样，一个大学生若无爱心，则不论他的学识多么渊博，都难以真正地为人民服务，为社会作出贡献。所以，有爱心是大学生职业形象中最为重要的一点。

（二）有气质

美丽与否并不重要，身高体重也无须去管，作为一个大学生，应该有自己独特的气质。有气质，并不是说用化妆品把自己包装得像某些明星一样，也不是说要故作矜持、扮高傲，而是一种很自然的，由内心产生而使人感觉到的一种属于你自己的个性。有气质的人往往给人印象深刻，与有气质的人交往，也能使人心旷神怡。

（三）有修养与有内涵

修养与内涵往往是由其受教育程度决定的。当然，这里所说的受教育程度，并不是说上了几年学，拿到了什么文凭，而是说有一种生活、思想的积累。好的修养与内涵往往能说明思想的深刻，有深刻思想的人是值得尊重的。要做一个真正的大学生，好的修养与内涵是非常重要的。

（四）有自信

"有信心等于成功了一半。"可见，自信是不可忽视的。作为当代大学生，充满自信的笑容，是块活招牌。如果自己对自己都没有信心，你又如何能要求别人对你有信心呢？只有充满自信的人，才能给人以信服感，才能充满活力地去做好每一件事。但也要记住，做到自信而不自大、不嚣张，自信而又自尊自爱。只有这样，才算得上拥有好的素质。

作为新时代的大学生，应该努力塑造和培养自己良好的形象。新时代的大学生应该做遵纪守法的模范；新时代的大学生应该做精神文明的楷模；新时代的大学生应该努力学习，不断提高自己的专业水平；新时代的大学生还应该善于社交，广交益友；新时代的大学生更应该投身改革洪流，做新一代的开拓者。

四、职业形象与客运礼仪

人在职场，必须注重自己的职业形象。一个成功的职业形象，展示给人们的是自信、尊严、力量、能力。它并不仅仅反映在别人的视觉效果中，同时它也是一种外在的辅助工具，使人对自己的言行有了更高的要求，并唤起内在沉积的优良素质，通过穿着、微笑、目光接触、握手、一举一动，让自身散发出一个成功者的魅力。因此，职业形象不是为了追求外在的美，而是为了辅助事业的发展，展示出力量和成功的潜力。在这个高科技飞速发展的时代，职业形象变得至关重要。

一个人的职业形象指的是容貌、魅力、风度、气质、化妆、服饰、谈吐等外在的东西，这是一种值得开发、利用的资源。人们日常接触到的种种形象特点，就像标点符号写在每个职业人的脸上、身上一样，是个人职业生涯的标点，对职业成功有着重大意义。而每一个职场人都需要树立塑造并维护自我职业形象的意识。了解并掌握一定的职业礼仪，有助于完善和维护职场人的职业形象。

任务二　正确认识礼仪

礼仪是在人际交往中，以一定的、约定俗成的程序方式来表现的律己敬人的过程，涉及穿着、交往、沟通、情商等内容。礼仪可以说是一个人内在修养和素质的外在表现，职业形象塑造有赖于良好的礼仪知识。

一、礼仪概述

孔子曰："不学礼无以立。"礼仪能体现一个人乃至一个国家的素质，礼仪是律己敬人的一种行为，文明礼仪，不仅是个人素质的体现，也是社会公德的反映。

中华民族具有5 000年的文明历史，素有礼仪之邦的美誉。讲文明、用礼仪，是弘扬民族文化、展示民族精神的重要途径。作为新世纪的大学生，更应把这种属于华夏子孙的传统美德发扬光大。

（一）礼仪的概念

1. 礼的渊源

古人有言："中国有礼仪之大，故称夏；有服章之美，故称华。"古代的华夏民族正是以其丰富的礼仪文化而受到周边其他民族的赞誉的。

古代礼包含三层意思：

（1）指治理奴隶制、封建制国家的典章制度。

（2）指古代社会生活所形成的作为行为规范和交往仪式的礼制及待人接物之道。

（3）指对社会成员具有约束力的道德规范（包括自身修养）。

下面将要讨论的礼仪主要是指第二种，作为行为规范和交往仪式的礼制及待人接物之道。

2. 礼仪的含义

礼仪是指"礼"和"仪"两种形式："礼"者敬人也，是指礼节、礼貌，要知礼、懂礼、讲理，要示人以尊重。"仪"即仪式，就是表现形式，即要将你所掌握的礼仪知识准确、恰当地表现出来。礼仪不仅仅是礼节。礼仪源自你的内心，涵盖了仪容、仪表、仪态以及仪式。当你真正关心别人、在意他人的自尊与感受时，发自内心且表现在外的待人处世方式，就是礼仪。因此，礼仪"源于心，显于行"。

（二）礼仪的核心

礼仪的核心是以尊重为本。"尊重"二字，是礼仪之本，也是待人接物的根基。尊重别人，其实就是尊重自己。

尊重包括自尊与他尊两个方面。

1. 自尊

自尊是指个人渴求力量、成就、自强、自信和自主等。自尊需要的满足会使人相信自己的力量与价值，使人在生活中变得更有能力，更富有创造性；相反，缺乏自尊，会使人感到自卑，没有足够的信心去处理面临的问题。

2. 他尊

他尊是指个人希望别人尊重自己，希望自己的工作和才能得到别人的承认、赏识、重视和高度评价，即希望获得威信、实力、地位等。他尊需要的满足会使人相信自己的潜能与价值，从而进一步产生自我实现的需要；反之，缺乏他尊，会使人丧失自信心，怀疑自己的能力和潜力，不可能产生更高层次的需求，即自我实现的需要。

对不同人的尊重体现的个人修养，可用五句话来概括："尊重上级是一种天职，尊重下级是一种美德，尊重客户是一种常识，尊重同事是一种本分，尊重所有人是一种教养。"

（三）礼仪的原则

在社交场合中，如何运用社交礼仪？怎样才能发挥礼仪应有的效应？怎样创造最佳人际关系状态？这同遵守礼仪原则密切相关。

1. 真诚尊重的原则

苏格拉底曾言："不要靠馈赠来获得一个朋友，你须贡献你诚挚的爱，学习怎样用正当的方法来赢得一个人的心。"可见在与人交往时，真诚尊重是礼仪的首要原则，只有真诚待人，才是尊重他人；只有真诚尊重，方能创造和谐愉快的人际关系，真诚和尊重是相辅相成的。

真诚是对人处世的一种实事求是的态度，是待人真心实意的友善表现，真诚和尊重首先表现为对人不说谎、不虚伪、不骗人、不侮辱人，所谓"骗人一次，终生无友"；其次，表现为对于他人的正确认识，相信他人、尊重他人，所谓"心底无私天地宽"，真诚地奉献，才有丰硕的收获，只有真诚尊重，方能使双方心心相印，友谊地久天长。

2. 平等适度的原则

在社交场上，礼仪行为总是表现为双方的，你给对方施礼，自然对方也会相应地还礼于你，这种礼仪施行必须讲究平等的原则。平等是人与人交往时建立情感的基础，是保持良好的人际关系的诀窍。在交往中，平等表现为不骄狂，不我行我素，不自以为是，不厚此薄彼，更不傲视一切、目空无人，更不能以貌取人，或以职业、地位、权势压人，而是应该处处时时平等谦虚待人，唯有此，才能结交更多的朋友。

适度原则即交往应把握礼仪分寸，根据具体情况、具体情境而行使相应的礼仪。如在与人交往时，既要彬彬有礼，又不能低三下四；既要热情大方，又不能轻浮谄谀；要自尊，却不能自负；要坦诚，但不能粗鲁；要信人，但不能轻信；要活泼，但不能轻浮；要谦虚，但不能拘谨；要老练持重，但又不能圆滑世故。

3. 自信自律原则

自信是社交场合中心理健康的表现，唯有对自己充满信心，才能如鱼得水，得心应手。自信是社交场合中一份很可贵的心理素质，一个有充分自信心的人，才能在交往中不卑不亢、落落大方，遇到强者不自惭，遇到艰难不气馁，遇到侮辱敢于挺身反击，遇到弱者会伸出援助之手；一个缺乏自信的人，则会处处碰壁。

自律乃自我约束的原则。在社会交往过程中，在心中树立起一种内心的道德信念和行为修养准则，以此来约束自己的行为，严于律己，实现自我教育、自我管理，摆正自信的天平，既不必"前怕虎、后怕狼"地缺少信心，又不能凡事自以为是地自负高傲。

4. 信用宽容的原则

信用即讲究信誉的原则。孔子曾有言："民无信不立，与朋友交，言而有信。"强调的正是守信用的原则。守信是我们中华民族的美德，在社交场合，尤其讲究：一是要守时，与人约定时间的约会、会见、会谈、会议等，决不应拖延迟到；二是要守约，即与人签订的协议、约定和口头答应他人的事一定要说到做到，所谓言必行、行必果。故在社交场合中，如没有十分的把握，就不要轻易许诺他人，许诺做不到，反落个不守信的恶名，从此会永远失信于人。

宽容的原则即与人为善的原则。在社交场合，宽容是一种较高的境界，英国《百科全书》对宽容下了这样一个定义："宽容即容许别人有行动和判断的自由，对不同于自己或传统观点的见解的耐心公正的容忍。"宽容是人类一种伟大的思想，在人际交往中，宽容的思想是创造和谐人际关系的法宝。宽容他人、理解他人、体谅他人，千万不要求全责备、斤斤计较，甚至咄咄逼人。总而言之，站在对方的立场去考虑一切，是你争取朋友的最好方法。

二、仪容修饰

仪容是一个人的自然外观容貌，是形成优美良好礼仪形象的基本要素，讲究仪容就是对外观容貌进行必要的整理和修饰，使得仪容符合职业活动的要求和礼仪规范。从礼仪的角度看，仪容包括发部、面部、颈部、手部。

保持头发清洁，修饰得体，发型与本人自身条件、身份和工作性质相适宜。男士应每天修面剃须。女士化妆要简约、清丽、素雅，避免过量使用芳香型化妆品，避免当众化妆或补妆。表情自然从容，目光专注、稳重、柔和。手部保持清洁，在正式的场合忌留长指甲。

（一）发型修饰

发型是仪容的重要组成部分。头发是别人第一眼关注的地方，也是亮点，整洁大方的发型能给人留下良好的印象。修饰头发应做到以下几点：

1. 干净整洁

头发首先应做到干净整洁，保持头发正常的光泽和弹性，避免汗、油、灰、屑。在重要的交际应酬前，应洗发；在户外活动或劳动后，应做全身清洗。

2. 长短适中

头发的长短应符合不同的职业要求，不同的职业有不同的要求。商界大都对头发的长度有明确的限制，男士头发的标准是前不覆额，侧不掩耳，后不及领；女士最好留短发，头发长度不宜超过肩部，必要时盘发、束发，不宜披散。

3. 发型得体

发型反映出人们的审美水平、受教育程度、涵养和所处的社会阶层。在塑造职业形象时，选择发型首先要考虑到职业、身份、工作环境，要符合职业对发型的基本要求。经常抛头露面的人，如政界、教师、医生等，其发型应该传统、端庄、典雅。选择发型还应考虑发质、脸型、体型、年龄、性格、配饰、着装等个人条件。

4. 美发自然

所谓美发，就是运用某些技术手段对头发进行美化。常用的美发方法有烫发、染发、作发、假发，无论使用哪种方法，都应注意要自然、美观、大方，不要留有人工雕琢的痕迹。

（二）面部修饰

仪容在很大程度上指的就是人的面容，面容修饰在仪容修饰中举足轻重，人的面部修饰应整洁、卫生、简约、端庄。

1. 眼部的修饰

眼睛是心灵的窗户，是人际交往中被人关注最多的地方。修饰眼部要注意三点：

1）眼睛的清洁很重要

眼睛的清洁是指眼部分泌物的及时清除，注意眼部的清洁，还包括用眼卫生，预防眼部疾患。一旦患有眼病，要认真及时地治疗，并自觉减少去公共场所，尽量避免与他人近距离接触。

2）眼镜的选择与佩戴

大学生中，佩戴眼镜的人很多，戴眼镜的目的主要是矫正视力、保护眼睛，也不排除有追求时尚、改善面部形象的愿望。

（1）应该注意眼镜的质量和度数，使之适合自己。

（2）注意眼镜的款式以及眼镜的清洁，保持眼镜的清洁就是保持眼睛的清洁，它在礼仪方面的作用不容忽视。有的同学喜欢佩戴太阳镜，需注意戴太阳镜的礼仪，进入教学楼、教室、办公室、写字间和居室、社交场合、工作场合等，按照惯例不应该戴太阳镜，否则，会给人不谙世事和装腔作势的感觉，是失礼的行为。另外，在室外遇有隆重礼仪或迎送等礼节场合，也不应戴墨镜。

3）眉毛的修饰

高校女生的眉毛应以自然美为主，配合年轻的面孔倒也相得益彰。个别女生眉毛较粗浓，或者眉毛的形状不太理想，可以适当修剪美化，对人的脸型有一定的修饰改善作用，精致的眉毛能使人的脸部显得轮廓分明。但修得过分了，会弄巧成拙，让原本青春本色的脸显得老气，还可能增添不应有的风尘感。

2. 鼻部的修饰

鼻子是面部的制高点，既突出又位于脸部的正中央，自然是别人目光的聚焦点，所以鼻部修饰也不可轻视。鼻子的修饰应注意以下三点：

1）鼻子清洁

平时保持鼻腔清洁、卫生，清理鼻垢应当到僻静处，回避他人，不应当众擤鼻子，也不要当众抠挖鼻孔，乱抹乱弹鼻垢。清理鼻垢宜用纸巾或手帕悄然进行，防止出现不雅的声音。

2）修剪鼻毛

参加社交应酬前要及时修剪鼻毛，不要置之不理或当众用手拔去。

3）注重保养

鼻子及其周围若是长疮、暴皮、生出黑头，有连片的青春痘甚至出现"酒糟鼻"，会严重影响美观，但鼻子是面部的敏感区，所以，保养鼻部不能乱挤、乱挖、乱抠。

3. 口部的修饰

口部的修饰包括：口腔和口的周围的修饰。口部修饰重中之重是注意口腔卫生，坚持刷牙"三个三"标准，即每天刷牙三次，每次饭后三分钟内刷牙，每次刷三分钟。去除异物、异味。高校在校生可能做不到每日刷牙三次，但饭后也应当用清水仔细漱口，防止食物残渣遗留在口腔牙缝，保持口腔清洁。

1）注意口腔无异味

即将进入公共场合前，不要吃烟、酒、葱、蒜、韭菜、薤头、腐乳等气味刺鼻的东西。必要时，可口含茶叶、口香糖、口香液以去除气味。咀嚼口香糖是一种现代社会行为，但在社交活动中，嚼口香糖是一种缺乏修养的表现，给人以轻佻、满不在乎、傲慢的不良印象，青年学生应注意这一点，吃完的口香糖需用纸包好扔进垃圾箱。

2）及时剃胡须

胡子拉碴是不修边幅的代名词，以这样的形象与人交往，只能落得一个印象不佳的结果。男同学准备一把电动剃须刀，养成每天剃须的习惯，女士若因内分泌失调长出类似胡须的汗毛，应及时治疗。

3）护养好嘴唇

要注意适当呵护自己的嘴唇，防止嘴唇干裂、暴皮和生疮，还要避免唇边残留分泌物和其他异物，与别人交谈时不能口沫四溅。

4. 耳部的修饰

修饰耳部主要是指保持耳部的清洁，及时清除耳垢和修剪耳毛。有的同学冬季不注意耳朵的防寒，耳部经常发生习惯性冻疮，疮痂布满耳廓，很是难看。耳朵里沟回很多，容易藏污纳垢，应注意耳朵的清洁。及时清除耳垢，不要当众进行，可避开人多的地方，一是不雅观，再一个是保证安全，不要伤及耳膜。也可以请同学帮忙在僻静处进行清理。若有耳毛生长到耳朵外面，要及时修剪。

5. 颈部修饰

颈部与头部相连，属于面部的自然延伸。修饰脖颈要注意以下两点：

（1）要防止其皮肤过早老化，与面容产生较大反差，可使用颈部滋润霜加以保护。

（2）要使之经常保持清洁卫生，在清洁面部的同时，注意清洁脖子后面、耳朵后面。

6. 手部修饰

手臂是肢体中使用最多、动作最多的部分，要完成各种各样的手语、手势。因此，难免得到众多目光的眷顾。如果手臂的形象不佳，整体形象将大打折扣。手臂的修饰可以分为手掌、肩臂与汗毛修饰三个部分。

1）手掌修饰

手掌，是手臂的中心部位，也是手部修饰的关键部位。对它的修饰必须到以下几点：

（1）干净。在日常生活中，手是接触他人和物体最多的地方。从清洁卫生、健康的角度谈，手应当勤洗。餐前便后、外出回来及接触到各种东西后，都应及时洗手。

（2）修剪指甲。手上的指甲应定期修剪，手指甲的长度以不超过手指指尖为宜。

（3）健康。对于手部要悉心照料，不要让它处于不健康的状态。发现死皮后，应立即将其修剪掉，但不要当众进行，更不要用手去撕，或用牙去咬。手部皮肤粗糙、红肿、皲裂，要及时护理、治疗。若长癣、生疮、发炎、破损、变形，不仅要治疗，还要避免接触他人。

2）肩臂修饰。在非常正式的政务、商务、学术、外交活动中，人们的手臂，尤其是肩部，不应当裸露在衣服之外，这些场合不宜穿短袖或无袖装。修饰肩部，最重要的就是这条。着装时露与不露，应依照具体场合而定。

3）汗毛修饰。由于生理原因，手臂上的汗毛若生长得过浓或过长，最好采用适当的方法进行脱毛。在他人面前，尤其是外人或异性面前，腋毛是不应为对方所见的。否则，即为失礼。女士要特别注意这一点。

7. 腿部修饰

中国人看人的一般习惯性做法是"远看头，近看脚，不远不近看中腰"。腿部在近距离之内为他人所注视，在修饰仪容时自然不能偏废。修饰腿部，应当注意三个方面：脚部、腿部和汗毛。

1）脚部

修饰脚部，要注意三点：

（1）不裸露脚部。在正式场合不光脚穿鞋子，不穿过于暴露的鞋子，如拖鞋、凉鞋、镂空鞋、无跟鞋，不在他人面前脱鞋、趿拉着鞋子，不脱下袜子抠脚。

（2）勤洗脚、勤洗鞋子、勤洗袜子。在正常情况下，脚要每天洗一次，袜子则应每日一换。不要穿残破、有异味的袜子，如有可能，应在办公桌或随身所带的公文包里装上备用的袜子，以备不时之需。在非正式场合光脚穿鞋子时，要确保其干净、清洁。

（3）勤修脚趾。脚趾甲要勤于修剪，要去除死趾甲。不应任其藏污纳垢，或是长于脚趾趾尖。趾部通常不应露出鞋外。

2）腿部

在正式场合，着装不暴露腿部，不穿短裤或超短裙。女士可以穿长裤、裙子，穿裙子时，不允许光着腿、不穿袜子。越是正式的场合，女士的裙子应越长。在庄严、肃穆的场合，女士的裙长应过膝盖部以下。在非正式的场合，特别是在休闲活动中，则无此规定。

3）汗毛

男士在正式场合不允许穿短裤，或是卷起袖管，以免露出汗毛。女士若因内分泌失调而腿部汗毛变浓黑茂密，则最好脱去或剃除之，或是选择深色丝袜加以遮掩。不要光着腿，也不要穿浅色薄型的透明丝袜。

8. 化妆原则

进入职场，适当的化妆是必需的，这是一种对人礼貌和尊重的行为，特别是女性职员。职场妆需要塑造的是优雅、知性、颇具亲和力及干练气质的整体造型，切忌过于前卫另类。妆容适宜选择淡雅、自然、亚光的颜色，以突现职场女性温婉而有不失干练的气质。职场妆的基本要求如下：

1）扬长避短

在化妆时要注意适度矫正，做到修饰得体，以使自己化妆后能够扬长避短。

2）真实自然

化妆要求美化、生动，更要求真实、自然。化妆的最高境界，是没有人工修饰的痕迹，显得天然美丽。

3）整体协调

高水平的化妆，强调的是整体效果，应使妆面协调、全身协调、场合协调、身份协调，以体现出自己的不俗品位。

4）修饰避人

化妆应在无人之处，可在化妆间或洗手间进行。勿当众化妆，勿在异性面前化妆，勿残妆露面。

5）饰物适宜

佩戴饰物要考虑人、环境、心情、服饰风格、体形、发型、脸型、肤色、服装和工作性质等诸多因素，力求整体搭配协调。遵守以少为佳、同质同色、符合身份的原则。

三、着装礼仪

常言说得好："人靠衣装马靠鞍。"服饰是一种文化，反映一个民族的文化素养、精神面貌和物质文明发展的程度；着装是一门艺术，正确得体的着装，能体现个人良好的精神面貌、文化修养和审美情趣。良好职业形象的树立与正确着装有着密切的联系。

（一）着装的"三合"原则

在日常工作与生活中，职场人员一般要面临三种场合：工作场合、社交场合、休闲场合，应根据不同的场合选择不同的服装。

1. 工作场合

工作场合是指工作时涉及的场合。在工作场合着装宜选择正装、制服或工装，除此之外，还可以选择长裤、长裙、长袖衫，不宜穿时装、便装及短袖衫。商务人员着装要端庄大方。

2. 社交场合

社交场合是指工作之余在公众场合和同事、商务伙伴友好地进行交往应酬的场合。社交场合着装应突出时尚个性，宜着礼服、时装、民族服装，不宜选择过分庄重保守的服装，以免与周围环境不协调。

3. 休闲场合

休闲场合是指在工作之余一个人或与家人单独相处，或者在公共场合与其他不相识的人共处的时间。休闲场合着装以舒适自然为主，可选择运动装、沙滩装、牛仔装及非正式便装，如T恤、短裤、凉鞋、拖鞋等。

（二）"三服"中的礼仪

在职场，往往涉及较多的三类服装是制服、西服和女士服装，简称"三服"，都有其着装的礼仪。

1. 企业制服

企业制服是指由某个企业统一制作，并要求某一个部门、某一个职级的员工统一穿着的服装。穿着制服时要保证制服的干净、整洁、完整，不允许出现又脏又破、随意搭配、制便混穿的现象。

2. 男士西服

男士西服是指西方国家较为通行的两件套或三件套的统一面料、统一色彩的规范化的正式场合的男装。男士穿着西装时务必整洁、笔挺，遵守西服穿着"三个三"原则，即三色原则、三一定律、三大禁忌。

（1）三色原则，是指穿着西装时，全身颜色必须限制在三种之内。

（2）三一定律，是指穿着西服、外套时，鞋子、腰带、公文包的颜色必须协调统一，最理想的色彩是黑色。

（3）三大禁忌，是袖口上的商标没有拆，在非正式的场合穿着夹克打领带，穿西服套装时穿尼龙丝袜和白色袜子。

男士穿着西装时，衬衫也十分讲究。衬衫的领子要挺括，不可有污垢、汗渍；下摆要塞进裤子里，系好领口和袖扣；领口和袖口要长于西服上装领口和袖口1～2厘米，以显出层次感；里面的内衣领口和袖口不能外露。

穿西装一般应系领带，领带结要饱满，与衬衫领口要搭配；长度以系好后大箭头垂到皮带扣为宜；领带夹夹在衬衫的第三粒与第四粒纽扣之间。

皮鞋的颜色不应浅于裤子，最好选深色，黑皮鞋可以配黑色、灰色、藏青色西服，深棕色鞋子配黄褐色或米色西服，鞋要上油擦亮。

袜子一般应选择黑色、棕色或藏青色，与长裤颜色相配。

三件套的西装，在正式场合下不能脱外套。按照国际惯例，西装里不穿毛背心和毛衣，在我国最多只加一件"V"字领毛衣，以保持西装线条优美。

3. 女士服装

办公室服饰的色彩不宜过于夺目，应尽量考虑与办公室色调、气氛相和谐，并与具体的职业分类相吻合。服饰应舒适方便，以适应整日的工作强度。袒露、花哨、反光的服饰是办公室所禁忌的。较为正式的场合，应选择女性正式的职业套装或套裙；较为宽松的职业环境，可选择造型感稳定、线条感明快、富有质感和挺感的服饰。服装的质地应尽可能考究，不易皱褶。

穿裙子时，袜子的颜色应与裙子的颜色相协调，袜子口避免露在裙子外面。年轻女性的短裙至膝盖上 3~6 厘米处，中老年女性的裙子要及膝下 3 厘米左右。鞋子要舒适、方便、协调而不失优雅。

四、仪姿

仪姿也叫仪态。

在人际交往中，优雅的仪态可以透露出自己良好的礼仪修养，增加不少好印象，并进而赢得更多合作和被接受的机会，创造财富。仪态，是人们在外观上可以明显地察觉到的活动、动作，以及在动作、活动之中身体各部分呈现出的姿态。

（一）站姿

站立是人们生活交往中的一种最基本的举止，男士要求"站如松"，刚毅洒脱；女士则应秀雅优美，亭亭玉立。

1. 标准站姿

（1）头正，双目平视，嘴微闭，下颌微收，面容平和自然。

（2）双肩放松，稍向下沉，人有向上的感觉。

（3）躯干挺直、挺胸、收腹、立腰。

（4）双臂自然下垂于身体两侧，中指贴拢裤缝，两手自然放松。

（5）双腿立直、并拢，脚跟相靠，两脚尖张开约 60°，身体重心落于两脚正中。

2. 五种工作场合站姿

1）垂直站姿

如标准立正姿态。

2）前交手站姿

身体直立。男性双脚分开不超过肩宽，重心分散于两脚上，两手在腹前交叉。女性两脚尖略展开，一脚在前，且脚后跟靠近另一脚内侧前端，重心可于两脚上，也可于一只脚上，通过重心的转移减轻疲劳，双手仍在腹前交叉。

3）后交手站姿

脚跟并拢，脚尖展开 60°～70°。挺胸立腰，下颌微收，双目平视，两手在身后相搭，贴在臀部。

4）单背手站姿

两脚尖展开 90°，左脚向前，将脚跟靠于右脚内侧中间位置。成左丁字步，身体重心落于两脚上。左手背后，右手下垂，成左背手站姿。相反，站成右"丁"字步，背右手，左手下垂，成右背手站姿。

5）单前手站姿

两脚尖展开 90°，左脚向前，将脚跟靠于右脚内侧中间，左手臂下垂，右臂肘关节屈，右前臂抬至横膈膜处，右手心向里，手指自然弯曲，成右前手站姿。同样，相反的脚位和手位可站成左前手站姿。

3. 五种不正确站姿

1）弯腰驼背

在站立时，一个人如果弯腰驼背，除去其腰部弯曲、背部弓起之外，通常还会同时伴有颈部弯缩、胸部凹陷、腹部凸出、臀部撅起等一些其他的不良体态。它显得一个人缺乏锻炼、无精打采，甚至健康不佳。

2）手位不当

站立时手位不当主要表现在以下几个方面：

（1）双手抱在脑后。

（2）用手托着下巴。

（3）双手抱在胸前。

（4）把肘部支在某处。

（5）双手叉腰。

（6）将手插在衣服或裤子口袋里。

3）脚位不当

在正常情况下，"V"字步、"丁"字步或平行步均可采用，但要避免"内八字"和"蹬踩式"。

"蹬踩式"指的是在一只脚站在地上的同时，把另一只脚踩在鞋帮上，或是踏在其他物体上。

4）半坐半立

在正式场合，必须注意坐立有别，该站的时候就要站，该坐的时候就要坐。在站立之际，绝不可以为了贪图舒服而擅自采用半坐半立之姿。当一个人半坐半立时，不但样子不好看，而且会显得过分随便。

5）身体歪斜

古人曾对站姿提出过"立如松"的基本要求。若身躯明显地歪斜，如头偏、肩斜、腿曲、身歪，或是膝部不直，不但直接破坏了人体的线条美，而且会使自己显得颓废消沉、萎靡不振或自由放荡。

（二）坐姿

坐姿是指人在就座以后身体所保持的一种姿势，从根本上看，应当算是一种静态的姿势。对大多数人而言，不论是工作还是休息，坐姿都是其经常采用的姿势之一。

1. 入座动作

入座时动作应轻而缓，轻松自然。不可随意拖拉椅凳，从椅子的左侧入座，沉着安静地坐下。女士着裙装入座时，应将裙子后片拢一下，并膝或双腿交叉向后，保持上身端正，肩部放松，双手放在膝盖或椅子扶手上。男士可以微分双腿（一般不要超过肩宽），双手自然放在膝盖或椅子扶手上。离座时，应请身份高者先离开。离座时动作要轻缓，不发出声响，从座位的左侧离开，站好再走，保持体态轻盈、稳重。

2. 正确坐姿

入座时要稳、要轻；面带笑容，双目平视，嘴唇微闭，微收下额；双肩放松平正，两臂自然弯曲，放于椅子或沙发扶手上；坐在椅子上，要立腰、挺胸，上体自然挺直；双膝自然并拢，双腿正放或侧放，双脚平放或交叠；坐在椅子上，至少要坐满椅子的三分之二，脊背轻靠椅背；坐时不可前倾后仰，或歪歪扭扭；两腿不可过于叉开，也不可长长地伸出去，不可跷起二郎腿；不可大腿并拢，小腿分开，或腿不停地抖动。

3. 七种错误坐姿

1）脚跟触及地面

坐后如果以脚触地，通常不允许仅以脚跟触地，而将脚尖跷起。

2）随意架腿

坐下之后架起腿来未必不可，但正确的做法应当是两条大腿相架，并且不留空隙。如果架起"二郎腿"来，即把一条小腿架在另外一条大腿上，并且大大地留有空隙，就不妥当了。

3）腿部抖动摇晃

在别人面前就座时，切勿反复抖动或是摇晃自己的腿部，免得令人心烦意乱，或者给人以不够安稳的感觉。

4）双腿直伸出去

在坐下之后不要把双腿直挺挺地伸向前方。身前有桌子的话，则要防止把双腿伸到其外面来。不然，不但损害坐姿的美感，而且会有碍于人。

5）腿部高跷蹬踩

为了贪图舒适，将腿部高高跷起，架上、蹬上、踩踏身边的桌椅，或者盘在本人所坐的座椅上，都是不妥的。

6）脚尖指向他人

坐后一定要避免自己的脚尖直指别人，跷脚之时，尤其忌讳这一动作。令脚尖垂向地面，或斜向左、右两侧，才是得体的。

7）双腿过度叉开

面对别人时，双腿过度地叉开，是极不文明的。不管是过度地叉开大腿还是过度地叉开小腿，都是失礼的表现。

4. 八种常用坐姿

1）正襟危坐式

这是最基本的坐姿，适用于最正规的场合。要求上身与大腿、大腿与小腿、小腿与地面之间，都应当成直角。双膝双脚完全并拢。

2）垂腿开膝式

多为男性所使用，也较为正规。要求上身与大腿、大腿与小腿之间，皆成直角，小腿垂直于地面。双膝分开，但不得超过肩宽。

3）双腿叠放式

它适合穿短裙子的女士采用，造型极为优雅，有一种大方高贵之感。要求将双腿完全地一上一下交叠在一起，交叠后的两腿之间没有任何缝隙，犹如一条直线。双腿斜放于左右一侧，斜放后的腿部与地面呈45°夹角。叠放在上的脚尖垂向地面。

4）双腿斜放式

适用于穿裙子的女性在较低处就座时使用。要求双膝先并拢，然后双脚向左或向右斜放，力求使斜放后的腿部与地面呈45°角。

5）双脚交叉式

它适用于各种场合，男女皆可选用。要求双膝先要并拢，然后双脚在踝部交叉。交叉后的双脚可以内收，也可以斜放，但不宜向前方远远直伸出去。

6）双脚内收式

适合一般场合，男女皆宜。要求两大腿首先并拢，双膝略打开，两条小腿分开后向内侧屈回。

7）前伸后屈式

这是女性适用的一种优美的坐姿。要求大腿并紧之后，向前伸出一条腿。并将另一条腿屈后，两脚脚掌着地，双脚前后要保持在同一条直线上。

8）大腿叠放式

多适用于男性在非正式场合采用。要求两条腿在大腿部分叠放在一起。叠放之后位于下方的一条腿垂直于地面，脚掌着地。位于上方的另一条腿的小腿则向内收，同时脚尖向下。

（三）行姿

无论是在日常生活中还是在社交场合，走路往往是最引人注目的身体语言，也最能表现一个人的风度和活力。正确的行姿步伐矫健、轻松灵活，令人精神振奋；错误的行姿给人以倦怠、老态龙钟的感觉。

1. 行姿的基本要求

走姿的基本要求应是从容、平稳，应走出直线。行走时应抬头，身体重心稍前倾，挺胸收腹，上体正直，双肩放松，两臂自然前后摆动，脚步轻而稳，目光自然，不东张西望。遵守行路规则，行人之间互相礼让。三人并行，老人、妇幼走在中间。男女一起走时，男士一般走在外侧。走路时避免吃东西或抽烟。遇到熟人，应主动打招呼或问候，若需交谈，应靠路边站立，不要妨碍交通。

2. 行姿规范标准

1）头正

双目平视，收颌，表情自然平和。

2）肩平

两肩平稳，防止上下前后摇摆。双臂前后自然摆动，前后摆幅在30°～40°，两手自然弯曲。

3）躯挺

上身挺直，收腹立腰，重心稍前倾。

4）步位直

两脚尖略开，脚跟先着地，两脚内侧落地。走出的轨迹要在一条直线上。

5）步幅适度

行走中两脚落地的距离大约为一个脚长，即前脚的脚跟距后脚的脚步一个脚的长度为宜。不过，不同的性别、不同的身高、不同的着装，都有些差异。

6）步速平稳

行进的速度应保持均匀、平衡，不要忽快忽慢。在正常情况下，步速应自然舒缓，显得成熟、自信。

7）警惕不良姿态

行走时要防止"八"字步，不要低头驼背，不要摇晃肩膀，不要扭腰摆臀，不要左顾右盼。脚不要擦地面。

3. 其他行姿仪态礼仪

1）后退步

与人告别时，应当先后退两三步，再转身离去。退步时脚轻擦地面，步幅要小，先转身后转头。

2）引导步

引导步是用于走在前边给宾客带路的步态，引导时要尽可能走在宾客左侧前方，整个身体半转向宾客方向，保持两步的距离，遇到上下楼梯、拐弯、进门时，要伸出左手示意，并提示请客人上楼、进门等。

3）前行转身步

在前行中要拐弯行进，要在距离所转方向远侧的一脚落地后，立即以该脚掌为轴，转过全身，然后迈出另一脚。即向左拐，要右脚在前时转身；向右拐，要左脚在前时转身。

（四）蹲姿

蹲是由站立的姿势转变为两腿弯曲和身体高度下降的姿势。蹲姿其实只是人们在比较特殊的情况下所采用的一种暂时性的体态。虽然是暂时性的体态，但也是有讲究的。

1. 正确的蹲姿

1）高低式蹲姿

男性在选用这一方式时往往更为方便。其要求是：下蹲时，双腿不并排在一起，而是左脚在前，右脚在后。左脚应完全着地，小腿基本上垂直于地面；右脚则应脚掌着地，脚跟提起。此刻右膝低于左膝，右膝内侧可靠于左小腿的内侧，形成左膝高右膝低的姿态。臀部向下，基本上用右腿支撑身体。

2）交叉式蹲姿

交叉式蹲姿通常适用于女性，尤其是穿短裙的女性，它的特点是造型优美典雅。其特征是蹲下后两腿交叉在一起，其要求是：下蹲时，右脚在前，左脚在后，右小腿垂直于地面，全脚着地，右腿在上，左腿在下，二者交叉重叠；左膝由后下方伸向右侧，左脚跟抬起，并且脚掌着地；两脚前后靠近，合力支撑身体；上身略向前倾，臀部朝下。

3）半蹲式蹲姿

半蹲式蹲姿多于行进之中临时采用，基本特征是身体半立半蹲，其要求是：在下蹲时，上身稍许弯下，但不宜与下肢构成直角或锐角；臀部向下而不是撅起；双膝略为弯曲，其角度根据需要可大可小，但一般均应为钝角；身体的重心应放在一条腿上。

4）半跪式蹲姿

半跪式蹲姿又叫单跪式蹲姿，它是一种非正式蹲姿，多用于下蹲时间较长，或为了省力之时。它的特征是双腿一蹲一跪，其要求是：下蹲之后，改为一腿单膝着地，臀部坐在脚跟之上，而以其脚尖着地；另外一条腿则应当全脚着地，小腿垂直于地面；双膝应同时向外，双腿应尽力靠拢。

2. 女士蹲姿的注意事项

除上述内容以外，女士还要注意以下几点：

（1）无论是采用哪种蹲姿，都要切记将双腿靠紧，臀部向下，上身挺直，使重心下移。

（2）女士绝对不可以双腿分开而蹲，这种蹲姿叫"卫生间姿势"，是最不雅的动作。

（3）在公共场所下蹲，应尽量避开他人的视线，尽可能避免后背或正面向人。

（4）站在所取物品旁边，不要低头、弓背，要膝盖并拢，两腿合力支撑身体，慢慢地把腰部低下去拿。

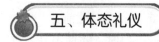

五、体态礼仪

人类的体态语言有着丰富的内容，虽说无声，但表达的情感却是极其丰富的，它的作用有时是口头语言所替代不了的，据有关专家研究，体态语在当今生活中的使用频率占到55%。所以，人们对体态语言在公关活动中的作用也越来越重视。

（一）手势语

手势语是由手指、手掌、手臂的动作有机构成的动作语言形式。

1. 手势语的种类

手势语大致分为四种：

1）情感手势

即表达讲话者情感形象化、具体化的手势。

2）象征手势

表示抽象意念的手势。

3）形象手势

模拟物状，给听众一种形象感觉的手势。

4）指示手势

指示具体对象的手势。

2. 手势语的含义

手势语有多种复杂含义。一般来说，手向上、向前、向内，往往表示希望、成功、肯定等积极意义的内容；手向下、向后、向外，往往表示批判、蔑视、否定等消极意义的内容。如空中劈掌表示坚决果断，双手摊开表示无可奈何。

3. 手部禁忌动作

在大庭广众之下，忌抠眼睛、掏耳朵、挖鼻孔、掏嘴巴、梳头、除头垢或头皮、清除牙垢、冲洗假牙、挤压粉刺、清洗指甲、修剪指甲、装取隐形镜片、搽脂抹粉、整理服饰、身体抽搐、手指捻动、乱抓乱动、在别人身上掸灰拣毛、用手指戳别人胸脯等动作。

（二）表情语

表情语主要集中在人的面部，是由眉、眼、鼻、嘴构成的区域所传达的信息和情感。表情语是最富有变化性和多意义的体态语言，也是人际活动中使用频率较多和范围较广的表情语。表情在人际沟通时能够恰如其分地表现出人的内在感情。

1. 目光语

目光语也就是眼睛的语言。印度诗人泰戈尔说："一旦学会了眼睛的语言，表情的变化将是无穷无尽的。"这说明眼睛语言的表现力是极强的，是其他举止无法比拟的，它能最明显、最自然、最准确地展示一个人的心理活动。

1）正确使用目光语应注意的问题

（1）注视的时间。注视对方的时间要恰到好处，不宜过长或过短。如表示友好时，注视对方的时间约占全部相处时间的1/3；表示关注时，注视对方的时间约占全部相处时间的2/3；表示轻视时，注视对方的时间不到全部相处时间的1/3。

（2）注视的角度。在普通场合，与身份、地位平等的人进行交往时要平视；表示尊重、敬畏对方时要仰视；表示对晚辈宽容、怜爱要俯视。

（3）注视的部位。在公关活动中，注视对方的额头；在社交场合，注视对方的眼部—唇部区。一般情况下，与他人相处时，不要注视对方的头顶、大腿、脚和手部。对异性而言，通常不应注视其肩部以下，尤其是不应注视其胸部、裆部、腿部。

（4）注视的方式。表示专注、恭敬时可凝视；表示认真、尊重时可直视；表明自己大方、坦诚、关注对方时可对视；同时与多人打交道，表示认真、重视时可环视。

2）公关场合不宜多用或忌用的眼神

（1）盯视。即目不转睛地长时间地凝视他人的某一部位。

（2）虚视。即目光游离，眼神不集中，表示胆怯、疑虑、走神、疲乏、失意、无聊。

（3）扫视。视线移来移去，注视时上下左右反复打量，表示吃惊、好奇。

（4）眯视。即眯着眼睛注视，表示惊奇、看不清楚，神态不好看。

（5）无视。也叫闭视，即闭上眼睛不看对方，表示疲惫、反感、生气、无聊、没有兴趣。

（6）他视。不注视对方，望着别处，表示胆怯、害羞、心虚、反感、心不在焉。

2. 微笑语

微笑语是通过不出声的笑来传递信息，微笑是从嘴角往上牵动颧骨肌和环绕眼睛的括纹肌的运动所造成的，而且左右脸是对称的。

微笑语在人类各种文化中传递的意思基本相同，是真正的"世界性语言"。微笑对自身而言，表达心情愉快；对他人而言，则表示尊重和善意。你向对方微笑，对方也回报以微笑。他用微笑告诉你，你让他体验到了幸福感，因为你的微笑增强了他的自信。换言之，是你的微笑使他感到了自己的价值。于是，有人把微笑这一体语称为交际中的"货币"，人人都能付出，人人乐于接受。

在任何场合，只要你不吝惜微笑，你都能成为最受欢迎的人，从而实现你所希望的结果。在人际交往中，公关人员要学会微笑，要善于微笑；在公关活动中，要注意在迎送往来、需要拒绝、道歉、请求时多使用微笑语。

3. 空间语

在交往的过程中要注意空间距离的把握，它在一定程度上影响着交往的成败。

1）亲密距离

15 厘米以内，是最亲密的区间，只适宜于恋人、夫妻、贴心朋友之间或外交场合的迎宾拥抱、亲吻等。

2）个人距离

15～75 厘米为个人距离，一般适合于熟人交往，在社交场合中，适用于会晤、促膝谈心、握手等。

3）社交距离

75～210 厘米为社交距离，它体现出一种公事上或礼节上的较正式关系，适宜于接见来访者、企业间的谈判、与客户谈生意等。

4）公众距离

210 厘米以外为公众距离。这是在较大的公共场合内的距离间隔，如作报告、演讲等，人与人之间不发生任何交往。

任务三　掌握职场礼仪

案例讨论10-1

某公司经理对他为什么要录用一个没有任何人推荐的小伙子时，这样说："他带来了许多介绍信。他神态清爽，服饰整洁；在门口蹭掉了脚下带的土，进门后随手轻轻地关上了门；进了办公室，其他的人都从我故意放在地板上的那本书上迈过去，而他却很自然地俯身捡起并放在桌上；他回答问题简洁明了，干脆果断，这些难道不是最好的介绍信吗？"

讨论：

1. 经理话中的"介绍信"指的是什么？

2. 这些"介绍信"介绍了小伙子哪些优点？

3. 小伙子在应聘中遵守了哪些礼仪规范？

一、会面的礼仪

（一）称呼礼仪

称呼，是在人与人交往中使用的称谓和呼语，用以指代某人或引起某人注意，是表达人的不同思想感情的重要手段。

1. 常规性称呼

在日常生活、工作和交际场合中，常规性称呼大体上有以下五种：

1）行政职务

它是在较为正式的官方活动，如政府、公司、学术等活动中使用的，如"李局长""王总经理""刘董事长"等。

2）技术职称

如"李总工程师""王会计师"等。称技术职称，说明被称呼者是该领域内的权威人士或专家，暗示他在这方面是说话算数的。

3）学术头衔

这跟技术职称不完全一样，这类称呼实际上是表示他们在专业技术方面的造诣如何。

4）行业称呼

如"解放军同志""警察先生""护士小姐"等。在不知道人家职务职称等具体情况时可采用行业称呼。

5）泛尊称

它是指对社会各界人士在较为广泛的社交场合中都可以使用的表示尊重的称呼。如"小姐""夫人""先生""同志"等。在不知道对方姓名及其他情况（如职务、职称、行业），时可采用泛尊称。

此外。有的时候还有一些称呼在人际交往中可以采用，如可以使用表示亲属关系的爱称，如"叔叔""阿姨"等。你这样称呼人家，并不意味着他（她）就一定是你的亲叔叔、亲阿姨，但能拉近说话人之间的距离。

2. 称呼禁忌

在较为正式的场合里，不能使用的称呼有以下几种：

1）无称呼

就是不称呼别人就没头没脑地跟人家搭讪、谈话。这种做法要么令人不满，要么会引起误会，所以要力戒。

2）替代性称呼

就是用非常规的称呼代替正规性称呼。如医院里的护士喊床号"11 床"、服务行业称呼顾客"下一个"等，这都是很不礼貌的。

3）易于引起误会的称呼

因为习俗、关系、文化背景等的不同，有些容易引起误会的称呼切勿使用。如我国大陆的人，很传统的一个称呼就是"同志"，但在海外一些地方，甚至包括我国港澳地区，就不适用了。"同志"在那里有一种特殊的含义——同性恋。所以当你到香港去玩时，千万不要到"同志电影院""同志酒吧"里去。

4）地方性称呼

比如，北京人爱称人为"师傅"，山东人爱称人为"伙计"，中国人常称配偶为"爱人"等。但是，在南方人听来，"师傅"等于"出家人"，"伙计"就是"打工仔"，外国人则将"爱人"理解为"第三者"。

5）不适当的简称

如叫"王局（长）""李处（长）"一般不易引起误会，但如果叫"王校（长）""李排（长）"就易产生误会。

此外，在称呼他人时还要避免误读（如将仇"qiú"读成"chóu"等），避免用过时的称呼（如将官员称为"老爷""大人"等），避免称绰号（如"拐子""罗锅""四眼"等等）。

总之，称呼是交际之始、交际之先。慎用称呼、巧用称呼、善用称呼，将使你赢得别人的好感，有助于你的人际沟通顺畅地进行。

（二）握手礼仪

1. 握手的顺序

握手的顺序比较讲究。一般要待女士、长辈、已婚者、职位高者伸出手之后，男士、晚辈、未婚者、职位低者方可伸手去呼应。平辈之间，应主动握手。若一个人要与许多人握手，顺序是：先长辈后晚辈，先主人后客人，先上级后下级，先女士后男士。

2. 握手的方式

握手时，距对方约一步远，上身稍向前倾，两足立正，目视对方，伸出右手，四指并拢，虎口相交，拇指张开下滑，向受礼者握手。

男士同女士握手时，一般只轻握对方的手指部分，不宜握得太紧太久，时间控制在三五秒钟以内。右手握住后，左手要搭在其手上，这是我国常用的礼节，表示更为亲切，更加尊重对方。

3. 行握手礼的禁忌

我们在行握手礼时应努力做到合乎规范，避免违反下述失礼的禁忌。

（1）不要用左手相握，尤其是和阿拉伯人、印度人打交道时要牢记，因为在他们看来，左手是不干净的。

（2）在和基督教信徒交往时，要避免两人握手时与另外两人相握的手形成交叉状，这种形状类似十字架，在他们眼里这是很不吉利的。

（3）不要在握手时戴着手套或墨镜，只有女士在社交场合戴着薄纱手套握手，才是被允许的。

（4）不要在握手时另外一只手插在衣袋里或拿着东西。

（5）不要在握手时面无表情、不置一词或长篇大论、点头哈腰、过分客套。

（6）不要在握手时仅仅握住对方的手指尖，好像有意与对方保持距离。正确的做法是握住整个手掌，即使对异性也应这样。

（7）不要在握手时把对方的手拉过来、推过去，或者上下左右抖个没完。

（8）不要拒绝握手，即使有手疾或汗湿，或手脏了，也要和对方说一下"对不起，我的手现在不方便"，以免造成不必要的误会。

（三）介绍礼仪

1. 自我介绍的形式

自我介绍时应先向对方点头致意，得到回应后，再向对方介绍自己的姓名、身份、单位等。自我介绍的具体形式如下：

1）应酬式

适用于某些公共场合和一般性的社交场合，这种自我介绍最为简洁，往往只包括姓名一项即可。

2）工作式

适用于工作场合，它包括本人姓名、供职单位及其部门、职务或从事的具体工作等。

3）交流式

适用于社交活动中，希望与交往对象进一步交流与沟通。它大体应包括介绍者的姓名、工作、籍贯、学历、兴趣及与交往对象的某些熟人的关系。

4）礼仪式

适用于讲座、报告、演出、庆典、仪式等一些正规而隆重的场合。包括姓名、单位、职务等，同时还应加入一些适当的谦辞、敬辞。

5）问答式

适用于应试、应聘和公务交往。问答式的自我介绍，应该是有问必答，问什么就答什么。

2. 自我介绍注意的事项

1）注意时间

要抓住时机，在适当的场合进行自我介绍，对方有空闲，而且情绪较好，又有兴趣时，这样就不会打扰对方。自我介绍时还要简洁，尽可能地节省时间，以半分钟左右为佳。为了节省时间，作自我介绍时，还可利用名片、介绍信加以辅助。

2）讲究态度

进行自我介绍，态度一定要自然、友善、亲切、随和。应落落大方，彬彬有礼。既不能唯唯诺诺，又不能虚张声势、轻浮夸张。语气要自然，语速要正常，语音要清晰。

3）真实诚恳

进行自我介绍要实事求是、真实可信，不可自吹自擂、夸大其词。

3. 他人介绍的顺序

他人介绍，又称第三者介绍，是为彼此不相识的双方引见、介绍的一种交际方式。为他人做介绍时，必须遵守"尊者优先（尊者优先获知他人信息）"原则，即先介绍身份低的男士或年轻的，后介绍身份高的、女士或年长者。

4. 他人介绍的方式

由于实际需要的不同，为他人作介绍时的方式也不尽相同。

1）一般式

也称标准式，以介绍双方的姓名、单位、职务等为主，适用于正式场合。如"请允许我来为二位引见一下。这位是雅秀公司营销部主任李小姐，这位是新河集团副总江嫣小姐。"

2）简单式

只介绍双方姓名一项，甚至只提到双方姓氏而已，适用于一般的社交场合。如"我来为大家介绍一下，这位是谢总，这位是徐董。希望大家合作愉快。"

3）附加式

也可以叫强调式，用于强调其中一位被介绍者与介绍者之间的关系，以期引起另一位被介绍者的重视。如"大家好！这位是新月公司的业务主管张先生，这是小儿刘放，请各位多多关照。"

4）引见式

介绍者所要做的，是将被介绍的双方引到一起即可，适用于普通场合。如"OK，两位认识一下吧。大家其实都曾经在一个公司共事，只是不是一个部门。接下来，请自己说吧。"

5）推荐式

介绍者经过精心准备再将某人举荐给某人，介绍时通常会对前者的优点加以重点介绍。通常，适用于比较正规的场合。如"这位是张峰先生，这位是海天公司的赵海天董事长。张先生是经济博士、管理学专家。赵总，我想您一定有兴趣和他聊聊吧。"

6）礼仪式

这是一种最为正规的他人介绍，适用于正式场合，其语气、表达、称呼上都更为规范和谦恭。如"孙小姐，您好！请允许我把北京远方公司的执行总裁李放先生介绍给你。李先生，这位就是广东润发集团的人力资源经理孙晓小姐。"

二、打电话的礼仪

（一）座机的使用礼仪

1. 打电话时的注意事项

1）要选好时间

打电话时，要考虑对方是否方便，如非重要事情，尽量避开对方休息、用餐的时间，一般应在早上八时后晚上十时前，最好别在节假日打扰对方。

2）要掌握通话时间

打电话前，最好先想好要讲的内容，以便节约通话时间，不要现想现说，通常一次通话不应长于3分钟。

3）态度友好

通话时不要大喊大叫，震耳欲聋。

4）用语规范

通话之初，应先做自我介绍，不要让对方"猜一猜"，请对方帮忙找人或代转时，应说"劳驾"或"麻烦您"，不要认为这是理所应当的。

2. 打电话时的礼仪规范

1）重要的第一声

打电话时，要有给对方留下美好的第一印象的意识。电话接通时，声音要清晰、悦耳、甜美、大小适中，吐字要清楚。

2）要有喜悦的心情

打电话时要保持良好的心情，让对方从欢快的语调中感受到你热情礼貌的情绪，给对方留下极佳的印象。

3）保持正确的姿势

打电话的过程中不要吸烟、喝茶、吃零食，懒散的姿势也能使对方听得出来。

4）迅速准确地接听

电话铃响后，最好在三声之内接听，如果超过五声，应该先向对方道歉。

5）认真清楚地记录

随时牢记5WH技巧。

（1）When 何时。

（2）Who 何人。

（3）Where 何地。

（4）What 何事。

（5）Why 为什么。

6）了解来电话的目的

接电话时要尽可能问清事由，了解对方来电话的目的。

7）挂电话前要礼貌

要结束电话交谈时，一般应当由打电话的一方提出，然后彼此客气地道别，说一声"再见"，再挂电话，不可只管自己讲完就挂断电话。

（二）手机礼仪

无论是在社交场所还是工作场合，放肆地使用手机，已经成为礼仪的最大威胁之一，手机礼仪越来越受到人们的关注。在国外，如澳大利亚电信的各营业厅就采取了向顾客提供"手机礼节"宣传册的方式，宣传手机礼仪。那么在使用手机的时候，应该注意哪些问题？

1. 手机应放在合乎礼仪的常规位置

在一切公共场合，手机在没有使用时，都要放在合乎礼仪的常规位置。不要在没使用的时候放在手里或是挂在上衣口袋外。放手机的常规位置有：一是随身携带的公文包里，这种位置最正规；二是上衣的内袋里。有时候，可以将手机暂挂在腰带上，也可以放在不起眼的地方，如手边、手袋里，但不要放在桌子上，特别是不要对着对面正在聊天的客户。

2. 会议或洽谈时应关机

在会议中或和别人洽谈的时候，最好的方式是关机，即使不关机，也要调到震动状态。这样既显示出对别人的尊重，又不会打断发言者的思路。那种在会场上铃声不断，像是业务很忙的人，往往缺少修养。

3. 不宜使用手机的场合

注意手机使用礼仪的人，不会在公共场合或座机电话接听中、开车中、飞机上、剧场里、图书馆和医院里接打手机，就是在公交车上大声地接打电话也是有失礼仪的。在餐桌上，关掉手机或是把手机调到震动状态还是必要的。避免正吃到兴头上的时候，被一阵烦人的铃声打断。当与朋友面对面聊天时，不要正对着朋友拨打手机，避免发射出高频电流对他人产生辐射，让对方心中不愉快。也不要在加油站、面粉厂等不适宜使用手机的地方使用手机。

4. 应考虑对方接听是否方便

给对方打手机时，尤其当知道对方是身居要职的忙人时，首先想到的是，这个时间他

（她）方便接听吗？并且要有对方不方便接听的准备。在给对方打手机时，注意通过从听筒里听到的回音来鉴别对方所处的环境。如果很静，应想到对方在会议上，有时大的会场能感到一种空阔的回声，当听到噪声时，应想到对方很可能在室外，开车时的隆隆声也是可以听出来的。有了初步的判别，对能否顺利通话就有了准备。但不论在什么情况下，是否通话还是由对方来定为好，所以"现在通话方便吗？"通常是拨打手机的第一句问话。其实，在没有事先约定和不熟悉对方的前提下，我们很难知道对方什么时候方便接听电话。所以，在有其他联络方式时，还是尽量不要打对方手机。

5. 不宜大声接听手机的场合

公共场合特别是楼梯、电梯、路口、人行道等地方，不可以旁若无人地使用手机，应该把自己的声音尽可能地压低，绝不能大声说话。在一些场合，电影院或剧院打手机是极其不合适的，如果非得回信息的话，则采用静音的方式发送手机短信是比较适合的。

6. 发送短信的礼仪

在短信内容的选择和编辑上，应该像重视通话文明一样；不要在别人能注视到你的时候查看短信；不要一边和别人说话，一边查看手机短信，这样对别人不尊重；不要编辑或转发不健康的短信，特别是一些带有讽刺伟人、名人甚至是革命烈士的短信，更不应该转发。

三、交谈的礼仪

（一）交谈礼仪中的重要原则

1. 与人保持适当的距离

从礼仪上说，说话时必须注意保持与对话者的距离。距离过近，稍有不慎就会把吐沫溅在别人脸上，非常不礼貌；距离过远，会使对话者误认为你不愿向他表示友好和亲近，也是失礼的。

2. 恰当地称呼他人

可以用前面提到的常用的得体的称呼用语称呼对方。

3. 态度诚恳，语言得体

交谈时态度要诚恳，表情自然大方，语言和气亲切，充满自信，手势不要过多，表达要得体，内容一般不要涉及不愉快的事情，参加社交活动时，做到"六不谈"。

（1）不要非议党和政府。

（2）不要涉及国家秘密与商业秘密。

（3）不能随便非议交往对象。

（4）不在背后议论领导、同行和同事。

（5）不谈论格调不高的话题。

（6）不涉及个人隐私，不问收入、不问年龄、不问婚姻家庭、不问健康问题、不问个人经历。

4. 注意语速、语调和音量

交谈中陈述意见要尽量做到平稳中速。在特定的场合下，可以通过改变语速来引起对方的注意，加强表达的效果。一般问题的阐述应使用正常的语调，保持能让对方清晰听见而不引起反感的高低适中的音量，避免粗声大嗓。

5. 尊重对方

和别人交谈时一定要眼里有事，心里有人，懂得尊重对方。做到"四不准"。

（1）不打断对方。

（2）不补充对方。

（3）不纠正对方。

（4）不质疑对方。

6. 要善于互动

与人交谈时要善于跟交谈对象互动。互动就是形成良性的反馈，你说的话，人家爱听；人家说的话，你会意会心，觉得有意思。酒逢知己千杯少，话不投机半句多。

7. 及时肯定对方

在谈话过程中，当双方的观点出现类似或基本一致的情况时，谈话者应迅速抓住时机，用溢美的言词，中肯地肯定这些共同点。赞同、肯定的语言在交谈中常常会产生异乎寻常的积极作用。

（二）交谈的禁忌

（1）切忌在公共场合旁若无人地高声谈笑，或我行我素地高谈阔论，应顾及周围人的谈话和思考。

（2）切忌喋喋不休地谈论对方一无所知且毫不感兴趣的事情。

（3）应避开疾病、死亡、灾祸以及其他不愉快的话题，以免影响情绪和气氛。

（4）不要问过于私人的问题，如询问女性的年龄、是否结婚等，这是很不礼貌的行为。

（5）不要在社交场合高声辩论，也不要当面指责，更不要冷嘲热讽。

（6）不要出言不逊，恶语伤人。

（7）切忌在社交场合态度傲慢、自以为是、目空一切、夸夸其谈。

（8）切忌与人谈话时左顾右盼，注意力不集中。

（9）谈话时不要手舞足蹈。

（10）谈话前忌吃洋葱、大蒜等有刺激气味的食品。

四、交往的礼仪

（一）拜访礼仪

1. 拜访前的相邀礼仪

不论是因公还是因私而访，都要事前与被访者电话联系。联系的内容主要有以下四点：

（1）自报家门（姓名、单位、职务）。

（2）询问被访者是否在单位（家），是否有时间或何时有时间。

（3）提出访问的内容（有事相访或礼节性拜访，使对方有所准备）。

（4）在对方同意的情况下，定下具体拜访的时间、地点。注意要避开吃饭和休息时间，特别是午睡的时间。

（5）向对方表示感谢。

2. 拜访中的举止礼仪

1）选择合适的服装

根据拜访的内容选择合适的服装，服装要干净、整洁、大方。一般喜庆时应穿华丽一些，丧祭时以黑色或素色为宜。

2）要守时守约

不守时守约是极为失礼的表现。

3）讲究敲门的艺术

要用食指敲门，力度适中，间隔有序敲三下，等待回音。如无回应声，可稍加力度，再敲三下；如有回应声，则侧身隐立于门框右侧，待门开时再向前迈半步，与主人相对。

4）主人不让座不能随便坐下

如果主人是年长者或上级，主人不坐，自己不能先坐。主人让座之后，要说"谢谢"，然后采用规矩的礼仪坐姿坐下。主人递上烟、茶，要双手接过并表示谢意。如果主人没有吸烟的习惯，要克制自己的烟瘾，尽量不吸，以示对主人习惯的尊重。主人献上果品，要等年长者或其他客人动手后，自己再取用。即使在最熟悉的朋友家里，也不要过于随便。在主人家里，不要随意脱衣、脱鞋、脱袜，也不要大手大脚，动作嚣张、放肆。未经主人允许，不要在主人家中四处乱闯，随意乱翻、乱动、乱拿主人家中的物品。

5）跟主人谈话，语言要客气

不要喧宾夺主，要客气、亲切。

6）谈话时间不宜过长

一般情况下，礼节性的拜访，尤其是初次登门拜访，应控制在一刻钟至半小时之内。最长的拜访，通常也不宜超过两个小时。有些重要的拜访，往往需由宾主双方提前议定拜访的时间和长度。起身告辞时，要向主人表示"打扰"之歉意。出门后，回身主动伸手与主人握别，说："请留步。"待主人留步后，走几步，再回首挥手致"再见"。

（二）待客礼仪

1. 准备工作

了解来访客人的姓名、身份、人数、目的、到来的时间及所乘坐的交通工具等情况；根据来访者的身份和来访目的确定接待规格；准备好茶水、水果、点心、糖果、香烟、报刊、图书、玩具等待客用品；安排好食宿，安排好交通工具。

2. 迎接客人

客人在约定的时间到达时，主人应提前去迎接，见到客人，主人应热情地打招呼，主动握手以示欢迎，同时说上几句问候寒暄的话，如果客人手提重物，应主动帮忙，对长者或体弱者可上前搀扶。

3. 敬烟、上茶

进入室内，应把最佳位置让给客人坐，如果客人是初次来访，应向其他家人或客人作介绍，然后敬烟、上茶，茶杯应干净，每杯茶以斟杯高的 2/3 为宜，应双手捧上放在客人的右手上方，先敬尊长者。主人要面带微笑，步履轻松，不能有疲惫心烦之相。

4. 陪客交谈

客人坐下，奉敬烟茶糖果之后，应及时与之交谈，话题内容可因实际而定。一般来说，应谈一些客人熟悉的事情，若无法奉陪客人交谈，可安排身份相当者代陪或提供报纸杂志、打开电视供客人消遣，切不可出现主人只管自己忙，把客人晾在一旁的现象。

5. 送客礼节

当客人散席或准备告辞时，主人应婉言相留。客人要走，应等其起身后，主人再起身相送，家人也应微笑起立，亲切告别。若客人来时带有礼物，应再次提及对礼物的感谢或回赠礼物，并不忘提醒客人是否有东西遗忘，或有什么事需要帮忙。送客应送到大门口或街巷口，如果是初次来客，主人应主动指路或安排车辆接送，远方来客则应送至火车站、机场或码头，并说祝愿话或发出再来的邀请。

（三）问候的礼仪

1. 问候的形式

问候的形式分为两种：

1）直接式

所谓直接式问候，就是直接以问好作为问候的主要内容。它适用于正式的交往场合，特别是在初次接触的商务及社交场合，如"您好""大家好""早上好"等。

2）间接式

所谓间接式问候，就是以某些约定俗成的问候语，或者在当时条件下可以引起的话题问候，主要适用于非正式、熟人之间的交往。比如，"最近过得怎样""忙什么呢""您去哪里"等，来替代直接式问候。

2. 问候的态度

问候的态度应主动、热情、大方、面带微笑。与他人有正面的视觉交流，以做到眼到、口到、意到。不要在问候对方的时候，目光游离、东张西望，这样不仅会让对方不知所措，而且也是不尊重人的表现。

3. 问候的次序

在正式场合，问候一定要讲究次序。两人之间的问候，通常是"位低者先问候"。如果同时遇到多人，特别在正式会面的时候，既可以笼统地加以问候，比如，说"大家好"；也可以逐个加以问候。当一个人逐一问候多人时，遵循"尊者优先"的原则。

（四）探望病人的礼仪

1. 探望病人的时间要视病人情况而定

如果是一般疾病，获知消息后就应该前去探访，以示关心和急切；如果病人处于危险时期，或患传染性疾病，则可以过一段时间再去探访，或者向其家人表示问候，由其家属转达你的问候。如果是去医院探视，要遵守医院规定的探视时间。如果是去家里探视，则注意不要选择一大早、午休或晚间休息时间，以免影响病人的休息，可选择下午、晚饭前后比较合适。探望病人时间不宜太长，如果与病人关系密切，可以根据对方的病情和请求稍微多待一会，但一定要注意避免让病人劳神。如果因故不能亲自前去探望，可委托别人转达问候，也可以写慰问信、送卡片。一般不宜采取打电话的方式，因为病人可能不方便接电话。

2. 与病人交谈的要领

与病人交谈的目的是解除病人的孤独感，分担病人的痛苦和担忧，帮助他淡忘自己的病痛，稳定情绪，保持乐观、开朗的心境。所以，与病人交谈时，要专注地看着对方，认真听对方说话，不时地应答。如果病人病情较轻，可多让病人讲话，可以询问一些有关情况，探问病人的感觉和需要，不宜主动详细追问病情和治疗方法，尤其是对重病号，切不可流露出沉重或悲伤的表情，更忌讳当着病人的面流泪，应该谈些轻松快乐的话题，说话坦诚，不要吞吞吐吐或与他人小声交谈，也不宜提供一些旁门偏方，这些会增加病人的心理负担，不利于病体恢复。

3. 病房探病宜安静

进病房前要先轻轻敲门，经允许后再轻轻推门进去，问候、说话，声音要轻柔，切忌大声喧哗，说说笑笑，如果病床周围有医疗器械，不要大惊小怪，也不要乱摸乱动，打招呼握手要亲切自然，使病人体会到你的关心是真诚的，探病者在病房逗留的时间不可太长，一般以 10 分钟左右为宜。

4. 注意防病

探望病人之前，应对病人所患的疾病和病情有所了解，若探望传染病人，要尽量避免接触病人的用具，衣物，更不要带小孩去医院。

（五）馈赠礼仪

挑选礼品时要尽可能考虑受礼人的喜好，投其所好，是赠送礼品最基本的原则，如不了解对方的喜好，稳妥的办法是选择具有民族特色的工艺品。

1. 赠礼的方式一般以面交为好

赠礼时将礼物包装一下，接受礼物后即刻表示感谢，不论其价值大小，都应对礼物表示赞赏。

2. 赠礼要分清场合

去友人家做客，不要带在宴会上吃的食品作为礼物，出席酒会、招待会，不必送礼，必要时可送花篮或花束等，在不同的国家，赠送礼品也应有所不同，如中国人讲究送烟送酒，而日本人却送酒不送烟，给德国人送礼时忌讳用白色、棕色或黑色的纸包装礼品，而给南美国家的人送礼，千万不能送刀或手绢，因为刀意味着双方关系一刀两断，手绢则总与眼泪、悲伤联系在一起。

任务四　城市轨道交通客运礼仪

案例讨论10-2

在 2013 年 12 月 22 日，由于突降暴雪，哈尔滨所属客运段有 13 次南下的列车受阻，晚点近 10 个小时以上的列车就达 8 次，在哈尔滨西站的一列高铁火车上，13 号车厢的乘客情绪特别激动，围攻和谩骂乘务人员，十分不配合乘务人员的工作。为了保证正常的乘车秩序，列车长组织全体乘务人员积极为乘客清理车厢多余的废弃垃圾，为生病的乘客提供药品和开水，还组织了义务宣传队，说明情况，及时通报运营信息，到各车厢宣传要文明乘车，遵守公共美德，互相谅解存在的困难，最终列车安全到达目的地。上述事件反映出，城市轨道交通客运服务人员必须了解客运礼仪的基本要求，掌握基本的服务技能，才能稳定乘客情绪、化解矛盾，用更优质的服务为广大乘客服务。

讨论上面的案例，体现出哪几方面的客运礼仪规范？

一、城市轨道交通客运礼仪的基本概念与基本原则

（一）城市轨道交通客运礼仪的基本概念

城市轨道交通客运服务礼仪是指城市轨道交通客运服务人员在工作岗位上应严格遵守的行为规范和准则，是给予服务对象的一种心灵感受，也是服务企业文化的现实表现，更是员工个人品位、信心、仪态、形象、修养的具体反映，注重服务礼仪，按服务礼仪要求服务，是服务型企业从业人员的最基本素质。

（二）城市轨道交通客运礼仪的基本原则

1. 遵守原则

礼仪规范是为维护社会生活、保持稳定而形成和存在的，实际上反映了人们的共同利益要求。社会上的每个成员不论身份高低、职位大小、财富多少，都有自觉遵守、应用礼仪的义务，都要用礼仪去规范自己的一言一行、一举一动。如果违背了礼仪规范，会受到社会舆论的谴责，交际就难以成功。

2. 敬人原则

孔子说："礼者，敬人也。"敬人是礼仪的一个基本原则，礼最重要的要求就是尊重，尊重上级是一种天职，尊重同事是一种本分，尊重下级是一种美德，尊重客人是一种常识，尊重对手是一种风度，尊重所有人是一种教养，当然，我们强调的尊重不仅仅是尊重他人，也包括自尊。

3. 宽容原则

宽容就是要求人们既要严于律己，又要宽以待人，多容忍他人、体谅他人，学会与服务对象进行换位思考，而不能求全责备，斤斤计较，过分苛求，咄咄逼人。唯有宽容，才能排除人际交往中的各种障碍。

4. 适度原则

凡事过犹不及，人际交往要因人而异，要考虑时间、地点、环境等条件，如果施礼过度或不足，都是失礼的表现。礼仪的施行只是感情的表露，只要情感表达出来，就完成了礼仪的使命。

5. 真诚原则

苏格拉底曾言："不要靠馈赠来获得一个朋友，你须贡献你诚挚的爱，学习怎样用正当的方法来赢得一个人的心。"可见，在与人交往时，只有真诚待人，才是尊重他人；只有真诚尊重，方能创造和谐愉快的人际关系。

真诚和尊重是相辅相成的。真诚是对人对事的一种实事求是的态度，是待人真心实意的友善表现。真诚和尊重首先表现为对人不说谎、不虚伪、不骗人、不侮辱人，所谓"骗人一次，终身无友"；其次表现为对于他人的正确认识，相信他人，尊重他人，真诚地奉献，才有丰硕的收获；只有真诚尊重，方能使双方心心相印，友谊才能地久天长。

二、城市轨道交通客运礼仪的作用

（一）可以提升客运服务人员的个人素质

礼仪在行为学、美学方面指导着人们不断地充实和完善自我，并潜移默化地熏陶着人们的心灵。它能帮助个人树立良好的形象，提升个人的素养，使人们的谈吐变得越来越文明，举止仪态越来越优雅，装饰打扮更符合大众的审美原则，体现出时代特色、精神风貌。礼仪会使人变得风情高尚、气质优雅、风度潇洒、受人欢迎。

比尔盖茨曾说过："企业竞争，是员工素质的竞争。"他认为员工素质的高低反映了一个公司的整体水平和可信程度。教养体现于细节，细节展示了素质，因此，加强客运服务礼仪培养，有助于提高客运服务人员的个人素养和自身的职业竞争力。

（二）可以调解服务人员服务工作过程中的人际关系

社会是一部庞大的、高速运转的机器，它的正常运转，是以人与人之间、部门与部门之间、组织与组织之间的协调及有序为前提的。礼仪好像是一种润滑剂，可以使错综复杂的人际关系减少一点摩擦。

在人际交往的过程中，人们一般对尊重自己的人有一种本能的亲切感和认同感，尊重可以使对方在心理需要上感到满足、愉悦，从而产生好感和责任。在服务时顾客，尊重是相互的。一般来说，人们受到尊重、礼遇、赞同和帮助，就会产生由吸引心理形成的友谊；反之，会产生敌对、抵触、反感情绪，甚至憎恶的心理。当你向对方表示尊敬和敬意时，对方也会回之以礼，即礼尚往来。

客运服务礼仪是服务关系和谐发展的调节器、润滑剂。注重服务礼仪，有利于促使服务各方保持冷静、缓和，避免不必要的服务矛盾冲突和情感对立，有助于建立起和谐的服务关系，从而使人们之间的服务交往获得成功。因此，客运服务礼仪有助于满足乘客的心理需求，使客运服务人员与乘客之间能够更好地进行服务交流与沟通，有助于妥善处理服务纠纷问题。

（三）能塑造客运服务企业良好的服务形象

当今社会，形象就是对外交往的门面和窗口，良好的企业形象可以给企业带来良好的经济效益和社会效益，在现代企业管理中，企业特别注重员工的内在素质和外部形象，要求每一位员工都要有强烈的形象意识，这是客运服务企业形象、文化、员工修养素质的综合体现，只有具备良好的服务礼仪素养，才有利于提升企业形象。

让顾客满意、为顾客提供优质的产品和服务，是良好客运服务企业形象的基本要求。服务的过程不仅是商品货币的交换过程，也是人的感情交流的过程。一句亲切的问候、一个理解的微笑，犹如春风吹暖顾客的心，缩短了与顾客的距离。在一定意义上，规范化的礼仪服务，能够最大限度地满足乘客对服务中的精神需求。

客运服务礼仪不仅是树立企业形象的手段，而且是管理水平和服务质量高低的重要标志，它充分展示了客运服务企业的文明程度、管理风格、道德水准，从而塑造了良好的服务型企业的形象。

三、城市轨道交通客运礼仪培养

（一）培养仪容仪表意识，树立一流轨道员工形象

客运服务人员必须注重个人的仪容仪表和风度，这是由其工作性质决定的。要求工作时精神饱满、仪容整洁、举止大方、表情自然。根据轨道客运服务质量标准要求，车站服务人员有以下着装要求：

（1）着装上要做到统一规范，整洁大方。

（2）佩戴职务标志。胸章（长方形职务标志）佩戴在上衣左胸口袋上方正中，上衣左胸无口袋时，佩戴在相应位置。

（3）臂章（菱形职务标志）佩戴在上衣左袖肩下四指处。

（4）车站女工作人员可淡妆上岗。

（二）培养惯用服务用语习惯，体现轨道员工一流服务特质

客运服务中，要使用礼貌用语。礼貌用语是服务性行业从业人员在接待宾客时使用的礼貌语言。它具有体现礼貌和提供服务的双重特性，是服务人员用来与宾客进行信息沟通的重要交际工具，是优质服务的一种体现形式。

在服务用语上，客运车站服务人员要谈吐文雅、语言轻柔，语调亲切甜润，音量适中，讲究语言艺术。要求使用普通话，服务语言表达规范、准确，口齿清晰。要运用"请""您好""谢谢""对不起""请稍等""再见"等文明用语。对旅客称呼要得体。统一称呼时用"各位旅客"，个别称呼时用"同志""小朋友""先生""女士"等。客运服务人员见到乘客时，应主动打招呼。一般来说，先打招呼的人会在后面的谈话交流和服务中掌握主动，助你撬开成功的大门！

（三）培养优质的服务态度，树立轨道交通员工窗口意识

在服务态度上，客运车站服务人员要诚恳、热情、和蔼、耐心。微笑可以和有声语言及行动相配合，起到"互补"作用，充分表达尊重、亲切、友善、快乐的情绪。微笑服务更是优质服务中不可缺少的内容。在铁路旅客服务过程中，微笑必须贯彻全程。

（四）培养高雅的行为举止，体现轨道交通员工一流的素养

在行为举止上，客运车站服务人员要表现得动作优雅、彬彬有礼。在车站客运服务中，服务工作人员要以礼待人。在职业道德修养、文化知识修养、心理素质修养和行为习惯修养方面，提高自己的水平，提高自己的控制能力，勤学苦练，自觉调整，养成良好的行为习惯。

技能训练　案例分析——微笑的魅力

【实训目标】

1. 正确认识微笑的力量。

2. 善于发挥微笑的力量。

【实训内容和方法】

1. 请阅读案例，思考问题。

微笑的魅力

希尔顿于1919年把父亲留给他的1.2万美元连同自己挣来的几千美元投资出去，开始他雄心勃勃的经营旅馆的生涯。当他的资产从1.5万美元奇迹般地增值到几千万美元的时候，他欣喜自豪地把这一成就告诉母亲，母亲却淡然地说："依我看，你跟以前根本没有什么两样……事实上，你必须把握比5 100万美元更值钱的东西，即除了对顾客忠诚之外，还要想办法使在希尔顿旅馆住过的人还想再来住，要想出简单、容易、不花本钱而行之久远的办法来吸引顾客，这样你的旅馆才有前途。"

母亲的忠告使希尔顿陷入迷惘："究竟什么办法才能吸引顾客再来往呢？"他冥思苦想，不得其解。于是他逛商店、串旅店，以自己作为一个顾客的亲身感受，得出了"微笑服务"这一准确的答案。

从此，希尔顿实行了"微笑服务"这一独创的经营策略。每天他对服务员说的第一句话是："你对顾客微笑了没有？"他要求每个员工不论如何辛苦，都要对顾客报以微笑。

1930年，西方国家普遍爆发经济危机，也是美国经济萧条最严重的一年，全美旅馆倒闭了80%。希尔顿的旅馆也一家接一家地亏损不堪，曾一度负债50亿美元。希尔顿并不灰心，而是充满信心地对旅馆员工说："目前正值旅馆亏空、靠借债度日的时期，我决定强渡难关，请各位记住，千万不可把愁云挂在脸上，无论旅馆遭遇的困难如何，希尔顿旅馆服务员的微笑永远是属于顾客的阳光。"因此，经济危机中纷纷倒闭后幸存的20%的旅馆中，只有希尔顿旅馆服务员面带微笑。经济萧条刚过，希尔顿旅馆便率先进入了繁荣时期，跨入了黄金时代。

（1）希尔顿饭店成功的秘诀是什么？

（2）本案例给你哪些启示？

2. 请阅读、分析案例，然后以小组为单位进行课堂讨论，最后每位同学写出书面分析报告。